유아음악교육 연구방법론

이영애 저

학지사

머리말

유아음악교육을 전공하기 위해 처음 유학길에 올랐을 때, 주변의 많은 사람이 의아하게 생각하였다. 너무 세부적인 것을 전공하면 돌아와서 교수 자리를 구하기 어렵다는 말과 유아음악교육이라는 학과도 없는데 굳이 그렇게 분야를 고집할 이유가 있느냐는 말 등이었다. 그 당시 유아음악교육을 전공한 전임교수가 있는 국내 대학원이 없었기 때문에 전 세계의 연구자를 찾고 또 찾아 떠나면서, 내 마음속에는 오직 한 가지, 유아를 위한 음악교육을 좀 더 깊이 있게 공부해 보고 싶다는 열정뿐이었다.

미국에서 학위논문을 쓰며 서양의 유아교육 현장을 보았을 때, 우리나라 교사들의 음악적 잠재력이 상대적으로 매우 크기 때문에 학문적으로 뒷받침된다면, 우리나라의 유아음악교육이 매우 발전하리라는 희망을 보았다.

유아음악교육 분야는 유아교육의 학문영역에서도 소외된 전문분야로서 관련 주제의 논문을 쓰고 싶어 하는 수요는 지속적으로 증가하고 있지만, 유아교육의 일반영역과는 다른 특수성 있는 주제로 취급되어 연구지도를 받는 데 어려움을 겪기도 한다. 외부심사위원으로서 여러 대학에서 논문 지도와 심사를 하면서 유아음악교육으로 논문을 쓰는 많은 선생님이 음악에 대한 현장의 실제와 경험은 뛰어남에도 불구하고, 국내 선행연구들이 다양하지 않고 국외 연구동향을 파악하기 어려워 논문작업에 어려움을 겪는 것을 종종 보았다. 이는 논문을 지도하는 교수에게도 마찬가지로, 연구를 도와줄 선행연구 자료가 충분하지 않은 것 때문에 지도의 한계를 느끼는 부분이기도 하였다.

유아음악교육에 대한 열정으로 반짝이는 선생님들을 보면서 외부심사위원으로 도와주는 데에는 한계가 있음을 절감하였고 앞으로 예비연구자들에게 길라잡이가 될 수 있는 연구안내서를 통해서 조금이나마 보탬이 되고 싶다는 생각에 이 책을 집필하게 되었다. 이 책은 유아음악교육에 관한 기존의 연구들을 종합·분석해 봄으로써 유아음악교육의 이론적 흐름을 정리하고, 유아음악교육 연구자들의 연구역량 강화를 돕기 위해 다음과 같이 세 부분으로 구성하였다. 연구의 주제를 정하고 시작하는 연구설계, 이론적 배경을 쓰기 위한 국내외 연구주제의 동향 분석 그리고 연구 도구와 내용을 분석하여 본인의 연구 흐름을 잡는 연습을 해 볼 수 있도록 구성하였다.

이 책이 유아음악교육 연구분야를 공부하는 예비연구자들과 학위논문을 준비하는 수료자들 그리고 논문을 지도하는 심사위원들 모두에게 조금이나마 유용한 기초 연구자료로 활용되기를 바란다. 이를 통해 유아음악교육 분야의 제한된 연구주제를 확장하고 새로운 연구주제에 관심을 불러일으켜 유아음악교육의 발전을 이끄는 많은 연구자의 연구활성화로 이어지기를 기대한다.

2021년 1월

대학로에서 이영애

차례

제2부 이론적 배경 고찰

제3부 연구 도구와 내용 분석

제1부

연구설계

01

어떻게 시작할 것인가

1. 연구주제 정하기

유아음악교육이라는 주제로 연구를 시작할 때 어디서부터 어떻게 시작해야 할 것인가? 이는 처음으로 학위논문이라는 과정을 시작하는 많은 사람에게 공통적인 막막함일 것이다. 이 책을 읽고 있는 연구자는 학위 과정을 공부해 나가는 동안, 혹은 공부를 시작하게 된 계기가 되었을 수도 있는, 평소 자신이 생각하고 있었던 의문점, 연구적 호기심, 더 알아보고 싶은 분야가 머릿속에 맴돌고 있을지도 모른다. 그러한 막연한 학문적 흥미(academic interest)는 흥미로서 그치는 것이 아니라 그것을 구체적인 연구방법을 통해 탐구해 보고, 그 질문에 대한 답을 찾아가는 과정이 구체화 및 조직화되는 것이 바로 연구라고 할 수 있다. 따라서 연구자는 연구를 시작하기에 앞서 그동안 본인이 궁금해 하던 것이 무엇인지, 공부를 시작하게 된 계기가 무엇인지, 대학원 수업 중에 풀리지 않았던 의문은 무엇이었는지 등을 다시 한 번 반성적으로 고찰하고 목록을 적어 보는 것에서부터 시작할 수 있다.

〈표 1-1〉 연구 시작 전 체크리스트

자가 점검 목록	주제 영역	실행 가능성
대학원 입학 전에 연구하고 싶었던 연구 분야는?		
대학원 과정 중에 재미있게 생각되었던 분야는?		
대학원 수업 중에 궁금해서 더 연구해 보고 싶었던 분야는?		
논문을 보다가 더 발전시키고 싶다는 생각이 들었던 주제는?		
혼자 오랫동안 생각해 왔으며, 이 분야의 연구자들에게 혹은 현장의 교사들에게 알리고 싶은 내용은?		
기존에 비슷한 연구가 있는가?		
연구에 있어 나의 강점과 단점은?		
나의 주제의 연구결과가 정말 궁금한지?		

〈표 1-1〉을 활용해도 좋고 혹은 개인적인 저널을 통하여 자신의 대학원 시작 전부터 대학원 과정을 거쳐 연구주제를 정해야 하는 시점에 이르기까지 연구에 대한 호기심이 생겼던 분야나 내용, 주제영역들을 정리해 보면 점차 연구의 범위가 좁아지고 흥미가 생기는 주제들이 떠오를 것이다.

연구의 동기는 다양할 수 있으나 연구에 대한 호기심과 흥미는 연구를 강하게 추진시키는 동력이 되므로 누군가의 강요나 제안이 아닌 본인이 정말 하고 싶었던 주제를 설정하는 것이 매우 중요하다. 연구주제를 설정하기 위해서는 선행연구와 문헌들을 탐구하는 시간을 충분히 가져야 하는데, 이때 유아음악교육 관련 전문 학술지와 관련 주제의 학위논문과 전문 서적 등을 살펴보는 것은 필수적이다. 우리나라의 경우에 음악 관련 등재학술지는 한국음악교육학회에서 발간하는 음악교육연구가 대표적인 음악교육 관련 학술지인데, 주로 초중등 교육을 대상으로 하는 주제들이 대부분이고 유아음악교육 관련 연구들은 매우 적은 분포를 이루고 있다. 국외의 경우에는 ISME, JRME, BJME, BCRME 등의 SSCI 혹은 A & HCI 급 전문학술지가 다양하게 분포되어 있는데, 이 저널들에 대한 보다 자세한 내용은 제3장에서 다루도록 하겠다.

좋은 연구주제를 정하는 것은 성공적인 연구의 출발점이다. 그만큼 연구주제를 선정하는 일은 어렵다. 의미 없는 연구주제를 선정하면 연구절차가 체계적으로 구성 및 실행되었다고 해도 쓸모없는 연구가 될 수 있다. 연구주제를 정하기 위한 일관된 규칙이나 방법론이 있는 것은 아니지만, 대체로 전공 분야의 문헌을 접하면서 발생하는 개인의 지적 호기심에서 출발해야 하며, 상식, 주변인의 행동, 기존의 이론, 과거에 진행된 연구, 실제적 문제에서 시작될 수도 있다(조복희, 2009).

1) 연구주제 설정

연구주제는 연구자의 이론적 관심이나 일상생활 혹은 직장생활 등을 통해 경험한 실제적인 필요에서 출발할 수 있다. 연구는 기본적으로 지식에 대한 욕구를 충족하기 위한 것으로, 궁금한 것을 스스로 밝혀 알아보고자 하는 것이다(주대창, 현경실, 민경훈, 양종모, 김용희, 조성기, 김지현, 권수미, 조대현, 박지현, 최진호, 임은정, 2018). 이러한 지식 충족에 대한 갈망 혹은 지적 호기심은 관련 분야의 이론이나 연구문헌을 접하면서 자극 받을 수 있다. 따라서 연구주제를 선정하는 데 전공 분야의 문헌이나 관련 문헌을 최대한 많이 찾아 읽는 것이 가장 빠른 방법이기도 하다.

연구주제를 설정할 때 연구자 개인의 호기심에서 시작할 수도 있지만, 논쟁의 여지가 많은 문제를 다루는 연구의 경우에는 연구대상이나 측정도구를 다르게 하여 연구를 진행할 수도 있다. 이러한 연구는 기존의 연구와 비슷하지만 다른 변수들이 추가되어 확장되는 확장연구(extension study)에 속한다고 볼 수 있다. 이와 대조적인 연구, 즉 기존의 연구를 수정하거나 확대하지 않고 거의 그대로 진행하는 반복연구(replication study)도 또 하나의 연구방법이 될 수 있다(조복희, 2009). 이러한 다양한 연구는 관련 문헌들을 섭렵하며 확인할 수 있다. 연구의 초기 단계에서는 연구의 방향이나 주제의 폭이 넓을 수 있는데, 연구주제의 초점을 분명히 해야만 연구를 진행할 수 있다. 따라서 관련 분야의 문헌들을 접한 후에 많은 정보를 수집하여 연구주제를 좁혀 가야 한다. 또한 동료나 선배, 지도교수와 상의하며 연구방향을 다듬을 수 있다.

음악교육에 대하여 연구한다는 것은 음악교육에 대한 궁금증과 관련 지식이 부족하다는 인식에서 출발한다. 그리고 이를 해결하기 위해 해야 하는 일이 무엇인지를 밝히는 것이 연구문제의 내용이라고 볼 수 있다. 음악교육연구는 음악뿐만 아니라 교육과 관련된 문제를 다루는 영역이기 때문에 음악에 대한 지식을 확장하는 데 초점을 맞출 수 있으나 '음악교육'에 대한 문제가 핵심이다(주대창 외, 2018). 또한 교육이 아닌 음악에만 초점을 맞추거나 음악을 제외한 교육의 문제만을 다루는 것은 음악교육연구 분야에 적합하지 않다. 이러한 맥락에서 유아음악교육 분야는 음악교육에 대한 문제를 핵심으로 다루되 유아가 대상인 분야다. 그러므로 유아음악교육에 대한 지식의 확장과 함께 유아교육의 문제를 주로 다룬다고 볼 수 있다. 연구주제를 설정할 때에는 이러한 학문적 특성을 고려할 필요가 있다.

2) 연구주제 평가

연구주제가 특정되면 과학적인 방법을 활용하여 해결할 수 있는 연구문제로 설정되어야 하므로 연구주제를 평가할 필요가 있다. 조복희(2009)는 다음과 같은 평가 기준을 제시하였다.

〈표 1-2〉 연구 실행 가능성 점검표

점검 분야	점검 사항	점검 조언
연구 기간	연구 범위 및 난이도에 따른 총 시간	문장 작성 경험이 적을수록 예상되는 기간보다 길게 잡기
음악적 정보	연구에 사용되는 음악 기능 및 지식의 유무	연구에 쓰이는 음악적 사항을 미리 열거하기
교육 현장과의 친밀성	교육활동과의 관계 및 활용 가능성	구체적 장소, 대상, 시기 등을 특정하기
언어 능력	독해 능력(속도)	선행연구 독해로 자신의 속도 파악하기
	서술 능력	연구계획서에 연구의 필요성 및 목적을 서술로 가늠하기
	외국어 능력	영어 또는 다른 외국어 문헌의 활용 정도를 파악하기
자기관리	규칙적인 연구 시간대 확보	짧은 시간이라도 반복적이고 꾸준히 활용할 수 있는 시간대 설정하기(예를 들어, 새벽)
	건강한 육체와 정신 상태	규칙적인 운동과 마인드 컨트롤하기
	도전적 자신감	큰 꿈에 이은 힘찬 출발의 에너지를 확보하기(예를 들어, 조력자 구하기)
	감정의 안정성	억울함, 분노, 패배주의 경계하기

출처: 주대창 외(2018), p. 32.

첫째, 연구의 의의를 살펴본다. 연구문제가 관련 학문 분야의 지식 확장에 기여할 수 있는지, 혹은 실제 현장에서 적용이 가능한지를 검토한다. 학문적 공헌도와 실질적 효율성 모두를 충족하기는 어렵기 때문에 두 가지 중 한 가지라도 충족된다면 연구의 의의가 있다고 볼 수 있다.

둘째, 연구의 가능성을 살펴본다. 연구문제가 정확하게 측정 가능한 변수로 제시되지 않으면 연구가 불가능하다. 또한 개념의 정립과 조작적 정의가 연구문제와 동떨어져 있다면 잘못된 연구결과를 얻게 될 수 있다.

셋째, 연구를 진행하는 데 있어서의 문제점들을 고려해야 한다. 계획된 시간 내에 연구를 완료할 수 있는지, 연구대상 표집이 가능한지, 연구비용은 감당할 수 있는지 등을 파악할 필요가 있다. 이와 관련하여 〈표 1-2〉의 점검표를 활용할 수 있다.

2. 문헌 조사

문헌 조사는 연구를 효과적으로 수행하기 위해 연구문제와 관련된 다양한 문헌을 조사하고 수집하여 정보를 체계적으로 요약하는 것이다. 연구주제를 정한 후 관련 문헌을 조사할 수도 있고, 주제를 정하기 전에 관심 있는 영역에 대한 문헌을 숙독하면서 주제를 설정할 수도 있기 때문에 연구문제 선정과 문헌고찰은 순환적 관계라고 볼 수 있다(조복희, 2009).

1) 문헌 조사의 목적

문헌 조사의 목적은 기존의 문헌을 고찰하면서 새로운 연구의 방향이나 주제를 탐색함과 동시에 연구주제를 특정하여 동일한 주제가 반복됨으로써 무의미한 연구가 수행되지 않도록 방지하는 것이다. 이러한 목적은 다음과 같은 문헌 조사의 역할 및 중요성에 기반한다(조복희, 2009; 주대창 외, 2018).

첫째, 연구하기 원하는 학문 분야의 최근 동향을 통찰할 수 있다.

둘째, 문헌고찰은 연구 착상의 근원이 된다. 관심 분야 혹은 관련 분야의 문헌을 살펴보면서 새로운 연구가 필요함을 깨달아 연구문제를 구체화할 수 있다.

셋째, 관심 분야에 대한 문헌고찰은 이미 연구되어 밝혀진 지식 체계의 윤곽을 파악할 수 있게 한다. 지금까지 축적된 지식을 알아야 불필요하게 반복되는 연구를 피하고 연구가 필요한 영역을 발견할 수 있다.

넷째, 기존에 이루어진 연구와 비교하여 차별화할 수 있는 새로운 접근방법을 모색할 수 있다.

다섯째, 연구방법에 대한 정보를 얻을 수 있다. 문헌고찰을 통해 연구절차, 측정도구, 통계분석 등을 습득함으로써 자신의 연구에 대한 구체적인 설계를 할 수 있다.

여섯째, 학술적인 정보를 얻어 연구를 위한 이론적 배경을 탄탄하게 구성할 수 있다.

일곱째, 연구를 진행하는 과정에서 밀접한 학문 분야의 문헌들을 통해 깊이 있는 지식을 습득하고 폭넓은 안목을 가질 수 있다.

2) 문헌 조사 방법

문헌 조사를 수행할 때에는 연구주제와 관련된 다양한 문헌을 고찰한다. 연구주제와 관련된 저서, 학위논문, 학술논문, 보고서 등의 정보를 도서관이나 온라인에서 찾을 수 있다.

문헌 조사 과정은 크게 네 가지로 분류할 수 있다(주대창 외, 2018).

첫째, 키워드 목록을 만든다. 키워드는 인터넷에서 자료를 검색하거나 도서관에서 정보를 찾을 때 유용하므로 주요 키워드 목록을 만들면 도움이 된다.

둘째, 정보를 확인한다. 인터넷에서 각 도서관의 자료를 확인하거나 학회지나 학술지 초록을 확인할 수 있다. 또한 서적이나 논문에 인용된 참고문헌 목록을 통해 정보를 수집한다.

셋째, 중요한 자료를 분류한다. 연구에 필요한 자료는 중요도나 범주를 기준으로 분류 및 정리하고, 관련 없는 자료는 삭제하여 효율성을 높여야 한다.

넷째, 필요한 내용을 정리한다. 분류된 자료들의 핵심 내용을 요약 형태로 간략하게 메모해 두면 추후에 이론적 배경을 기술하거나 참고문헌을 작성할 때 유용하다.

문헌을 읽은 후 기록할 때에는 내용 전체를 구성하여 관련성에 따라 순서를 정해 기록한다. 단순히 문헌을 나열하거나, 임의로 혹은 아전인수식으로 해석하거나 판단하여 열거하지 않도록 유의해야 한다. 문헌을 고찰하면서 내용을 자신의 연구와 관련하여 체계적이고 논리적으로 정리해야 한다. 따라서 기존 연구의 모순이나 한계점을 지적하거나 타 연구와의 비교 등을 통해 비판적으로 평가할 수 있어야 한다. 문헌들을 고찰하면서 비교표를 만들어 주요 쟁점 도출 및 토론 전개를 해 보거나 하나의 소논문(서론–본론–결론)처럼 논리적 흐름에 맞게 써 보는 것도 유용한 방법이다(주대창 외, 2018). 문헌을 고찰하면서 정리해 둔 자료는 연구를 수행하면서 이론적 배경, 연구방법, 연구내용, 논의 및 결론 등을 체계적이고 구체적으로 전개하는 데 도움이 된다.

수집된 자료는 1차 자료(primary source)와 2차 자료(secondary source)로 구분할 수 있다. 1차 자료는 연구를 직접 수행한 사람이 기술한 것을 말하고, 2차 자료는 해당 연구자가 아닌 다른 사람에 의해 기술된 자료다. 논문을 작성할 때 이론적 배경으로 기술되는 부분은 2차 자료에 해당된다. 2차 자료는 연구문제와 관련된 포괄적인 정보를 제공하는 반면에 자세하지 못하고, 또한 재가공한 사람의 가치관에 따라 집약되고 요약되어 주관성이 개입되었을 가능성이 있음을 염두에 두어야 한다(조복희, 2009). 간혹 1차 자료를 인용자가 잘못 인용한 경우도 있기 때문에 가능한 한 1차 자료를 찾아 확인하는 자세를 갖도록 한다.

1차 자료	연구자에 의해 직접 작성된 연구논문으로, 학문적 이론과 과학적 방법에 기초하여 연구를 구체적으로 진행하고 결과를 정리한 논문 혹은 보고서 형식의 문헌을 말한다.
2차 자료	학술 연구목적의 논문이 아닌 교재 또는 전문 서적 등의 문헌을 말한다. 연구자는 교재 혹은 개론서 등을 통해 연구하고자 하는 분야에 대한 포괄적인 지식을 습득하여 자신이 원하는 연구주제를 구체화할 수 있다.

도서관뿐만 아니라 온라인상에서도 필요한 문헌들을 찾을 수 있다. 온라인에서 자료를 검색할 때 유용한 주요 사이트에 대한 소개는 〈표 1–3〉과 같다(성태제, 2016a, pp. 109–110).

〈표 1-3〉 온라인 자료 검색 시 유용한 주요 사이트

기관명(웹사이트)	특징
학술연구정보서비스 (http://riss.kr)	국내의 1,100개 학회 및 대학 부설 연구소 발행 학술지에 수록된 논문 64만 건의 원문 및 해외 학술지에 수록된 논문 1,500만 건 검색 가능 국내의 100여 개 대학 도서관 수여 석사·박사학위 논문 20만 건 및 내국인의 해외 취득 박사학위 논문 2만 건의 원문 제공 국내의 420여 개 대학, 전문 도서관이 소장하고 있는 단행본 및 비도서 자료 620만 건(CD-ROM, 비디오 등) 국내 학술지 3만 5,000여 종과 해외 학술지 6만 7,000여 종의 검색 및 권호별 소장 정보 확인
국가전자도서관 (http://www.dlibrary.go.kr)	7개 참여 기관 36종의 데이터베이스 검색 및 원문 제공 국내외 도서관, 유관 기관, 국제기구의 웹사이트 링크
국회도서관 (http://www.nanet.go.kr)	석박사 학위, 국내 학술 잡지, 세미나 자료, 정기간행물 원본 데이터베이스 구축 단행본, 국내 정부간행물, 신문 검색 목록과 외국 학술잡지 색인 제공
누리미디어 DBpia (http://www.dbpia.co.kr)	인문/사회/어문/경제, 경영/교육/신학/법학, 행정/의학/예체능/공학/자연과학 등 11개 분야의 총 285개 학회, 협회 및 출판사에서 발행하는 600여 종의 정기간행물을 창간호부터 최근호까지 데이터베이스화
한국학술정보(주) (http://kiss.kstydy.com)	80만 편의 국내 학술지, 대학 간행물, 연구논문집 제공
학지사 뉴논문 (http://www.newnonmun.com)	어문학·인문과학 분야, 사회과학 분야, 교육 분야, 기타 분야의 국내 학위, 학술 논문과 원문 제공 국내외 기관과 학교 도서관 홈페이지 검색 사이트 링크
한국교육개발원 (http://askkedi.kedi.re.kr)	교육 관련 세미나 및 토론회 자료, 한국교육개발원 연구보고서, 학술지『한국교육』『교육개발』제공
한국교육과정평가원 (http://www.kice.re.kr)	한국교육과정평가원의 주요 연구 사업에 대한 연구보고서 초록 및 자료 제공 교육 관련 세미나 자료 제공 기관지『교육광장』과 학술지『교육과정평가연구』제공
한국교육학술정보원 (http://www.keris.or.kr)	교육학술정보 동향에 대한 자료 제공 교육정보화 정책 추진 성과 및 현황에 대한 자료 제공 『교육정보화백서』제공

교육부 (http://www.moe.go.kr)	교육정책 자료 및 정책 연구보고서 제공 기관 보고서와 간행물 자료 제공 해외 주재관의 수집 자료와 대학 입학 관련 등의 교육 자료 제공
교보문고 스콜라 (http://scholar.dkyobobook.co.kr)	국내 약 220여 개의 학회 및 연구소에서 발행하는 학회지 및 연구 간행물의 원문 데이터베이스 구축
학술논문 검색서비스 (http://www.earticle.net)	국내 저작물의 온라인 통합 전자저널/데이터베이스의 구축
Institute of education Science (http://eric.ed.gov)	ERIC에 수록된 자료 중 1993년부터 2004년 7월까지의 원문 무료 제공
EBSCOhost Electronic Journals Service (http://ejournals.ebsco.com)	전 분야 8개 전자저널 컨소시엄 저널에 대한 통합 검색과 원문 제공

02

연구유형

1. 연구유형 정하기

1) 연구설계

연구설계는 과학적으로 연구를 계획 및 조직하는 것으로, 자료를 수집하여 분석하는 지침이나 전략을 포함한다(조복희, 2009). 연구를 설계할 때에는 연구문제에 그 설계가 적절한지를 살펴보아야 한다. 연구문제에 부적합한 설계가 있을 수 있고, 동일한 연구문제라고 해도 접근방식이 다양할 수 있기 때문에 다른 설계가 있을 수 있다. 설계 자체가 정교하고 짜임새가 있어도 연구문제에 적합하지 않다면 타당한 결과를 도출하기가 어렵다.

연구를 설계할 때에는 효율성도 함께 고려해야 한다. 소요시간, 연구비용, 기술, 연구환경 등 연구자가 감당할 수 있고 수행 가능한 연구이어야 한다. 특히 특정 연구대상의 경우에는 연구자의 접근성이 가능한지도 점검해야 한다.

연구설계를 위해서는 연구 접근법에 대한 지식을 연구자가 숙지하고 있어야 한

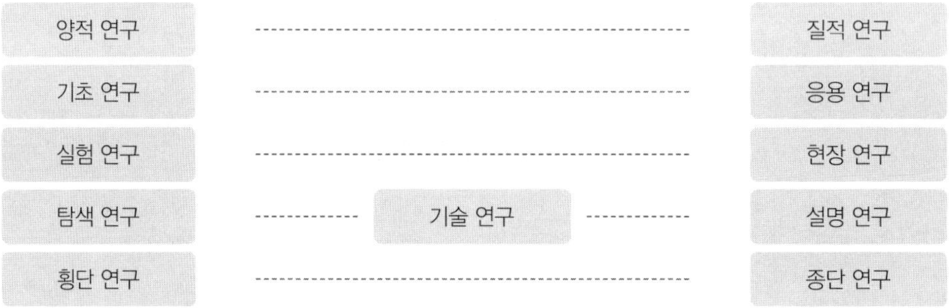

[그림 2-1] 연구 접근법

다. 다양한 연구 접근법이 있는데, 연구의 목적, 시간, 상황, 자료의 성격 등에 따라 대립쌍으로 분류할 수 있다(조복희, 2009, p. 70).

양적 연구는 수치화된 자료를 통계기법으로 분석하여 결과를 기술하는 반면, 질적 연구는 통계방법이 아닌 연구 참여자의 언어 자료를 기반으로 분석하여 기술한다.

기초 연구는 현상이나 행동에 대한 기본적인 질문을 탐구하는 영역으로, 유아의 인지나 발달, 학습, 사회적 행동 등을 연구한다. 응용 연구는 실제적으로 해결 방안을 제시하는 연구로, 유아의 코딩교육 효과가 부정적인지 긍정적인지를 밝히는 연구를 예시로 들 수 있다.

실험 연구는 실험실 상황과 현장 상황으로 분류할 수 있는데, 실험실 상황은 연구를 수행하기 위해 설계된 상황에서 진행되고, 현장 상황은 유치원이나 놀이터 등 자연적 상황에서 이루어진다. 그러나 두 가지를 명확히 구별하기는 어렵다.

탐색 연구는 현상의 존재 여부를 탐색하는 것으로 장 피아제(Jean Piaget)가 실시한 아동 연구를 예시로 들 수 있다.

기술 연구는 특정 현상을 파악하여 다른 현상과 어떻게 다른지 연구하는 영역으로, 대규모의 사회 연구에서 종종 활용된다.

설명 연구는 나타난 현상의 인과관계를 규명하여 이론을 검증하는 연구다.

횡단 연구는 연령이 다른 대상을 같은 시기에 조사하는 연구인 반면, 종단 연구는 같은 표집으로 간격을 두고 2회 이상 반복 조사하여 변화의 추이를 살펴보는 연구다. 종단 연구는 몇 년의 트렌드 연구나 패널 연구 등에서 활용된다.

앞서 언급하였듯이 다양한 연구 접근법이 있는데, 크게 두 가지로 나누자면 양적 연구와 질적 연구라고 할 수 있다. 그리고 최근에는 이 두 가지를 혼합한 혼합 연구

〈표 2-1〉 양적 연구와 질적 연구의 특성 비교

	양적 연구	질적 연구
인식론	실증주의	구성주의
연구맥락	인공적 맥락	자연적 맥락
연구방향	이론 및 가설에서 출발 연역적 방법	이론 및 가설 도출 귀납적 방법
연구자-연구대상의 관계	분리	참여
자료해석	통계적 방법	연구 참여자의 언어
연구결과	통계 자료에 기반한 일반화	사례의 이해와 해석

도 활발히 진행되고 있다. 〈표 2-1〉은 양적 연구와 질적 연구의 특성을 비교한 것이다.

양적 연구는 이론이나 설명을 검증할 때 적합하기 때문에 결과에 영향을 미치는 요인을 예측 및 확인해야 하는 경우에 적합한 방법이다. 질적 연구는 탐색적인 연구로, 밝혀지지 않은 개념이나 현상을 이해해야 하거나 기존 이론의 적용이 어려울 경우에 적합한 방법이다. 혼합 연구는 연구문제를 이해하는 데 양적 연구나 질적 연구 단독 접근만으로 부족하거나 두 가지 방법을 동시에 활용하는 것이 더 유용한 경우에 적합한 방법이다(Creswell, 2013).

연구 접근법을 선택할 때, 연구주제에 적합한지를 가장 중점에 두지만 연구자의 개인적인 경험과 훈련도 선택에 영향을 미친다(Creswell, 2013). 연구자가 기술적이고 과학적인 글쓰기를 선호하거나 통계학과 컴퓨터 프로그램에 숙달된 경우, 그리고 양적 연구논문이 익숙할 경우에는 양적 설계를 선택할 가능성이 높다. 이와 달리, 문학적인 글쓰기를 선호하고 인터뷰 수행과 근접 관찰에 매력을 느끼거나 익숙한 연구자라면 질적 설계를 선택할 것이다. 최근에는 이 두 가지를 혼합한 혼합 연구 설계도 활발하게 진행되고 있다. 혼합 연구 설계가 적합한 사람은 양적 연구의 구조와 질적 연구의 유연성 모두를 선호하는 사람이다. 혼합 연구 설계를 할 경우에는 양적 자료와 질적 자료를 수집할 수 있는 충분한 시간과 자원이 필요하다.

2) 연구계획서 작성하기

연구문제와 연구설계가 마무리되면 연구계획서를 작성한다. 연구계획서는 향후 수행될 연구에 대한 내용으로, 반드시 기술한 그대로 진행되지는 않더라도 최대한 완성도를 높여서 작성하는 것이 좋다. 연구계획과 실행 간에 격차가 크지 않을수록 연구의 효율성을 높일 수 있기 때문이다. 연구계획서는 학자로서의 수련에도 도움이 될 뿐만 아니라 연구비 지원을 신청할 때 필요하기 때문에 숙달하면 유익하다.

연구계획서를 작성할 때 무엇을 연구할 것인지 명확히 하여 설득력을 갖추는 것이 가장 중요한데, 보통 제목에서 명시한 것을 구체적이고 논리적인 문장으로 기술한다고 보면 된다. 연구계획서는 제목, 연구의 목적 및 필요성, 연구내용, 연구방법, 연구의 제한점 등을 중심으로 작성한다. 주요 내용(주대창 외, 2018)을 간략하게 정리하면 〈표 2-2〉와 같다.

〈표 2-2〉 연구계획서의 주요 내용

분류	내용
제목	제목에도 무엇을 연구할 것인지 구체적이고 명확하게 드러나야 한다.
연구의 목적 및 필요성	필요성은 연구의 목적을 설정한 배경으로서 도입 부분에서 언급하고, 뒤이어 연구의 초점을 명확히 하는 목적을 제시하는 것이 보편적이다. • 연구의 목적: 연구자가 이루고자 하는 것이 무엇인지를 밝히는 내적 입장 • 연구의 필요성: 사회적 여건이나 환경 등의 외적 입장에서 연구가 필요한 이유를 명시하는 것
연구내용	무엇을 연구할지 명시하는 부분으로, 연구의 범위나 자료를 함께 언급할 수 있다. 제기한 문제를 어떻게 해결할 것인지 일목요연하게 기술해야 한다. 선행연구를 고찰하여 자신의 연구가 기존의 연구들과 어떻게 다른지 설명하여 연구주제에 대한 당위성을 보장한다.
연구방법	어떠한 연구방법으로 연구를 수행할지 설계한 내용을 기술하는 부분으로, 연구성과를 가늠해 볼 수 있도록 작성해야 한다. 연구방법이 사변적 논쟁일 경우에는 특별한 매개 단계를 거치지 않는 이상 연구절차 소개로 대신할 수 있다.
연구의 제한점	연구에서 책임지는 부분이 어디까지인지 분명하게 명시하는 것이 목적이다. 연구내용과 관련하여 발생할 파장이나 확장될 부분을 사전에 언급함으로써 불필요한 논리적 혼동을 방지한다.

2. 양적 연구

1) 양적 연구의 정의

양적 연구는 변수 간의 관계를 조사하여 객관적으로 이론을 검증할 때 진행한다. 변인은 검사도구를 통해서 대체로 측정이 가능하고, 이러한 측정으로 수집된 수량적 자료는 통계적 절차에 따라 분석될 수 있다. 연구자는 좁은 범위의 가설을 명확히 설정하고, 이를 지지하거나 반박하기 위한 자료를 수집함으로써 이론을 검증한다. 보고서는 서론, 이론적 배경, 연구방법, 연구결과, 논의 및 결론으로 구성되는 것이 일반적이다. 양적 연구를 진행하는 연구자는 편견을 경계하면서 연역적으로 검증하고자 하는 이론에 대한 가정을 하고, 대안적인 설명은 통제하며, 연구결과를 일반화하고 반복할 수 있다(Creswell, 2013). 보통 양적 연구는 크게 실험 연구와 조사 연구 두 가지의 방법으로 구분할 수 있다. 최근에는 방대하게 축적되어 온 자료로 인해 빅데이터가 발달하고 있는데, 이와 관련하여 메타분석 연구도 활발하게 진행 중에 있다. 메타분석 연구 역시 양적 자료를 기반으로 분석된다는 점에서 양적 연구에 속한다고 볼 수 있다. 따라서 이 양적 연구를 크게 세 가지로 분류하여 살펴보고자 한다.

2) 양적 연구의 분류

(1) 실험 연구

실험 연구(experimental research)는 특별한 처치를 가했을 때 결과에 어떠한 영향을 미치는지 분석하기 위한 것이다(Creswell, 2013). 이때 특별한 처치를 가한 집단인 실험집단과 아무것도 하지 않은 통제집단의 점수결과가 어떠한지에 따라 평가된다. 실험 연구는 기본적으로 연구를 위해 통제된 환경 및 조건에서 연구대상으로부터 자료를 수집하는 방법으로(이영애, 유준호, 2018), 특정 인과관계를 발견하는 것이 핵심이다. 특히 유아의 행동을 규명하기 위한 연구에 적합하다(이순형 외, 2014). 실험 연구는 목적에 따라 종류가 다양하다. 〈표 2-3〉은 유아와 관련된 실험 연구에

〈표 2-3〉 실험 연구의 종류와 내용

종류	내용
실험실 실험 연구 (laboratory experiments)	• 자연과학자들이 주로 사용하는 실험 연구의 형태 • 의도하는 연구상황의 변수를 최대한으로 조작하여 실험 상황에서 최대화된 조건하에 피험자가 나타내는 행동의 변화 및 특성을 파악 • 매우 높은 인위적 조작을 거치기 때문에 연구 참여자의 자연스럽고 연속적인 행동을 관찰하기가 어려움
현장 실험 연구 (field experiments)	• 교실 상황에서의 자연스러운 관찰 및 실험 연구는 연구 대상자의 일상적 행동을 통해 보다 명확한 단서를 발견하는 것이 가능함 • 유아를 대상으로 한 일상성 때문에 자칫하면 연구의 정밀도가 떨어질 수 있음
자연적 실험 연구 (natural experiments)	• 특정 환경에서 중요한 사건이 자연적으로 발생한 경우에 사용될 수 있는 방법(예를 들어, 자연재해 같은 통제할 수 없는 충격적인 사건을 목격한 유아나 문화적 · 정서적 충돌이 큰 이민 아동의 경우) • 이 연구의 목적은 변수의 통제보다 자연적인 실험을 통해 인과관계를 파악하는 것임

출처: 이영애, 유준호(2018).

대한 종류와 내용을 정리한 것이다.

유아를 위한 프로그램 효과 연구도 실험 연구의 일종으로 볼 수 있다. 유아교육 현장에서 프로그램 효과를 위한 연구는 실제로 많이 이루어지고 있다. 교육 현장에서 효과적인 교육과정과 프로그램을 개발하는 것은 현장에 실질적인 정보를 제시해 줄 수 있기 때문에 의미가 있고, 꾸준히 이루어지고 있다. 유아음악과 관련된 프로그램 효과 연구도 많은데, 유아에게 미치는 효과뿐만 아니라 유아교사를 대상으로 한 효과 확인도 연구주제가 된다.

- 누리과정에 기초한 통합 유아음악교육 프로그램의 효과(하정희, 김유정, 2015)
- 조옮김을 활용한 유아음악교육 프로그램의 개발 및 효과(김권일, 김영옥, 2016)
- 창작동요를 활용한 포괄적인 음악교육 활동이 유아의 음악성에 미치는 효과(이정민, 김규수, 2015)
- 음악 감상 활동을 통한 다문화 교육이 유아의 정서지능 향상에 미치는 효과(방

은영, 2012)

- 음악동화 만들기 프로그램이 예비유아교사의 음악교수 내용 지식과 유아음악 교육에 관한 개념도 특성에 미치는 영향(윤지영, 2017)

(2) 조사 연구

조사 연구(survey research)는 모집단의 표본을 연구하여 모집단의 경향, 태도, 의견에 대한 수량적 설명을 제공하는 방법이다(Creswell, 2013). 표본 대상자에게 태도, 감정, 지각, 행동 등을 포함한 다양한 사회인구학적 특성에 관한 질문을 통해 자료를 수집한다(이순형 외, 2014). 원인과 결과를 분석하기보다는 현재의 실체에 대해 파악하고자 하는 목적을 지닌 연구방법으로, 사회과학 분야에서 가장 빈번하게 사용된다(황해익 외, 2014). 표본을 대상으로 수집한 자료를 통해 모집단의 특성으로 일반화하기 위한 의도를 갖고 있다. 자료 수집은 질문지(questionnarie)나 구조화된 면접법을 사용한다.

조사 연구의 주제도 다양하다. 유아교육 현장에서는 교사나 학부모의 인식, 교육 현황 등과 관련된 연구가 주로 진행된다. 마찬가지로 유아음악교육에 대한 조사 연구에는 음악교육과 관련하여 운영 실태 및 교사의 인식, 어머니의 인식 등의 연구가 있다. 교육 분야에서의 조사 연구에는 조사결과를 통해 교육적 함의나 교육 방안 등을 도출하는 연구도 진행된다.

- 다문화 유아음악교육의 운영 실태와 유치원 교사의 인식(김민채, 김영연, 2012)
- 유아교사의 유아음악 관련 직전교육과 교사 재교육에 대한 인식과 요구(윤영배, 강보라, 2016)
- 유아음악교육에 대한 유치원과 어린이집에 다니는 자녀를 둔 어머니의 인식(이재경, 김미애, 2016)
- 유아교육기관의 음악교육 활동에 관한 실태 연구: 유치원과 어린이집의 비교(박종선, 2007)

(3) 메타분석 연구

메타분석은 1976년 미국 콜로라도 대학의 통계학자인 진 글래스(Gene V. Glass)가 처음으로 언급한 용어로, 그의 정의에 따르면 '결과 통합이라는 목적을 달성하기 위해 개별 연구를 많이 수집하고, 수집한 연구자료들을 통계학적으로 분석한 연구'다. 메타분석이 등장한 배경은 전 세계에서 방대하게 증가하는 단편적 연구결과들을 두고 상반된 논쟁이 펼쳐지면서 보다 객관적이고 신뢰할 수 있는 결론을 도출할 필요성이 제기된 것으로 볼 수 있다. 특히 경험과학적인 연구자료를 주로 다루는 교육학 및 사회과학 분야에서 누적되는 개별 연구를 살펴보면, 특정 주제와 관련하여 각각 다른 연구대상으로 각기 다른 상황에서 연구가 이루어지면서 서로 다른 결과를 제시하는 경우가 많아졌다. 이러한 상황에서 서로 다른 다양한 연구가 일관되고 객관적인 틀 안에서 통합 및 신뢰할 수 있는 결론이 도출될 필요성이 높아진 것이다(장덕호, 신인수, 2011).

메타분석은 대상이 되는 모든 연구를 종합해서 정밀하게 결과를 산출하여 질 높은 근거를 제공한다는 장점이 있는 반면, 시간이 많이 소요되고 노동집약적이며 통계 전문가가 필요하다는 단점도 있다(신우종, 2015).

메타분석의 유용성은 다음과 같이 세 가지로 정리할 수 있다(오성삼, 1995). 첫째, 단일 주제에 대한 상반된 결론 및 논쟁이 발생했을 때 보다 신뢰할 수 있고 타당한 대결론(big decision)을 내려 해결할 필요가 있는 경우다. 둘째, 현장에서 원자료(raw data)를 수집할 시간이 부족하거나, 연구비 및 인력 투입 한계로 절약의 필요성이 높아졌을 때 2차 자료를 통해 문제를 해결해야 되는 경우다. 셋째, 범람하는 각종 학술의 정보 및 자료 속에서 체계적으로 압축된 지식 및 정보가 필요한 경우다.

메타분석은 일반적으로 5단계로 구분할 수 있다(오성삼, 2009; 황성동, 2015). 첫째, 연구문제 및 연구주제를 설정한다. 둘째, 분석 대상 자료의 선정 기준에 따라 연구자료를 수집하고 선정한다. 셋째, 대상 논문의 변인을 분석하여 코딩 매뉴얼 및 코딩 표를 개발한다. 넷째, 자료를 코딩하고 통계적으로 분석하여 효과크기를 산출하고 효과크기의 이질성 및 조절 효과 분석, 출간 오류 분석이 이루어진다. 다섯째, 분석결과를 제시하고 해석하여 결과보고서를 작성한다.

메타분석 연구를 통해 프로그램의 효과와 관련된 선행연구들을 종합 및 분석하고 유아음악교육 프로그램의 전체적인 효과를 살펴볼 수 있다. 메타분석을 수행하기 위한 구체적인 절차는 [그림 2-2]와 같다.

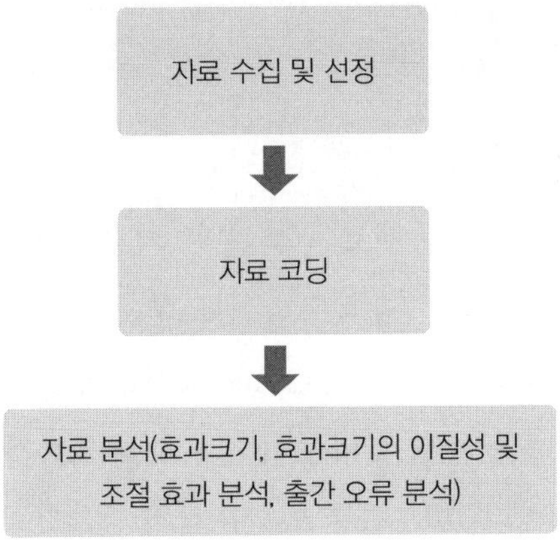

[그림 2-2] 메타분석을 하기 위한 구체적인 절차

프로그램 효과에 대한 메타분석 연구를 시행할 때 PRISMA 가이드라인(Moher, Liberati, Tetzlaff, Altman, & PRISMA Group, 2009)을 준수하여 문헌검색에 앞서 연구대상 선정 기준을 PICOS에 따라 결정한다. P(population)는 연구 대상자를 의미하고, I(intervention)는 개입방법, 즉 어떤 프로그램을 적용하였는지이며, C(comparison)는 비교집단으로서 중재를 받지 않은 무처치 대조, 일상적인 중재, 대체 중재를 실행한 집단을 의미한다. O(outcomes)는 종속변인에 해당하는 효과들이며, 양적인 통계 수치가 제시되어있는 것이어야 한다. S(study design, S)는 연구설계 유형으로, 처치(중재)결과가 있는 설계 유형이어야 한다.

유아음악교육 분야에서도 메타분석 연구가 진행된 바 있다. 주로 음악활동이나 프로그램이 유아에게 어떠한 영향을 미치는지를 살펴보는 연구다. 이처럼 교육 현장에서 메타분석 연구는 교육효과에 대해 분석할 때 유용한 방법이 될 수 있다.

- 유아음악극 활동의 효과에 대한 메타분석(이혜원, 2015)
- 유아음악교육 프로그램 효과 관련 연구에 관한 메타분석(조은별, 여선옥, 박수경, 2017)
- 유아음악교육 프로그램이 유아발달에 미치는 효과에 대한 메타분석(이영애, 이경연, 2018)
- 유아음악교육 프로그램이 유아의 음악적 능력에 미치는 효과에 관한 메타분석(박은정, 2019)

3) 통계의 종류

(1) 기술통계와 추리통계

통계는 크게 기술통계와 추리통계로 구분된다. 기술통계는 자료를 양적 형태로 요약하여 이해하기 쉽게 기술하는 방법으로, 빈도분포(frequency distribution), 집중경향치(measures of central tendency), 변산도(measure of variability)가 해당된다.

빈도분포는 전체 자료를 범주별로 나누어 빈도수를 기록하는 것으로, 기술통계에서 가장 기초적인 통계치다. 빈도를 확인함으로써 관측값의 범주와 분포의 유형을 알 수 있다. 관측값이 중앙에 집중된 경우에는 '정상분포'를 이룬다고 하고, 한 방향으로 극단에 집중된 경우에는 '편중'되었다고 말할 수 있다(조복희, 2009).

집중경향치는 빈도분포를 통해 관측된 값의 대표적 수치를 보면 알 수 있다. 가장 자주 활용되는 값은 세 가지로 최빈값, 중앙값, 평균값이다. 최빈값(mode)은 하나의 분포 안에서 가장 빈번하게 나타나는 수치를 말하고, 중앙값(median)은 점수들의 분배를 양등분하였을 때 분포의 중간에 놓인 수치다. 점수들이 홀수인 경우에는 분포 안에 포함되어 있는 실제 수치를 중앙값으로 찾을 수 있지만, 점수들이 짝수인 경우에는 두 개의 중간 점수 간 1/2의 수를 중앙값으로 지정한다(조복희, 2009). 평균값(mean)은 관측된 모든 값의 합을 전체의 사례수로 나눈 값을 말한다.

변산도는 자료의 점수들이 유사한지 혹은 유사하지 않은지를 정확하게 지적하는데 사용되는 방법으로, 점수 간의 산포도(scatter diagram)를 볼 수 있다. 변산도에는 범위(range), 변량(variance), 표준편차(standard deviation)가 해당된다. 범위는 변산도 측정법 중 가장 간단한 방법으로, 최고 점수와 최저 점수 간의 차이를 의미한다. 변량과 표준편차는 집단에 속한 모든 점수를 기초로 하기 때문에 범위보다는 자료의 분산을 더 정확하게 보여 준다. 변량은 각 점수의 평균 차가 얼마나 발생하는지를 측정하여 공식에 대입한 후 산출된다. 표준편차는 그러한 변량에 제곱근을 씌워서 얻을 수 있는 값이다(조복희, 2009).

추리통계는 자료를 기술하는 것이 아니라 자료의 의미를 추론하는 방법으로, 연구자가 관심을 갖는 모집단에 대한 일반화에 사용된다. 추리통계는 가설을 설정하는 단계로부터 시작하는데, 항상 영가설로 진술하여 그 영가설을 기각하는 확률을 통계결과로 제시한다. 다음 단계에서는 유의수준을 결정한다. 유의수준은 영가설을 기각하기 위해 연구자가 설정한 확률의 수준으로, .05와 .01 수준이 가장 많이 사용된다. 이후 자료수집과 통계방법을 활용하여 영가설의 기각 여부를 확인하여 가설검증을 완료한다. 이렇게 가설을 검증하는 과정에서 발생하는 오류에는 두 가지가 있다. 제1종 오류(type I error)는 영가설이 타당함에도 기각하는 경우를 말하고, 제2종 오류(type II error)는 영가설을 기각할 때 채택하는 경우다.

(2) 통계분석방법

다음은 양적 연구를 진행할 때 주요하게 사용되는 통계분석방법에 대하여 간략하게 정리한 것이다(성태제, 2016b; 조복희, 2009). 연구주제와 변수 간의 관계 설정 등에 따라 적합한 방법을 활용하여 연구를 진행할 수 있다.

〈표 2-4〉 통계분석방법과 설명

방법	설명
t 검정	두 집단의 평균을 비교하는 분석방법으로, 모집단의 분산을 모르는 경우에 사용한다. 1) 단일표본/일표본 t 검정: 한 집단의 평균과 특정한 값을 비교할 때 사용 2) 두 종속표본/대응표본 t 검정: 같은 모집단에서 추출된 두 개의 표본 평균을 비교할 때 사용 3) 두 독립표본 t 검정: 다른 모집단에서 추출된 두 개의 표본 평균을 비교할 때 사용
일원분산분석 (one-way ANOVA)	독립변수가 하나일 때, 세 집단 이상의 평균을 비교하여 차이를 확인하는 방법이다. 일원분산분석을 사용하려면 연속변수인 종속변수, 세 개 이상의 범주를 갖는 하나의 독립변수가 있어야 한다. 두 집단일 경우에는 t 검정과 같은 결과를 나타낸다.
이원분산분석 (two-way ANOVA)	독립변수가 두 개일 때, 세 집단 이상의 평균을 비교하는 방법이다. 두 독립변수의 상호작용 효과를 확인할 수 있다.
공분산분석 (ANCOVA)	변량분석으로 독립변수에 의한 종속변수의 차이를 확인하는 경우에 외생변수가 종속변수에 미치는 영향을 통계적으로 제거하는 방법을 공분산분석이라고 한다. 즉, 각 집단의 사전 수준이 동일하지 않은 경우에 동일하게 교정하여 종속변수의 평균 차이를 검정하는 방법이다.
다변량분산분석 (MANOVA)	종속변수가 두 개 이상의 변수로 구성되어 있는 경우, 독립변수가 종속변수에 미치는 효과를 분석할 때 사용하는 방법이다.
x^2 검정 (카이 검정)	두 가지 이상의 범주형 변수(질적 변수)의 차이를 분석할 때 사용하는 방법으로, 교차분석이라고도 한다.

상관분석	두 변수 간에 상관관계가 존재하는지 파악하는 방법으로, 상관계수를 통해 상관관계의 정도와 방향을 확인할 수 있다. 상관계수는 +1.00(변수 간 완전한 정적 관계)에서 −1.00(변수 간 완전한 부적 관계)까지의 범위를 가지며, 0의 상관은 아무런 관계도 없음을 나타낸다.
회귀분석	종속변수가 변화할 때 독립변수가 어떠한 관련을 보이는지 그 영향력 및 예측력을 분석하는 방법이다. 1) 단순회귀분석: 독립변수가 하나인 경우 2) 중다회귀분석: 서로 독립적인 독립변수가 다수인 경우
판별분석	종속변수의 집단이 두 개 이상일 경우에 집단을 구분하는 데 영향을 미치는 변수를 판별 혹은 예측하는 통계방법이다. 집단판별에 영향을 미치는 독립변수가 무엇이고, 그중 영향력이 가장 큰 변수는 무엇인지를 확인할 수 있다. 주어진 자료에서 집단을 분류하는 기준이 되는 함수를 도출하여 임의의 표본이 어느 집단에 속하는지 규명하는 분석방법이다. 1) 두 집단 판별분석: 집단을 두 가지로 분류하기 위한 방법 2) 중다판별분석: 종속변수의 집단이 세 개 이상인 경우에 사용하는 방법
경로분석	세 개 이상의 변수 간의 인과관계를 분석하는 방법으로, 종속변수에 영향을 미치는 독립변수를 밝히고 현상을 가장 잘 설명하는 모형을 찾는 데 목적이 있다. 직접 효과: 독립변수가 종속변수의 변화에 직접적으로 영향을 미치는 경우 간접 효과: 하나 이상의 중간변수를 통해 영향을 미치는 경우 제3변수 효과: 두 변수가 제3변수에 의해 동시적으로 영향을 받는 경우
구조방정식모형	측정모형과 잠재변수모형(구조모형)을 통해 변수 간의 인과관계를 파악하는 통계방법으로, 경로분석보다 더 발전된 형태다. 구조방정식모형의 주요 분석 절차 −1단계: 이론 모형 또는 가설 모형의 개발 −2단계: 모형의 식별 −3단계: 미지수의 추정 −4단계: 모형평가 −5단계: 모형의 수정 및 재평가
요인분석	자료의 여러 변수를 상호관련성이 높은 특정 변수의 작은 집합체(요인)로 축약하는 방법이다. 요인분석은 추리통계가 아니라 기술통계적 성격을 지니기에 독립변수와 종속변수, 가설 등은 없다. 독립변수는 모든 변수이고, 종속변수는 요인이라고 할 수 있다. 요인분석 과정은 5단계로 나눌 수 있는데, 1~4단계는 관찰단계이고, 5단계는 추리단계에 속한다. −1단계: 자료수집 −2단계: 각 변수와 다른 변수와의 관계 설정 −3단계: 요인추출 −4단계: 요인 적재값 결정 −5단계: 요인에 이름 붙이기

3. 질적 연구

1) 질적 연구와 자료 수집 방법

질적 연구는 개인이나 집단에서 사회적인 문제 혹은 인간적인 문제로 인해 사고하게 되는 것의 의미를 이해하고 탐구하기 위한 연구방법이다(Creswell, 2013). 연구는 질문을 생성하는 데에서 시작하고, 관련 자료를 수집한 후에 특정 주제부터 보편적 주제까지 자료를 귀납적으로 분석하여 자료에 나타난 의미를 해석하는 과정을 거친다. 양적 연구의 최종 보고서와는 달리 구조가 융통성을 지닌다. 질적 연구를 위한 자료 수집 유형과 방법은 〈표 2-5〉와 같다.

〈표 2-5〉 질적 연구방법과 자료 수집 방법

	유형별 선택	수집 방법
관찰	• 완전한 참여: 연구자는 자신의 역할을 숨긴다. • 참여 관찰자: 연구자의 역할을 알린다. • 관찰자로서 참여: 참여의 역할이 관찰보다 우선이 된다. • 완전한 관찰자: 연구자는 참여 없이 관찰만 한다.	• 현장노트
면접	• 면대면 · 일대일 · 직접적 면접 • 전화: 전화로 면접한다. • 포커스그룹: 참여자와 그룹으로 면접한다. • 이메일 면접	• 면접노트 • 녹음과 전사
문서	• 공개자료: 회의자료, 신문자료 • 비공개자료: 저널, 일기, 편지	• 직접 저널 쓰기 • 참여자가 저널 쓰기 • 사적인 편지 수집 • 공식메모, 회의록, 기록, 문서 자료 등의 공공자료 분석 • 자서전과 전기 조사 • 사진 및 촬영 • 차트 검사 • 의료 기록

시청각 자료	• 사진 • 비디오테이프(동영상) • 예술작품 • 컴퓨터 소프트웨어 • 필름	• 물리적 증거 조사 • 사회적 상황이나 개인 혹은 집단을 촬영 • 소리 녹음 • 이메일 내용 수집 • 휴대전화 문자 수집 • 소유물이나 평소 가지고 다니는 물건 조사 • 소리, 냄새, 맛, 감각 자극물 수집

출처: Creswell(2013), pp. 216-217, p. 219.

2) 질적 연구의 종류

질적 연구의 대표적인 종류에는 문화기술지, 근거이론, 사례 연구, 현상학적 연구, 내러티브 연구, 실행 연구 등이 있다.

(1) 문화기술지

문화기술지(ethnography)는 민족지학적 연구라고도 불린다. 연구자가 오랜 기간에 걸쳐 주로 관찰이나 면접을 통해 자료를 수집하면서 자연 상태의 환경에 있는 기존의 문화 집단을 연구하는 방법이다. 사회 집단 혹은 공동체의 일상 세계를 이해하고 기술한다. 문화기술지는 19~20세기 초에 인류학과 사회학 분야에서 출발하여 가장 오래되고 일반적인 질적 연구방법으로 알려져 있다(김영천, 2018). 최근에는 응용인류학이 발달하면서 이 연구방법을 활용하는 영역들이 세분화되었는데, 글로벌 문화기술지, 마케팅 문화기술지, 의료 문화기술지, 관광 문화기술지, 교육인류학 문화기술지 등이 그것이다.

문화기술지는 사회현상에 대한 사회과학적 설명에 있어서 내부자적 관점을 취하는데, 외부 관찰자의 입장에서는 알 수 없거나 해석의 오류에 빠질 수 있는 내용을 많은 시간과 노력을 통해 내부 행위자들이 자신의 행동에 부여하는 의미가 무엇인지, 연구대상 내부자로서 참여자들이 자신의 세계에 대해 취하고 있는 관점을 고려하여 사회현상을 해석한다.

문화기술지 연구방법은 과학철학에서 구성주의 혹은 해석주의라고 불리는 인식론에 바탕을 두고 있는데, 인식론은 어떤 사물도 쪼개어서는 제대로 이해할 수 없다는 총체적 관점, 어떤 현상이든 구체적이고 자연적인 맥락 안에서만 온전하게 파악할 수 있다는 자연주의적 관점, 각 사회의 문화를 그 문화 내부의 고유한 기준으로 설명하고자 하는 문화상대주의적 관점의 세 가지 관점으로 구분된다(조용환, 1999).

이와 더불어 문화 분석을 위한 핵심적인 기준을 총제적 접근과 해석적 접근으로 분류할 수 있다. 총체적 접근은 한 집단 내에서 공유된 생활양식과 사고방식의 총체를 연구하는 것이고, 해석적 접근은 문화 속 상징과 의미의 체계를 연구하는 것을 말한다. 총체적 문화기술지는 주요 연구 개념을 기준으로 〈표 2-6〉과 같이 네 가지로 분류할 수 있다(김영천, 2018).

〈표 2-6〉 총체적 문화기술지의 주요 연구 개념

분류	문화에 대한 기능주의적 탐구	문화에 대한 구조기능주의적 탐구	문화에 대한 패턴 탐구	문화에 대한 생태학적 탐구
설명	집단 구성원의 욕구 충족 기능의 총체를 문화라고 규정하고, 각 부분의 기능을 탐구	구성원 간의 관계를 규정하는 '사회구조'를 문화로 보고, 사회질서 내에서의 개인의 위치와 사회적 요구 충족에서 문화의 역할을 탐구	문화 속에서 나타나는 행동의 형태들은 그 사회의 감정적이고 정신적인 원천으로서 관습을 이해함으로써 통찰할 수 있으므로 문화 내에 패턴화된 동기, 정서, 가치 등에 비추어 문화를 탐구	문화의 독특하고 다양한 특성을 환경과의 상호작용과 환경에 대한 조정 및 적응 과정으로 바라보는 접근법으로, 환경에 따라 효율적으로 생존하기 위해 문화를 변형하면서 그 집단이 취하는 생활양식을 탐구

총체적 접근과 달리 해석적 접근은 핵심적인 상징과 의례를 해석하여 문화를 해독할 수 있고, 집단 구성원이 그러한 상징 체계를 통해 서로 소통하면서 사회와 실재, 개인적 경험의 의미를 구성한다고 본다. 그리고 문화 자체를 사회 속에서 공유되는 상징체이자 상징적 의미를 전송하는 수단이라고 본다(김영천, 2018).

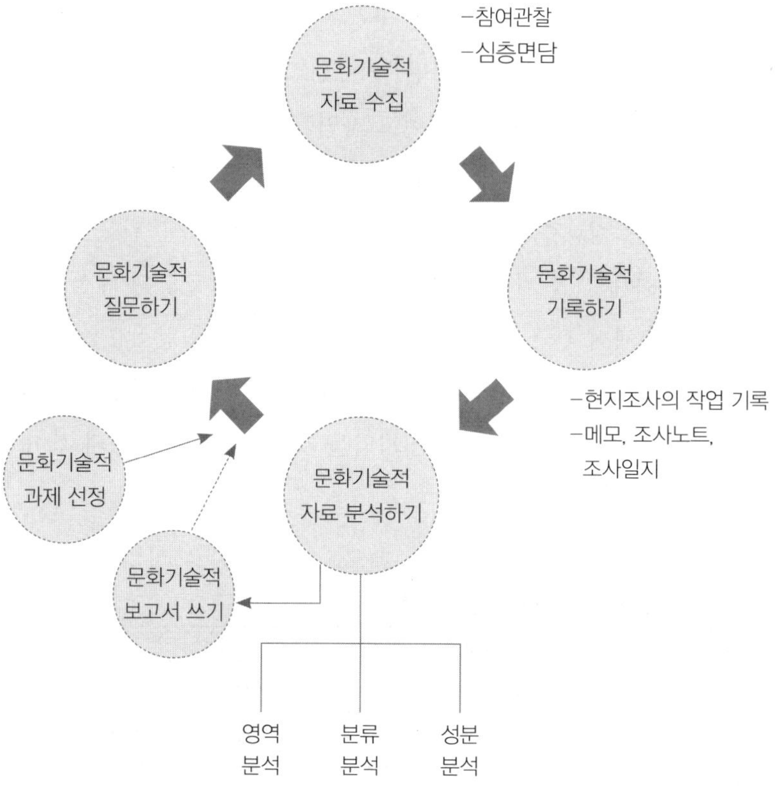

[그림 2-3] 문화기술적 연구 사이클

문화기술적 연구 사이클은 [그림 2-3]과 같다.

문화기술적 연구의 대표적인 자료 수집 방법으로 참여관찰과 심층면담이 있고, 이외에도 문헌자료, 시각(영상)자료 등이 포함된다. 참여관찰은 낯선 것은 익숙하게, 익숙한 것은 낯설게 보는 것으로서 초기에 최대한 넓게 열어 놓고 연구대상의 생활세계를 관찰한 이후에 참여관찰의 폭을 좁혀 깊이를 더하는 방법이 일반적이다. 또한 시간이나 공간 또는 특정한 유형의 사건을 축에 두고 그 축을 중심으로 관찰하다가 그 축에 변화를 주거나 확장해 나가는 관찰방법도 있다. 심층면담의 경우에는 질문의 내용과 방식을 사전에 계획하지 않고 면담자-피면담자의 관계와 면담의 상황적 유동성을 최대한 고려하는 열린 대화 형식을 가진다. 문화기술적 심층면담에서 그 문화를 보다 잘 이해할 수 있도록 정보를 제공해 주는 제보자를 선정하는 것이 중요하다. 이외의 자료 수집 방법으로 현지조사의 작업 기록이 있는데, 조사노트, 메모수첩, 현지조사일지를 활용한 조사작업의 기록이 포함된다.

문화기술적 연구에서 자료 분석은 자료 수집 단계에서부터 시작한다. 연구설계 자체가 연구진행 과정에서 계속 수정되고 구체화되어 가는 문화기술적 연구에서는 중간 단계의 분석결과를 길잡이로 사용하는 것이 중요하다(권효숙, 2010). 분석의 전 단계로 수집된 질적 자료의 분류를 위해서는 전체를 부분으로 나누어 분석한 후, 이런 분석결과로 얻은 통찰에 기초해 다시 전체에 대한 이해로 돌아가는 과정을 거친다(이용숙, 2005).

문화기술지에서 기술은 현상에 대한 그들의 의미를 드러내는 것이고, 분석은 자료가 말하는 의미를 드러내는 것이며, 해석은 우리의 의미를 드러내는 것으로 현상의 의미를 이론화, 일반화하는 것이다. 연구자에게 일종의 탐구방식의 의미를 지니

예비분석		성찰적 현장 기록 작성 주제요약 자료 수집 전 과정에서 실시
⬇		
코드 체계		에믹코딩(emic coding): 내부자적 관점 에틱코딩(ethic coding): 연구자의 분석틀에 입각한 외부자적 기준으로 코딩 개방코딩, 중추코딩, 선택적 코딩
⬇		
자료 관리		원본은 그대로 보관 주제별 파일화, 인용구 파일
⬇		
자료 분석	코딩	개념과 범주를 추출
	자료의 배치	대안 제시하기, 아이디어 제시하기
	해석	배치된 자료에서 의미를 도출하고 확인 해석의 도구 -형식/주제/규칙/전략 -유형/모형/비유 -양식/구조/체제/이론
⬇		
글쓰기		인용문 넣기-전형적 사례(대표적 사례와 차이) 시각적 제시방식

[그림 2-4] 문화기술지 기술 과정

는 글쓰기는 연구의 전 절차에 영향을 주는 유기적 요소로서 기술, 분석, 해석의 질을 고양하는 데 영향을 미친다(김영철, 1999).

유아음악교육 분야에서 문화기술적 연구는 학위논문이 대부분이다. 다음은 그 목록이다.

- 라일락유치원 만 3세 유아들의 음악활동에 대한 문화기술적 연구(이지연, 2020)
- 만 5세 자연반 유아들의 음악적 행동에 관한 문화기술적 연구(김지현, 2016)
- 유치원 생활을 통한 유아의 음악적 경험에 대한 문화기술적 연구(박수미, 2012)
- 만 4세 무지개반 음악활동에 대한 문화기술적 연구(정소영, 2009)
- 유아들의 자발적인 음악적 행동에 대한 문화기술적 연구(곽진이, 2008)
- 한여울 유치원의 유아음악교육에 대한 문화기술적 연구(김민정, 2000)

문화기술적 연구라는 특성상 유아가 음악을 경험하는 부분이 주요 연구대상이 되므로 음악경험의 주요 주체는 유아인 경우가 대부분이다.

(2) 근거이론

근거이론(grounded theory)은 체계적으로 수집한 자료에 근거하여 현상을 설명하는 이론을 추출하는 방법이다. '근거(ground)'라는 용어는 이론의 근거가 되는 자료가 실제적이고 현실적인 개인이나 사회의 경험에 기반한다는 것을 의미한다(김영천, 2018). 따라서 사람들의 행동이 어떻게 형성되는지 혹은 사회현상의 의미가 사람들의 삶에서 어떠한 과정을 통해 생성되는지에 대한 근거를 탐구하는 방법이기도 하다. 김영천(2018)은 학자들의 개념을 정리하여 근거이론은 개인의 행위 그리고 사회현상이 주변과의 상호작용 안에서 항상 변화하고 개별화되며 변화가 가능하다는 관점에 따른 경험에 대한 연구를 수행하는 방식이라고 하였다. 또한 근거이론은 기존의 이론을 통해서는 알 수 없었거나 혹은 기존의 시각에 새로운 해석이 필요할 때 많이 활용되는 질적 연구방법이다.

이 연구방법의 주요한 특징은 두 가지다. 첫 번째는 생성되는 범주로 자료를 연속적으로 비교할 수 있다는 것이고, 두 번째는 정보의 유사점과 차이점을 극대화하기 위해 서로 다른 집단을 이론적 표집(theoretical sampling)하는 것이다. 근거이론 방법

연구문제의 명료화		연구문제의 연구방법으로 근거이론이 적합한지 결정
문헌 조사		연구문제와 관련된 문헌에 대한 탐구 연구문제와 관련된 배경 획득 연구문제와 관련된 약간의 범주 획득 초기 이론적 표본추출의 기준 제공
이론적 표본추출		문헌 조사를 통해 획득한 정보를 바탕으로 초기 이론적 표본추출
자료 수집		관찰, 문서, 시청각 자료, 특히 면담을 통해 자료 수집
자료 분석	개방코딩	개념과 범주를 추출
	축코딩	범주를 연결
	선택코딩	핵심 범주를 선택, '이야기 줄거리' 기술
이론의 기술		자료 수집과 분석 과정의 결과물로서 발견한 이론을 기술

[그림 2-5] 근거이론 연구 절차

출처: 김영천(2018), p. 370.

을 수행하기 위해서는 여러 단계에 걸쳐 자료를 수집하고 정보의 범주를 정리하여 상호 관련짓기를 하게 된다. 근거이론의 구체적인 연구 절차는 [그림 2-5]와 같다.

근거이론의 주요 연구기법으로는 이론적 샘플링, 지속적 비교, 메모, 코딩인데, 먼저 이론적 샘플링은 이론의 생성을 위해 연구자가 자료 수집, 코딩, 자료 분석을 하고 이론을 생성하는 데 유용한 구문과 이미지 자료를 만들어 내기 위해 수집할 자료의 형식, 장소 등을 선택하는 것이다. 즉, 각각의 상황을 대표할 수 있는 집단을 선택하는 것이라고 할 수 있다. 연구자는 연구목적에 합당한 집단을 선정하기 위해 다음의 세 가지 부분을 고려해야 한다(Glaser & Strauss, 1967).

- 어떤 집단 혹은 하위집단이 자료 수집에 포함되어야 하는가?
- 어떤 이유로 이론적인 목표를 지닌 집단 혹은 하위집단이 선택되어야 하는가?

- 어떻게 연구 참여자를 선정하는가?

지속적인 비교가 이루어지는 근거이론에서는 비교 가능한 집단에서 자료 수집을 해야 하는데, 그 이유는 다음과 같다(Glaser & Strauss, 1967).

첫째, 수집된 자료에서 도출된 범주의 일반화가 가능

둘째, 동일한 범주나 이슈에 대해 서로 다양한 자료수집이 가능

셋째, 동일한 범주 내에서 자료의 유사성과 차이점을 연구 가능

넷째, 생성된 이론의 범위가 확대됨

유아음악교육 분야에서 진행된 근거이론 연구는 다음과 같다.

- 음악과 심상 내 자기-공감 경험에 관한 근거이론 연구(김경숙, 2017)
- 예비음악치료사의 마음챙김 지향 음악심상(music and imagery) 경험에 관한 근거이론 연구(김영실, 2018)
- 정신재활 회원을 위한 음악치료 임상실습에서의 동기부여에 관한 근거이론 연구(강경선, 2012)
- 장애 아동의 그룹 음악치료의 지속적인 참여 경험에 대한 근거이론 연구(박지은, 2009)

(3) 사례 연구

사례 연구(case study)는 1명 이상의 특정 개인이나 집단, 프로그램, 사건, 행동, 과정 등을 대상으로 연구자가 심층적인 연구를 수행할 때 활용되는 방법이다. 사례는 시간과 활동에 따른 제한이 있기 때문에 연구자는 연구 기간 동안에 다양한 자료를 통해서 상세한 정보를 수집한다(Creswell, 2013). 사례 연구는 구체적인 이슈나 문제를 이해하기 위해서 수행되는데, 현상을 있는 그대로 기술하면서 설명과 해석에 집중한다.

주로 소수의 연구 대상자가 참여하고 그 대상에 대한 논의 및 해석을 심도 있게 다루기 때문에 사례 연구는 대체적으로 질적 연구로 분류되지만, 때와 목적에 따라 양적 연구방법으로 활용될 수도 있다(김이영 외, 2015). 예를 들어, 유아의 이상 행동에 대한 사례 연구를 수행한다고 할 때 유아만을 대상으로 해서 밝히기 어려운 문제

가 있을 수 있다. 이때 유아의 부모 및 교사를 대상으로 양적 자료를 수집하여 복합적으로 사용할 수 있다. 그러나 이러한 양적 접근은 특정 사례를 심층적으로 기술하고 연구문제와 이슈를 해결하기 위해 부분적으로 사용되는 측면이다. 특히 양적 자료 수집을 위해 표준화된 검사나 설문조사 등의 방법을 대입하기 어려운 영유아 대상의 연구에서 자주 사용되는 방법이다.

유아 대상의 사례 연구를 진행할 때 연구자는 유아가 또래 및 교사와 관계를 맺으면서 나타내는 행동을 관찰할 수 있다. 또한 유치원에서의 일과나 교실에서 지켜야 하는 규칙에 따라 어떠한 행동이 나타나는지 관찰하는 것이 가능하다. 예를 들어, 자유놀이시간에 유아의 음악적 행동이 어떻게 나타나는지에 대해서 관찰할 수 있다. 연구대상 및 특정 개인에 관한 광범위한 정보를 수집하여 면밀하게 접근할 수 있는 것이다. 이렇듯 사례 연구는 연구대상에 대하여 총체적인 맥락에서 포괄적이고 체계적으로 접근하는 방법이라고 할 수 있다(김호현, 2016). 사례 연구는 귀납적 추리에 의해 해석하고 논의하므로 선행연구결과와 기초이론의 영향을 받지 않고 새로운 통찰을 해야 하는 경우가 많아 잘 알려지지 않은 사실에 대한 새로운 시각을 제안할 때 유용하다. 또한 특정 사례에서 패턴을 찾아 다른 현상과의 관계를 분석하거나 유아를 둘러싼 환경이나 현상을 평가할 때에도 유용하다.

사례 연구는 연구를 수행하는 연구자의 세계관과 경험을 바탕으로 한 해석에 크게 의존하게 되므로 연구 수행 시 각별한 유의를 기울일 필요가 있다(이영애, 유준호, 2018).

첫째, 질적 분석을 사용하는 이유를 논리적이고 합당하게 서술하여야 하며, 이것이 상이한 가치와 세계관 속에서 어떠한 입장을 취하는지 상세히 기술할 필요가 있다.

둘째, 자료를 수집할 때 해석의 근거로 쓰일 증거 자료를 체계적으로 수집할 필요가 있다. 연구절차가 표준화되어 있지 않아 연구의 시도가 어려운 경향이 있으므로 체계적인 자료 수집 및 제시를 위해서는 연구의 타당도와 신뢰도를 높이는 구인타당도, 내적 타당도, 외적 타당도, 신뢰도 등을 지니도록 노력해야 한다.

셋째, 연구대상에 대한 심층적인 분석과 정보 수집 과정에서 연구대상의 사생활 침해를 포함한 정신적 피해 및 윤리적 피해를 줄 수도 있다. 따라서 유아에게 이러한 윤리적 피해를 주지 않기 위해서는 연구를 수행하기 전에 상세한 연구목적을 담은 연구참여 동의서를 제공하여야 한다.

넷째, 질적 연구의 장점을 최대화하기 위해서는 연구의 폭보다 깊이를 중시할 필요가 있다. 표집의 크기를 늘림으로써 일반화 가능성을 높이면 참여관찰의 집중도가 떨어져 오히려 연구의 질을 낮추거나 연구의 목적이 흐려질 수 있다. 따라서 연구 대상 선정 시 연구목표와 특성이 잘 드러날 수 있는 대상을 신중하게 선정해야 한다.

사례에 대한 연구인만큼 유아교사뿐만 아니라 유아에 초점이 맞추어진 연구들도 있다.

유아음악교육 분야에서 진행되어 온 사례 연구는 다음과 같다.

- 국제교류를 통한 음악중심의 유아세계시민교육에 관한 사례 연구(김인실, 배지현, 2016)
- 파란반 유아교사의 음악중심 하루일과 운영에 대한 사례 연구(손승학, 2015)
- 그룹리듬연주활동에 따른 발달지체유아의 모방능력에 관한 사례 연구(이아련, 2009)
- '오디' 음악활동에서 나타난 유아의 반응에 관한 사례 연구(윤은미, 노주희, 2007)
- 음악활동을 통한 효율적인 유아교육 사례 연구(박순옥, 2002)

(4) 현상학적 연구

현상학적 연구(phenomenological research)는 연구자가 연구 참여자를 묘사하여 그 현상 속에 놓인 인간의 경험이 지니는 본질을 확인하는 방법으로, 다른 질적 연구와 다르게 철학적인 사조를 기반에 두고 있다. 후설(Husserl), 하이데거(Heidegger), 메를로-퐁티(Merleau-Ponty), 사르트르(Sartre) 등 많은 철학자를 통해 여러 형태로 발전했기 때문에 철학적 사조에 대한 이해도 어렵지만 전체적인 흐름을 설명하는 것도 쉽지 않다(김영천, 2018).

현상학적 연구는 인간의 체험을 있는 그대로 살펴보고, 그 체험이 체험 자체이게 하는 본질적 구성요소를 파악하여 분명하게 기술하고, 이를 통해 체험의 본질을 탐구하는 것이다(김영천, 2018, p. 90). 이 과정에서 연구자 자신의 경험을 배제하기도 하는데, 이는 연구 참여자의 경험 그 자체를 이해하기 위함이다. 청소년의 음주 경험의 의미, 퇴직 남성의 우울증 체험, 경력단절 여성의 구직 경험, 청소년기의 따돌림 경험자의 외상 후의 성장 등이 현상학적 연구의 탐구 대상이 된다.

연구주제의 설정	현상학적 연구를 위한 연구주제를 명확히 밝힌다.
괄호치기	주제와 관련된 연구자의 선이해나 선개념을 명확히 밝혀 괄호 안에 넣음으로써 환원(판단중지)을 수행한다. 이 단계는 연구가 진행되는 동안에 지속적으로 이루어지는 태도라고 할 수 있다.
자료 수집	연구주제를 탐구하기 위한 자료(인터뷰, 문학작품 등)를 수집한다.
자료 분석	자료를 분석하여 대상의 본질적 구조를 발견한다. 1) 수집된 자료를 전체적으로 읽고 그 안에 포함된 의미를 발견한다. 2) 의미나 주제를 추출하여 그것을 범주화한다. 3) 범주화된 의미나 주제 단위의 진술을 따로 묶어 여러 의미 단위를 구성한다. 4) 의미나 주제 단위로 묶인 자료의 각 의미 단위에 대해 성찰하여 의미를 밝힌다. 5) 각 의미 단위에 대해 성찰하여 그 의미나 주제에 대한 개념화를 한다.
글쓰기	경험의 본질을 구성하는 요소를 통합하여 구조적으로 기술하는 작업이다.

[그림 2-6] 현상학적 탐구 절차

학자들의 견해를 통해 정리한 현상학적 탐구 절차는 크게 다섯 가지로, 연구주제의 설정, 괄호치기, 자료 수집, 자료 분석, 글쓰기 그것이다(김영천, 2018). [그림 2-6]은 다섯 가지의 절차 내용을 정리한 것이다. 학자마다 다소 차이는 보이지만 기본적으로 '환원'이라는 방법론을 기저로 한다. 현상학적 환원(phenomenological reduction)이란 대상을 바라보고 판단하는 데 영향을 미칠 수 있는 개인적인 선입견의 개입을 보류하는 것이다. 환원은 판단 중지를 통해 현상 자체의 참모습을 확인할 수 있게 한다. Van Maanen에 의하면, 환원은 직관적 환원, 해석학적 환원, 체험적 환원, 방법론적 환원, 존재론적 환원, 현상학적 환원의 유형으로 세분화된다(김영천, 2018).

유아음악교육의 분야에서 현상학적 연구는 유아음악교육에 대한 전반적인 주제가 연구의 대상이 된다. 따라서 유아교사의 경험과 유아의 음악적 체험 및 활동의 의미 등이 유아음악교육 분야의 현상학적 연구주제가 될 수 있다.

유아음악교육의 분야에서 진행된 현상학적 연구는 다음과 같다.

- 유치원 교사의 새노래부르기 교육활동 경험에 대한 현상학적 연구(최경숙, 김인숙, 박미숙, 2019)

- 유아의 음악적 체험에 관한 현상학적 연구(강은덕, 2017)
- 유아교육기관에서 유아들이 부르는 노래의 현상학적 연구(임부연, 김소영, 최남정, 2009)
- 유아 음악활동의 의미에 대한 현상학적 이해(이민정, 2002)

(5) 내러티브 연구

내러티브 연구(narrative research)는 연구자가 자신의 삶을 연구하거나 1명 또는 그 이상의 개인이 자신의 삶에서 경험한 것의 의미를 밝히기 위해 시간적 흐름에 따라 이야기하거나 이야기에 대해 기술하는 방법이다. 마지막 부분에는 연구 대상자의 삶에서 나온 관점과 연구자의 삶으로부터 나온 관점이 협동적인 이야기로 결합된다(Clandinin & Connelly, 2000). 내러티브 연구는 단순히 면담한 결과를 요약 및 정리하는 것이 아니라 연구자가 현장에서 수집한 자료를 연구형식에 맞는 내용으로 구성하는 것이다(김영천, 2018).

내러티브 탐구 과정에 대한 대표적인 방법으로 Clandinin과 Connelly(2000)의 '내러티브 탐구'에서 언급한 5단계의 탐구 과정을 들 수 있다. 첫째, 현장에 존재하기, 둘째, 현장 텍스트로 이동하기, 셋째, 현장 텍스트 구성하기, 넷째, 경험에 대한 의미 구성, 다섯째, 연구 텍스트 구성이다.

이 5단계는 순차적 형태로 나타나지만 연구 내용을 쓰는 과정에서 다시 현장으로 돌아가기도 한다. 이외에도 다수의 기존 학자가 내러티브 탐구 절차에 대하여 언급하였는데, 그 내용의 공통적 요소를 추출하면 〈표 2-7〉과 같다(김영천, 2018, p. 172).

〈표 2-7〉 내러티브 탐구 절차

내러티브 탐구 절차	연구자가 고려할 사항
가. 연구주제와 연구목적 확립하기	선행연구 분석, 이론적 분석
나. 연구주제에 적합한 연구 참여자 선정하기	연구 현장에 대한 고려, 연구 참여자와의 관계
다. 현장 자료 수집하기	참여관찰, 심층면담, 연구자와 현장의 거리
라. 주제별로 자료를 범주화하기	공통적 주제, 공통적 경험의 분류
마. 연구자의 경험적 · 사회적 의미 부여하기	정당화, 현상, 방법, 내러티브 줄거리, 긴장감
바. 연구 내용 작성하기	목소리, 서명, 독자

내러티브 탐구 방법을 활용한 유아음악교육 분야의 연구는 현재까지 극소수다. 하수정(2008)의『Arts Propel을 적용한 유아음악프로그램의 효과』가 있는데, Arts Propel을 적용한 프로그램을 통해 유아의 음악적 능력을 발달시키는 것을 목적으로 진행한 연구다. 이 프로그램에 대한 경험을 심층적으로 이해하기 위해 유아교사와 유아를 대상으로 내러티브 탐구 방법을 적용하였다. 이렇게 유아음악교육에 대한 경험을 내러티브 탐구 방법을 통해 연구할 수 있다.

유아음악교육 분야에서 진행되어 온 내러티브 연구는 다음과 같다.

- 음악전공자 관점에서 바라본 유아교사의 음악교수형성과정에 관한 내러티브 탐구(권은경, 2020)
- Arts Propel을 적용한 유아음악프로그램의 효과: 내러티브 탐구 방법을 중심으로(하수정, 2008)

(6) 실행 연구

실행 연구는 현장을 개선하는 것을 목적으로 하기 때문에 주로 현장에서 종사하는 실천가에 의해 활용되는 방법이다. 일반화된 이론이 아닌 현장에서 마주하게 되는 여러 환경 속에서 상황을 이해하여 문제를 해결하기 위해 실제적인 행동을 개선하고자 하는 움직임 안에서 실행 연구가 확산되었다. 따라서 이 연구는 현장의 여러 상황 속에서 문제나 사회적 이슈를 이해하고 해결하기 위한 실제적인 방법론으로 인식되고 있다(김영천, 2018). 그리고 자기 자신과 자신을 둘러싼 상황이 어떻게 변화하는지에 관심을 가지기 때문에 연구자와 연구 참여자가 가장 중요한 연구 주체다.

실행 연구는 '실행'과 '연구'의 결합어에서 알 수 있듯이, 이론적인 연구로만 그치는 것이 아니라 실천까지 함께 이루어지는 연구다. 실행은 개선을 목적으로 하고, 연구는 이해를 목적으로 이루어지는 특성이 있는데, 실행 연구는 이 두 가지를 동시에 달성하기 위해 실행하고 반성하는 순환적인 과정을 지속한다. 즉, 실행 연구에서는 비판적 반성이 행동에 선행하고, 행동이 일어난 뒤에는 또다시 비평적 반성이 일어나는 순환적이고 반복적인 과정을 거친다. 따라서 과학적인 방법이나 이론을 적용하는 연구와는 성격이 다르다.

이처럼 개선과 발전을 위해 순환적인 과정을 거치는 실행 연구의 공통 과정은 5단

〈표 2-8〉 실행 연구의 공통 과정 5단계

1. 문제 확인하기	이 주제에 대해 연구하고 싶은 이유와 문제를 통찰하는 범위가 광범위한지 좁은지 등을 고려해야 한다. 연구자는 문제나 관심 영역에 기반하여 이해당사자들과 협상을 시도할 수 있다.
2. 실행 계획 세우기	실제적 모습을 고려하여 새로운 전략을 개발하고 계획을 수립한다.
3. 자료 수집하기	연구에 필요한 자료를 왜, 언제, 어디에서, 어떻게 수집할 것인지를 고려한다. 문제 해결을 위해 다양한 균형적 사고를 유지할 것인지 고려한다. 문제 해결을 위해 연구 참여자의 실제 모습을 관찰한다.
4. 자료 분석하기	수집한 정보를 분석하는 단계다. 수집한 자료로부터 무엇을 배울 수 있는지 고려하여 자료에서 나타나는 형태, 식견, 새로운 이해를 발견할 수 있어야 한다.
5. 더 나은 실행 계획 개발하기	순환적인 반성을 통해 실행 계획을 만드는 활동이 이루어진다. 연구결과로부터 자신의 상황이나 조직에서 무엇을 다르게 실행할 것인지에 대해서 고려해야 한다. 이 계획은 다음 단계의 실행 과정에 반영되어 실행되고, 그 결과에 대해서도 반성적인 과정이 계속 일어나는 연결고리가 된다.

계로 정리할 수 있다(김영천, 2018).

실행 연구 특성상 유아음악교육 현장과 관련된 연구가 많고, 유아교사가 주요 대상인 경우가 대부분이다.

유아음악교육 분야에서 진행된 실행 연구는 다음과 같다.

- 플립러닝을 적용한 예비유아교사의 유아음악교육 수업개선 실행 연구(곽윤경, 김미경, 2019)
- 만 5세 유아음악교육의 효율적 운영을 위한 협력적 실행 연구(노승희, 2019)
- 음악감상활동 실행 연구를 통한 유아교사의 실천지식 쌓아가기(박소연, 이진희, 2019)
- 만 5세 유아와 함께한 음악 만들기 실행 연구(김자희, 최연철, 2017)

4. 혼합 연구(복합 연구)

1) 혼합 연구의 정의 및 방법

혼합 연구방법(mixed method research)은 질적 연구와 양적 연구를 결합하거나 연합하는 방법으로, 철학적 가정, 양적 접근과 질적 접근의 이용, 하나의 연구에 두 접근을 혼합하기 등을 포함한다. 따라서 단순하게 양적 자료와 질적 자료 두 가지를 모아서 분석하는 수준을 넘어서는 것이며, 연구의 전반적인 효과가 질적 연구나 양적 연구보다 더 커지도록 두 가지의 접근법을 함께 사용하는 것을 말한다(Creswell, 2013).

기본적으로 연구문제에 대한 답을 찾기 위해 개방형인 질적 자료와 폐쇄형인 양적 자료를 모두 수집하여 분석한다. 두 가지의 자료를 수집하고 분석할 때에는 충분한 표집이 이루어졌는지, 정보의 출처와 자료 분석 단계가 적절했는지 등을 검토하여 엄격하게 진행되어야 한다. 또한 자료 수집 절차는 수집 시기(동시적 혹은 순차

〈표 2-9〉 혼합 연구의 목적

목적	내용
삼각 측정	동일한 현상을 평가하기 위해 서로 다른 연구방법을 사용한다. 연구결과에서 일관성이 나타나거나 하나의 방향으로 수렴되는 현상이 나타난다면 연구추론에 대한 신뢰도가 향상될 수 있다.
상호보완	동일한 복합 현상에 대하여 서로 다른 관점으로 접근하는 연구방법을 사용하여 더 넓고 깊게 현상을 이해하고 종합적으로 추론할 수 있다.
개발	하나의 연구방법 결과가 다른 연구방법의 개발에 유용한 정보를 제공하는 목적으로 사용된다. 특정 현상 혹은 구인을 두 가지의 연구방법으로 평가하는데, 두 번째 연구방법이 첫 번째에서 평가한 모든 데이터 혹은 부분적인 자료를 평가하게 된다.
착안	동일한 복합 현상의 다양한 측면을 평가하기 위해 서로 다른 연구방법을 사용한다는 점에서 상호보완 목적과 유사하다. 하지만 착안 목적이 탐구를 수반하는 분석을 통해 중요한 통찰력과 새로운 깨달음을 유발한다는 점에서 차이를 지닌다.
확장	서로 다른 현상을 평가하기 위해 각각 서로 다른 연구방법을 사용한다. 이로써 연구의 범위가 확장된다.

적), 양적 혹은 질적 자료 중 하나의 자료가 더 강조되는 방식으로 통합되어 설계될 수 있다. 그리고 이러한 절차는 연구자의 철학적 세계관이나 특정 이론에도 영향을 받을 수 있다(Creswell, 2017, p. 259).

사회과학 분야에서 혼합 연구를 진행하는 목적에 대하여 Greene(2011)은 '연구하고자 하는 현상을 더 잘 이해하기 위한 것'이라고 하였다. 한 가지가 아닌 혼합된 방법으로 연구문제에 대한 이해를 하기 때문이다. 〈표 2-9〉는 혼합 연구의 목적을 다섯 가지로 분류한 것이다(Greene, 2011).

이러한 혼합 연구는 다양한 이점을 갖는다. 우선, 질적 연구와 양적 연구의 장점을 취하고 두 연구방법의 단점을 보완할 수 있다. 그리고 서로 다른 양적 자료와 질적 자료의 관점을 비교할 수 있으므로 연구문제를 더 완전하게 이해하는 데 유용하다. 또한 두 방법을 혼합함으로써 양적 자료의 결과를 후속으로 이루어지는 질적 자료 수집과 분석으로 설명할 수 있고, 질적 자료를 수집하고 분석하여 도출한 결론을 통해 기존의 것보다 더 나은 측정도구도 만들 수 있다. 혼합 연구는 두 자료를 다루어야 하므로 양적 자료와 질적 자료 모두를 다룰 수 있는 연구자에게 이상적인 연구방법이 될 수 있다.

혼합 연구를 설계할 때 영향을 미치는 요인은 네 가지로 구분할 수 있다(Creswell, 2013). 첫째, 연구의 순서다. 양적 자료와 질적 자료를 수집할 때 시간 간격을 두고 순차적으로 수집할지 혹은 동시적으로 수집할지에 따라 혼합 연구 설계가 달라질 수 있다. 둘째, 연구비중으로, 연구를 수행할 때 양적 연구와 질적 연구 중 어느 쪽에 비중을 둘지에 대한 것이다. 연구자가 무엇을 탐구하고자 하는지에 따라 두 가지 연구의 비중이 동등할 수도 있고, 어느 한쪽에 더 비중을 둘 수도 있다. 셋째, 자료를 어떻게 혼합할 것인가의 문제다. 양적 자료와 질적 자료는 성격이 다르기 때문에 혼합하는 것이 쉽지 않다. 두 자료는 자료수집, 분석, 해석의 각 단계 혹은 모든 단계에서 혼합할 수 있다. 그리고 자료의 혼합은 두 자료 간의 통합과 연결을 통해 이루어진다. 마지막으로, 연구에 대한 이론적 관점을 형성하는 것이다. 사회과학 분야의 경우에 귀인이론, 사회비교이론 등의 이론틀로서 활용될 수 있고, 좀 더 광범위하게는 성, 인종, 계층 등이 기준이 될 수 있다. 유아음악교육 분야의 경우에는 에밀 자크-달크로즈(Émile Jaques-Dalcroze)나 카를 오르프(Carl Orff) 등의 음악교수 이론과 함께 유아의 발달과 관련된 이론이 준거로서 활용될 수 있다.

혼합 연구에는 세 가지의 방법이 있는데, 순차적 혼합방법, 동시적 혼합방법, 변형적 혼합방법이 그것이다(Creswell, 2013). 순차적 혼합방법(sequential mixed design)은 한 가지 방법으로 진행한 연구결과를 정교화하거나 확장하기 위해 다른 방법을 활용하는 것이다. 예를 들어, 질적인 면접을 통해 탐색한 모집단의 결과를 일반화할 수 있도록 연구자가 큰 표본을 대상으로 하는 양적 조사방법을 뒤이어 진행하는 연구다. 반대로, 양적 조사방법을 활용하여 이론이나 개념을 검증한 뒤 질적 조사방법을 통해 소수의 사례나 개인을 대상으로 심층적이고 세밀하게 탐구하는 연구도 이에 속한다.

동시적 혼합방법(concurrent mixed design)은 연구자가 양적 자료와 질적 자료를 통합하여 종합적으로 연구문제를 해석하는 것이다. 즉, 연구자는 각기 다른 두 가지 형태의 자료를 동시에 수집하여 모은 정보를 전체 결과를 해석하기 위해 통합한다. 또한 서로 다른 유형의 질문을 분석하기 위해 상대적으로 작은 형태의 자료를 큰 형태의 자료에 수렴시키기도 한다. 질적 연구는 과정을 다루고 양적 연구는 결과에 초점을 맞추는 상이한 성격을 지키고 있기 때문에 질문의 유형에 따라 자료를 수렴시키는 방향이 달라질 수 있다.

변형적 혼합방법(transformative mixed design)은 양적 · 질적 자료 모두를 포함하는 하나의 설계 내에서 연구자가 중요한 기준으로서 이론적 관점을 사용하는 것이다. 이 이론적 관점은 순차적 또는 동시적 혼합방법을 포함하는 자료수집 방법일 수 있으며, 관심 있는 주제의 구조, 자료수집 방법, 예상되는 결과와 변화를 제공한다.

이 세 가지의 방법을 활용하여 혼합 연구를 설계할 수 있다. 혼합 연구 설계 유형은 크게 두 가지로, 기본적인 혼합 연구 설계 유형과 고급 혼합 연구 설계 유형이 있다(Creswell, 2017). 각 설계 유형은 세 가지 유형이 있다.

2) 기본 혼합 연구의 유형

기본적인 혼합 연구 설계 유형에는 수렴적 병렬 혼합 연구, 순차적 설명 혼합 연구, 순차적 탐구 혼합 연구 세 가지가 있다(Creswell, 2017).

(1) 수렴적 병렬 혼합 연구

수렴적 병렬 혼합 연구는 가장 많이 사용되는 혼합 연구방법이다. 이 방법은 서로 다른 관점에서 연구주제와 관련된 정보를 제시하는 두 자료가 결국 동일한 결과를 도출한다는 가정에서 출발한다. 따라서 양적 자료와 질적 자료를 모두 수집하여 별도로 분석한 뒤, 두 자료의 관계를 살펴보면서 서로의 결과를 지지하는지 비교 및 확인하는 과정을 거친다.

두 가지 형태의 자료를 각각 분석한 후 합치는 방법에는 두 가지가 있다(Creswell, 2017). 첫 번째는 나란히 비교하기(side by side comparison)다. 이 방법은 혼합 연구로 논문을 작성할 때 주로 논의 부분에서 기술된다. 먼저 양적 자료인 통계결과를 제시하고, 질적 자료의 결과를 활용하여 이 결과가 입증되는지 아닌지를 확인한다. 반대로 질적 자료를 먼저 제시하고 양적 자료의 결과로 비교하며 입증하는 방법도 가능하다. 두 번째는 자료 변환(data transformation)으로, 질적으로 코딩한 결과를 양적인 변인으로 변환하여 두 가지 형태의 양적 자료를 비교하는 방법이다. 두 가지 자료를 통합하여 효과적인 방법으로 제시하면서 두 자료의 결과를 비교하고 수렴점이나 상이한 점 등을 논의한다.

(2) 순차적 설명 혼합 연구

양적 자료를 수집하고 분석한 뒤 도출되는 결과를 활용하여 질적 연구 단계를 계획하는 두 단계를 거치는 유형으로, 양적 연구는 아주 친숙하고 질적 연구는 비교적 생소한 연구자들이 관심을 보일 만한 설계다(Creswell, 2017). 이 설계는 질적 자료를 활용하여 초기에 수집한 양적 결과를 자세히 설명할 수 있도록 도움을 받는 것이 목적이다. 예를 들면, 양적 연구의 결과를 바탕으로 어떤 연구 참여자를 선정할 것인지, 어떤 질문을 할 것인지 등에 대한 정보를 얻어 질적 연구를 진행할 수 있다. 전형적으로 설문자료를 먼저 수집하여 분석하고, 설문결과를 이해하기 위해 다음 단계에서 질적인 면담을 실시한다.

자료를 수집할 때 양적 자료의 결과에 따라 질적 자료 수집이 달라질 수 있기 때문에 양적 결과를 적합하게 활용할 수 있어야 한다. 그리고 양적 결과에 대한 추가 정보를 얻어 양적 자료의 결과를 깊게 탐색하기 위한 연구유형이기 때문에 질적 연구의 표집에서 양적 연구의 표집 대상이 포함되어야 한다. 자료를 분석할 때에는 두 형태의 자료가 별개로 분석되어 양적 자료 결과를 기반으로 질적 단계에서 활용한다. 자료를 해석할 때에는 양적 결과를 먼저 해석한 뒤 질적 결과에 대해 기술하고, 질적 자료의 결과가 양적 자료를 설명하는 데 얼마나 도움이 되었는지도 함께 서술해야 한다.

(3) 순차적 탐구 혼합 연구

이 연구에서는 질적 자료를 먼저 수집하여 탐색 및 분석한 뒤에 양적 연구에서 활용하여 정보를 얻는다. 표본집단을 측정할 수 있는 도구개발을 위한 연구에서 사용하기에 적합하다. 즉, 소수를 대상으로 한 질적 자료를 기초로 양적 측정도구를 개발하여 모집단을 대표하는 표본으로 일반화할 수 있는지 확인할 수 있다. 이 설계에서는 탐색적 단계, 도구개발 단계, 도구적용 단계 등 총 3단계를 거친다.

자료를 해석할 때에는 질적 자료의 결과와 활용에 대해 먼저 기술하고, 그 이후에 양적 연구의 결과를 기술한다. 이 두 형태의 자료는 표본이 다른 연구결과이기 때문에 비교할 수 없다.

3) 고급 혼합 연구의 유형

고급 혼합 연구의 설계 유형은 수렴적, 순차적 설명, 순차적 탐구 방식이 합쳐진 것이다. 내재적 혼합방법, 변형적 혼합방법, 다단계 혼합방법 세 가지가 있다(Creswell, 2017, p. 217).

(1) 내재적 혼합방법

내재적 혼합방법은 한 가지 이상의 자료, 즉 양적 자료나 질적 자료 혹은 두 가지 모두를 내러티브 연구, 실험 연구, 문화기술적 연구 등의 상위 설계에 접목하는 연구다. 주로 건강과학 분야에서 사용되나, 중재 및 프로그램을 활용하는 현장에서도 적용할 수 있다. 따라서 유아음악교육 프로그램을 적용하는 현장에서 연구를 진행할 때에도 설계할 수 있는 방법이다.

(2) 변형적 혼합방법

변형적 혼합방법은 페미니스트나 인종, 장애 등의 사회정의와 관련된 이론을 프레임으로 하여 혼합 연구를 진행하는 방법이다. 이러한 프레임으로 다양한 혼합방법(수렴적, 설명적, 탐색적, 내재적)을 활용하여 수집한 결과들을 조직적으로 해석할 수 있다. 여러 나라, 특히 제3세계의 소외계층을 연구할 때 많이 활용되는 방법이다. 유아음악교육 분야에서는 장애를 가진 유아와 관련된 음악교육연구에 적용할 수 있다.

(3) 다단계 혼합방법

다단계 혼합방법은 하나의 연구목적 하에 여러 가지 연구가 진행되는 종단적 연구나 대규모 연구, 멀티 프로젝트 등에서 사용하는 방식이다. 어떤 경우에는 수렴적 혹은 순차적 혼합 연구로 진행될 때가 있고, 또 다른 경우에는 양적 연구 혹은 질적 연구만으로 이루어지기도 한다. 양적 연구, 질적 연구, 혼합 연구 사이를 오가며 진행될 수 있는 것이다. 연구방법은 여러 방법 사이를 오갈 수 있지만, 하나의 연구 목적 및 주제를 설정하고 진행되기 때문에 하나의 연구방법을 기틀로 잡고 그 위에 다른 방법을 적용한다. 이 연구설계는 오랫동안 몇 단계를 거쳐야 하는 평가나 프로그램 시행 연구에서 많이 활용된다.

유아, 아동, 음악의 검색어로 찾을 수 있는 혼합 연구의 예시는 다음과 같다.

- 교내 합창대회가 고등학생의 음악적 태도와 몰입 경험에 미치는 영향에 대한 혼합 연구(김은혜, 2019)
- 발달장애아동 어머니의 정서 인식 명확성과 양육 스트레스가 심리적 안녕감에 미치는 영향: 혼합 연구방법 적용(최경화, 2020)
- ADHD 영재아동과 ADHD 아동의 인지 · 정서행동 · 양육특성 차이에 관한 혼합 연구(김경은, 2016)

5. 문헌 연구

문헌 연구는 연구를 진행하기 전 관련 학문 분야의 지식을 습득하고 연구범위를 정하기 위해 활용되기도 하지만, 문헌 연구 자체가 연구방법이 되기도 한다. 이러한 문헌 연구에는 대표적으로 철학적 연구(philosophical research)와 역사적 연구(historical research)가 있다. 철학적 연구와 역사적 연구의 논점은 '왜'와 '무엇'으로 나뉜다(Philips, 2008; 최은식 외, 2014에서 재인용).

- 철학적 연구의 논점: '그것은 왜 그래야 하는가'와 관련된 것
- 역사적 연구의 논점: '그것은 무엇인가'에 대한 것

대표적 문헌 연구인 철학적 연구와 역사적 연구에 대하여 살펴보고자 한다.

1) 철학적 연구

(1) 철학적 연구의 정의

철학적 연구는 연구하고자 하는 주제를 철학적으로 탐구하는 것, 즉 반성적이고 비판적인 사고를 통해서 연구문제의 본질과 가치, 의미를 탐구하는 것이다. 음악교육에 대한 철학적 연구는 음악교육의 존재론적 이유에 대하여 연구하는 분야로, '인간은 왜 음악교육을 하는가'에 대한 질문을 탐구한다(최은식 외, 2014). 이러한 맥락에서 유아음악교육의 철학적 연구는 유아음악교육의 본질적인 문제를 다루는 것과 더불어 구체적으로 삶의 본질과 음악이 어떻게 연결되는지, 유아음악교육이 지향하는 방향, 이념, 목적 등이 무엇인지에 대해 연구하는 것이라고 볼 수 있다. 단순히 수많은 이론적 내용을 제시하는 것을 넘어서 일반 교육철학 연구에서 현대 교육의 방향을 정립하여 제시하는 것이다. 유아음악교육의 철학적 연구는 이 분야에서 다루어지는 철학 내지는 교육사상의 등장 배경과 사고의 과정에 대하여 탐구하고 이해하는 것이다.

개인의 모든 언행, 유아음악교사의 모든 음악교육 행위 등은 철학적 가치관을 기

반으로 하고 있기 때문에 철학적 연구는 음악을 향유하는 아동과 유아음악교사 모두의 삶과 긴밀하게 연관되어 있다고 볼 수 있다. 오르프 교수법을 채택하여 그 교수법을 수업에 적용하는 교사는 오르프가 제시한 음악교육의 철학에 동의하고 있다고 가정할 수 있다. 마찬가지로 음악교육에서 클래식을 중요하게 다루는 음악교사라면 클래식이 담고 있는 철학적 가치관을 수용하고 있다고 볼 수 있다. 따라서 음악교육의 이론과 실제의 근거가 되는 철학에 대한 연구에도 관심을 가질 필요가 있다.

(2) 철학적 연구의 목적과 범위

철학적 연구는 과학적 연구와 마찬가지로 가설을 수립하여 그 의미를 설명하고, 논리적인 기초를 제공함으로써 인류의 지식 확장에 기여하는 것을 목적으로 한다(Ayer, 1952; 최은식 외, 2014에서 재인용). 유아음악교육에서의 철학적 연구 역시 이러한 목적과 맥을 같이한다. 유아음악교육의 가치와 역할에 대하여 논리적으로 추론해 가는 것이다. 음악교육에 대한 철학적 질문들은 답하기 쉽지 않지만 숙고해 볼 가치가 있다(최은식 외, 2014). 유아음악교육은 대상이 유아라는 점에서 일반 음악교육보다 특정되어 있지만 연구의 근본적인 목적은 동일하기 때문에 음악교육에 대한 철학적 질문도 적용할 수 있다. 다만 특정 대상에 대한 고찰과 그 대상과 관련된 철학적 질문이 중심을 이루어야 할 것이다. 이에 해당하는 질문들은 다음과 같다.

- 유아에게 왜 음악이 필요한가?
- 유아를 위한 음악교육과정이 필요한 이유는 무엇인가?
- 음악교육에 있어서 유치원의 역할은 무엇인가?

철학적 연구는 존재론, 인식론, 가치론, 윤리학, 논리학, 정치학, 미학 등 다방면의 영역에 걸쳐 이루어지고 있는데(최은식 외, 2014), 유아음악교육에서도 마찬가지로 이와 같은 영역들과 관련된 연구주제를 발견할 수 있다. 〈표 2-10〉은 최은식 등(2014)이 제시한 철학의 영역을 유아음악교육 관련 주제로 대입한 것이다.

철학적 연구는 '관점'이라는 가장 중요한 출발점에서 시작된다. 유아음악교육에 대한 연구를 진행할 때에도 연구자의 관점에 따라 사유의 과정과 결과 및 결론은 달라진다. 예를 들어, 유아음악교육을 합리주의와 실용주의에 따라 접근하는 것은 다

〈표 2-10〉 철학의 영역과 유아음악교육 관련 주제

철학의 영역	유아음악교육 관련 주제
존재론(ontological)	'음악이란 무엇인가?' '음악교육이란 무엇인가?' '유아음악교육이란 무엇인가?'
인식론(epistemological)	'유아는 음악을 어떻게 인식하는가?'
가치론(axiological)	'음악은 유아에게 어떠한 가치를 갖는가?'
윤리학(ethical)	'음악은 유아에게 어떠한 도덕적 영향을 미치는가?'
논리학(logical)	'음악에서 '논리'는 무엇인가? 그것이 유아음악교육에서 어떠한 의의를 갖는가?'
정치학(political)	'유아음악교육과 정치는 어떠한 관계를 갖는가?'
미학(aesthetic)	'유아는 어떻게 음악의 아름다움을 경험하는가?'

르다. 합리주의는 이성적이고 합리적인 사고를 중시하는 것이므로 합리주의 관점으로 유아에게 음악교육을 할 때에는 인지발달에 상대적으로 비중을 둘 수 있다. 반면에 실용주의는 실제적인 가치와 적용을 중시하므로 이 관점으로 유아에게 음악교육을 하는 경우에 음악에 대한 응용력에 중점을 둘 수 있다. 철학적 관점에서는 진리가 무엇인지에 대해 초점을 두고 각자의 관점에 따라 서로 다른 명제를 제시한다. 앞서 언급한 합리주의와 실용주의는 철학적 관점에 속한다. 이외에도 절대주의, 경험주의, 실존주의, 형식주의, 이상주의, 유물론, 자연주의, 관련주의, 표현주의, 상대주의 등이 있다.

유아음악교육은 특정 대상인 유아의 발달과 관련하여 어떻게 교육할 것인지 역시 중요한 관점이 될 수 있다. 인지, 신체, 정서, 언어, 사회 등 기본적인 발달과 연계하는 것이 유아음악교육의 핵심이라고 할 수 있다. 따라서 이러한 영역에 대한 철학적 연구도 의미가 있다.

추론은 철학적 연구를 수행하는 연구자에게 중요한 능력이다. 일반적으로 명제적 추론, 변증법적 추론, 비판적 추론으로 나뉜다(Philips, 2008; 최은식 외, 2014에서 재인용).

실제로 유아음악교육 분야에서 진행된 철학적 연구는 다음과 같다. 주로 철학적인 사상이나 특정 관점으로 유아음악교육에 접근하여 방향을 탐색하는 연구들이다.

〈표 2-11〉 추론의 방법과 설명

추론 방법	설명
명제적 추론 (propositional reasoning)	일반적인 명제를 근거로 한 논리적 사유를 통해 설득력 있는 결론을 도출하는 것
변증법적 추론 (dialectical reasoning)	대상에 모순되는 사항이나 문제점이 존재하는 경우, 그 모순이나 문제점을 극복하고 더 발전된 제3의 해결법을 만들어 내는 것(정반합) 상반되는 주장의 논쟁을 통해 새로운 명제를 추론하고, 그 명제는 또다시 반명제와 함께 추론의 과정이 일어난다. 변증법적 추론 과정은 끝없이 진행된다.
비판적 추론 (critical reasoning)	대상을 분석하여 각각의 의미와 가치를 인정하고, 전체 뜻과의 관계와 그 대상의 논리적 가치를 밝히는 것

- 들뢰즈 철학에 기초한 대안적 유아음악교육의 방향 탐색(백지혜, 2020)
- 공자의 예악사상으로 살펴본 유아음악교육의 방향 탐색(안세정, 김은주, 2015a)
- 유아음악교육에 대한 생태유아교육적 접근(이은지, 임재택, 2006)

(3) 철학적 연구 절차

철학적 연구는 주제나 내용, 연구자의 성향에 따라 절차가 다양하게 이루어질 수 있다. 대체로 연구목적과 연구문제 설정, 자료 수집, 결론 도출 등의 3단계가 보편적인 절차다(phillips, 2008; 최은식 외, 2014에서 재인용).

① 연구목적과 연구문제 설정

연구목적은 연구의 방향과 범위를 의미하고, 연구주제는 연구목적에 따라 구체적으로 설정하게 된다. 연구목적과 연구문제는 연구하고자 하는 내용을 '동사' 형태로 기술하여 제시하는 것이 바람직한데, 이는 연구자가 연구를 통해 할 일을 명확하게 드러내기 때문이다.

예를 들어, 달크로즈 교수법과 오르프 교수법에 대한 비교연구를 진행한다고 할 때 연구목적은 달크로즈 교수법과 오르프 교수법의 음악교육 철학의 차이점에 대한 내용과 국내 유아교육기관에 적용할 수 있는 내용으로 제시될 수 있다. 이에 따른 연구문제는 '달크로즈 교수법과 오르프 교수법의 음악교육 철학의 차이점은 무엇인가?' 또는 '달크로즈 교수법과 오르프 교수법이 국내 유아교육기관의 음악교육에 시사하는 점은 무엇인가?' 등으로 설정될 수 있다.

② 자료 수집

연구목적과 연구문제를 설정하면 그 연구문제를 해결하기 위해 자료를 수집한다. 철학적 연구에서 가장 일반적으로 사용되는 자료는 '철학적 명제와 진술'이다. 연구자는 연구목적과 연구문제에 밀접한 관련이 있는 명제와 진술을 수집하여 독자가 이해할 수 있는 용어와 문장으로 진술해야 한다. 관념적인 명제에 대한 양적 자료가 제시되면 보다 설득력이 높아지므로 때로는 양적 자료를 수집해야 할 필요도 있다.

자료를 수집하는 과정에서 연구자는 논리적 아집에 빠지거나 지나치게 모든 것을 수용하는 태도를 지양해야 한다. 철학적 연구는 실험과 같은 양적 연구와 달리 객관성보다는 이성적 사유를 통한 주관성이 중심을 이루기 때문에 본인의 철학만이 정답이라는 독선적인 태도에 빠질 위험도 상대적으로 높다. 반면에 모든 의견에 수용적인 태도 역시 바람직하지 않은데, 이러한 태도는 깊이 있는 철학적 사유를 방해하고 개인의 철학적 의견을 불분명하게 만들기 때문이다. 따라서 연구자는 자신의 분명한 철학적 논지를 가지고 깊이 있는 사유를 하되, 타인의 철학도 존중할 수 있는 태도를 갖추어야 한다.

③ 결론 도출

충분한 자료 수집을 통해 연구문제에 대한 근거를 제시하고 깊이 있는 논증을 한 이후에는 이 모든 논증의 결과를 바탕으로 연구자만의 새로운 명제를 도출해야 한다. 철학적 연구는 이론적 타당성을 근거로 연구자의 신념이나 주장을 철학적 명제로 제시해야 한다. 이 과정에서 중요한 것은 독자가 균형적인 관점으로 이해할 수 있게 제시하는 것이다. 편향된 주장을 지양하고, 근거가 불충분한 논리적 비약이 일어나지 않도록 유의하여 결론을 도출해야 한다.

철학적 연구에서 '논리'는 가장 중요한 도구이기 때문에 사유의 과정을 논리적으로 기술하여 독자를 설득해야 한다. 따라서 철학적 사유를 단순하게 기술하는 것이 아니라 독자의 입장에서 진술이 논리적이고 이해 가능한지를 끊임없이 검토하면서 연구목적에 다가가야 한다. 이를 위해서 명료한 용어를 사용하고, 문장의 의미가 분명하게 드러나야 하며, 단계적이고 논리적으로 문단을 연결하여 결론적 명제를 도출해야 한다.

2) 역사적 연구

(1) 역사적 연구의 정의

역사적 연구는 과거의 사건을 수집하여 정리하고, 그 자료들을 연결하여 해석한 후, 현대에 의미 있는 이야기로 구성하는 연구방법이다. 이 연구는 어떠한 사료를 수집하는지, 그리고 그것을 어떻게 해석하는지에 따라 결론이 다양하게 도출되기 때문에 그만큼 사료에 대한 비평(criticism)이 중요하다. 비평에는 '사료가 진본인가?'라는 외적 비평과 '사료의 내용을 신뢰할 수 있는가?'라는 내적 비평이 있는데, 이를 통해 역사적 연구의 질과 가치를 판단하게 된다.

음악교육에서 역사적 연구는 과거 음악과 관련된 현상, 사건, 인물 등에 대한 자료를 수집하여 현재를 해석하고 미래를 예측하기 위한 목적으로 이루어진다. 연구자는 단순하게 과거의 사실을 정리하여 나열하는 것이 아니라, 연구문제를 설정하여 역사적 자료를 수집, 검증, 해석하는 객관적 재구성 과정을 거쳐 현재를 해석하고 미래를 예측해야 한다. 현대 음악교육의 쟁점, 관련 인물, 제도 등을 이해하는 데 목적이 있다(최은식 외, 2014).

- 교수법적 실행들은 역사적으로 어떻게 발전되어 왔는가?
- 음악교육과정은 어떻게 개정되어 왔는가?
- 음악교육 분야의 연구동향은 어떠한가?
- 유아교육기관 내 음악이 어떻게 기관 밖의 음악문화와 연결될 수 있는가?

이러한 질문들은 과거를 반추하여 현재의 관점으로 바라볼 때 대답할 수 있다. 따라서 역사적 연구는 유아음악교육과 관련된 상황들을 역사적인 사실과 구체적인 맥락을 바탕으로 분석하고, 개방적인 상태에서 이해하고자 한다. 역사적 연구가들은 과거를 돌아보는 일이 결국 미래를 예견할 수 있다는 기본적인 믿음을 가지고 있기 때문에 과거에 일어난 사건이 왜 발생했는지를 동시에 고려해야 한다. 이러한 이유로 역사적 연구가들에게는 체계성, 논리성, 정직, 그리고 자기인식과 상상력이 필요하다. 연구문제를 해석하는 과정에서 역사적 자료에 대해 귀납적인 추론을 하고 일반화하는 능력과 더불어 연구자의 가치와 관심을 반영하여 창조적으로 해석하는 능력이 핵심이다. 역사적 연구는 어느 정도 연구자의 주관성을 내포하고 있다는 점과 맥락에 대한 연구를 강조하고 계획이나 실험이 아닌 자연발생적인 행동에 대한 연구를 한다는 점에서 질적 연구와 유사하다.

유아음악교육에서 역사적 연구를 한다는 것은 유아음악교육에 대한 주제를 설정하고 그에 맞는 사료를 수집한 뒤 비평하고 분석하여 종합하는 것이다. 유아를 위한 음악교육의 역사 자체가 연구주제가 될 수도 있고, 유아음악을 위한 교재를 분석하기 위해 사료를 수집할 수도 있다. 또한 유아음악교육을 위한 교수법 및 이론에 대한 연구도 가능하며, 해외의 유아음악교육 자료를 분석할 수도 있고 그 자료를 활용하여 국내의 실정과 비교할 수도 있다. 다음은 유아음악교육 분야에서 실제로 이루어진 역사적 연구들이다.

- 한국 영유아음악교육의 역사적 회고(김영연, 2020)
- 이화유치원의 역사적 음악교재 분석을 통한 유아교육사적 의미 조명(임예지, 김진영, 2019)
- 영국의 유아음악교육에 대한 담론(이영애, 2017)
- 유아음악과 언어의 통합교육에 대한 이론 및 교수방법에 관한 문헌 연구(마송희, 2015)
- 한국과 미국에서의 다문화 유아음악교육 비교 연구(김영연, 2010)

(2) 역사적 연구의 종류와 과정

음악교육 분야에서 주로 사용되는 역사적 연구의 종류는 〈표 2-12〉와 같다(최은식 외, 2014).

〈표 2-12〉 역사적 연구의 종류

종류	설명
연대순 역사 연구 (chronological history research)	연대순으로 과거의 사건이나 인물에 대하여 조사하는 방법 시간에 따라 발생하고 발전된 현상 자체를 조사하고 서술하는 것
비교 역사 연구 (comparative history research)	연구하고자 하는 현상이 여러 대상(국가, 지역, 사람) 사이에서 어떠한 차이를 나타내는지를 비교하는 방법
구술 역사 연구 (oral history research)	지역사회 및 특정 사건에 참여했던 참여자들의 목소리나 기억을 수집 및 해석하는 방법 저명한 인물이 대상이 될 수도 있지만 일반인이 과거의 특정 순간을 어떻게 경험했는지도 중요하기 때문에 다양한 사람이 대상이 될 수 있다. 개인뿐만 아니라 집단, 학교, 기관 및 지역사회도 대상이 될 수 있다.
양적 역사 연구 (quantitative history research)	역사적으로 기록된 양적 자료(사건이나 경향의 발생 빈도)를 역사적 증거로 사용하는 방법 양적 분석이나 통계 처리를 통해 경향성이나 발전 과정을 조망할 수 있고, 이는 다른 형태의 증거자료가 될 수 있으며, 특정 지역에서 발생한 통계적 결론과도 비교할 수 있다.

역사적 연구는 일반적으로 연구주제와 연구문제를 설정하고 사료를 수집하여 검증한 후, 사료의 타당성을 검증하고 종합하여 분석 및 해석을 통해 결론을 도출한다. 다음은 연구 과정에 대한 설명이다(최은식 외, 2014).

① 연구문제 설정

역사적 연구의 주제는 시공간을 초월한 교육 전 분야에 걸쳐 설정이 가능한 만큼 매우 다양하다. 유아교육기관의 역사, 교육제도의 변천사, 교육에 이바지한 인물, 교육이념의 변화 등을 예시로 들 수 있다. 유아음악교육의 역사적 연구의 주제는 유아음악교육에 기여한 주요 인물, 유아음악교육 관련 단체나 조직의 발생, 교육과정이나 교수법 등의 발전 과정 등이 될 수 있다.

연구주제가 정해지면 연구문제를 명확히 해야 한다. 어떤 사건이 언제, 어디서, 왜 발생했고, 그 사건이 일어난 당시의 정치적 · 사회적 · 경제적 배경은 어떠했는지, 그리고 교육적으로 중요한 인물이 누구이고 어떠한 영향을 미쳤는지, 그 사건이나 인물이 역사적으로 어떤 의미가 있으며 왜 중요한지 등을 구체적으로 다각도에서 바라보며 연구문제를 명확히 할 수 있다. 연구문제를 명확히 할수록 사료 수집도 수월해진다. 역사적 연구의 연구문제는 사전조사(pretest)를 통해 설정된다. 연구자는 소량의 사료를 수집하여 검증한 후 연구주제의 개연성 여부를 확인해서 연구문제를 명확하게 설정해야 한다(Rainbow & Froehlich, 1987; 최은식 외, 2014에서 재인용).

② 자료 수집

역사적 연구는 주로 사료에 의존하는 문헌 연구로, 사료는 역사책, 신문, 정기간행물, 일기, 편지, 이메일, 회의자료, 메모, 유물, 사진, 그림, 민요, 전설, 영화, 영상, 녹음자료, 인터뷰 내용 등 다양하다. 역사적 연구를 위한 사료는 1차 사료(primary sources)와 2차 사료(secondary sources)로 나뉘진다. 1차 사료는 역사적 사건과 직접적으로 관련이 있는 것으로, 어떠한 해석이 개입되거나 자료가 왜곡될 여지가 전혀 없다. 역사적 연구에서 매우 중요한 위치를 차지하고 연구의 신뢰성을 높인다. 1차 자료의 종류는 〈표 2-13〉과 같다(Gall, Borg, & Gall, 2003; 최은식 외, 2014에서 재인용).

〈표 2-13〉 1차 자료의 종류

1차 자료		설명
문서	의도적 문서	역사적인 자료로 남길 목적하에 기술된 문서
	비의도적 문서	역사적인 자료로 남기기 위함이 아니라 그때 그때 특정 목적을 위해 기술된 문서
구전자료		어떤 역사적 사건이나 경험과 관계된 사람의 면담 내용, 이야기나 전설, 비디오테이프, 녹음파일 등
유물		과거의 정보를 제공하는 물리적인 자료, 시각적인 자료: 사진, 그림, 교구, 교재, 악기, 악보, 트로피, 학교 건물, 학교 집기 등

출처: 최은식 외(2014), p. 101.

2차 자료는 1차 사료와 달리 간접적이고 이차적인 자료로 해석의 여지가 있는 자료다. 역사책, 교과서, 참고서, 신문 등이 해당되며, 이러한 2차 자료는 역사적 연구의 필요성을 지지하는 데 활용되고 처음으로 연구문제를 설정하는 데 도움이 된다.

③ 자료 검증

수집된 자료의 타당성을 검증하는 것은 매우 중요한 과정이다. 검증을 위해 외적 비평(external criticism)과 내적 비평(internal criticism)의 단계를 거친다. 외적 비평은 사료가 진품인지를 검증하는 것이고, 내적 비평은 사료 내용의 진실성을 검증하는 것이다. 외적 타당성이 검증되었다고 해도 연구자는 내적 비평을 통해 사료의 진실성 여부를 판단해야 한다. 〈표 2-14〉와 같은 질문을 통해 사료의 진위 여부와 타당성을 검증해 볼 수 있다(Heller & Wilson, 1992; 최은식 외, 2014에서 재인용). 이러한 검

〈표 2-14〉 외적 비평과 내적 비평 내용

외적 비평	내적 비평
① 사료가 저자의 스타일과 일치하는가? 아니면 중대한 모순이 있는가? ② 사료의 추정 발행연도가 기록과 일치하는가? ③ 사료 내용 중 알려지지 않은 연도와 날짜를 밝혀 내는 데 도움이 될 만한 정보를 담고 있는가? ④ 해당 사료가 존재했다는 사실을 알 수 있는 기록이 있는가? ⑤ 사료의 원래 위치는 어디였는가? ⑥ 사료는 현재 어디에 있는가? ⑦ 사료에서 일부분이 분실되었거나 알아볼 수 없게 훼손된 부분이 있는가? ⑧ 사료가 원본인가, 사본인가? ⑨ 원본이 존재하는가? ⑩ 사료의 저자가 여러 명인가? ⑪ 저자가 아닌 저자의 방식을 모방한 대필자에 의해 사료가 기술되었을 수도 있는가? ⑫ 사료가 진품이 아닐 수 있음을 의심할 만한 이유가 있는가?	① 사료의 내용이 해당 사건을 직접적으로 관찰한 내용을 담고 있는가? 아니면 들은 내용을 담고 있는가? ② 사료가 만들어진 시점과 관찰한 시점 사이에 경과된 시간은 얼마나 되는가? ③ 사료 저자의 신체적 또는 정신적 건강 요소가 관찰의 정확성에 영향을 미쳤을 가능성도 있는가? ④ 사료 저자의 기억력 손실로 인해 신뢰도가 떨어질 수도 있는가? ⑤ 사료가 단지 기록하거나 보고하기 위해 만들어졌는가 아니면 다른 목적이나 의도가 있었는가? ⑥ 사료 저자의 선입견이 관찰에 영향을 미쳤을 수도 있는가? ⑦ 사료의 타당성에 영향을 미칠 수 있는 악의적 혹은 정치적 목적이 있지는 않은가? ⑧ 사료 저자가 특정 사실을 외면했을 수도 있을 만한 이유가 있는가? ⑨ 어떠한 대상을 위해 사료가 만들어졌는가? ⑩ 관찰자가 다른 대상에게는 더 혹은 덜 솔직했을 수도 있는가? ⑪ 사료 저자의 경험, 교육, 지식이 관찰의 신뢰성을 뒷받침할 만큼 충분한가?

증 과정은 역사적 연구에서 필수로 보고되어야 할 사항이다.

④ 자료의 종합, 해석 및 결론 도출

자료를 수집하고 검증까지 완료되었다면 종합해야 한다. 이때 시기별, 연도순, 시간순에 따라 자료를 정리하여 사료를 종합하는 것이 가장 빈번히 사용되는 방법이다. 사료를 종합하여 정리하고 분석한 뒤, 연구자는 주관적으로 해석하고 결론을 도출해야 한다. 주관적 해석 과정에서 객관적인 자료가 근거로 뒷받침되어야 한다. 결론을 도출할 때에는 연구목적에 기초하여야 한다. 연구자는 때로 사료를 잘못 해석하여 잘못된 결론에 이르거나 미흡한 연구자료와 불충분한 정보로 인해 사실이 아닌 추정으로 결론을 도출하고자 하는 유혹을 느낄 수 있다. 이런 경우에는 그 주제를 과감히 포기하고 새로운 주제를 찾는 것이 바람직하다.

제2부

이론적 배경 고찰

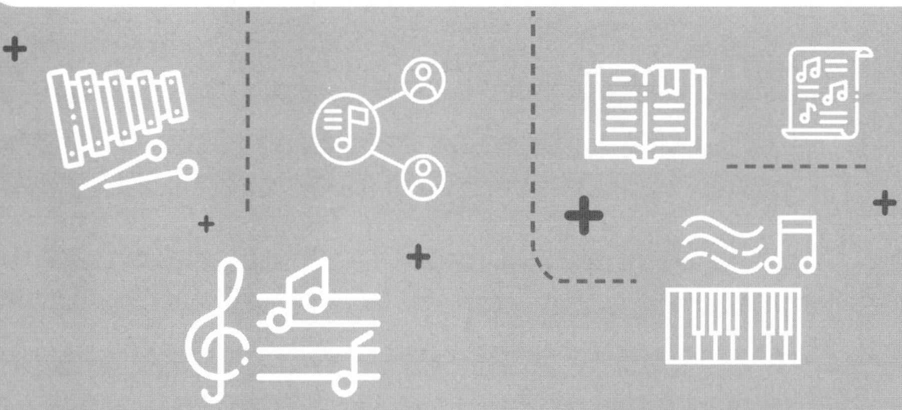

03

음악 관련 주요 국제학술지 및 국제학술대회

유아음악교육 연구만을 위한 학회는 전 세계적으로도 극소수라고 할 수 있으며, 대부분은 음악교육학회에 다양한 연구 영역 중 하위 주제영역으로 다루어지고 있다. 국제음악교육학회(International Society of Music Education 이하 ISME)의 경우 2년에 한 번 국제학회를 개최하고, 그 사이에 격년으로 지역별(유럽지부, 아시아환태평양지부, 남아시아 지부, 아프리카 지부 등) 학술대회를 개최한다. 국제음악교육학회(ISME)에서 발행하고 Sage에서 출판하는 IJME(International Journal of Music Education) 학술지는 국제저명 학술지 등급인 A&HCI와 SSCI에 해당한다. 이 저널은 국제음악교육학회에서 발행하는 학술지인 만큼 그 어느 국제저명 학술지보다 다양한 국가의 연구들이 게재되고 있다. 초기에는 이론(research)호, 실제(practice)호로 나누어 발행하던 것을 최근에는 이론과 실제로 일원화하여 연간 4회에 걸쳐 발행하고 있다.

ISME 못지않게 역사와 전통을 자랑하며 A&HCI와 SSCI 학술지인 Journal of Research in Music Education(이하 JRME)은 미국 전미음악교육협회(National Association for Music Education)에서 발행하고 Sage 출판사에서 출판하는 학술지로 연

간 4회에 걸쳐 발행되고 있다. 이 역시 음악교육 전반에 관한 연구들이 대부분이며, 다양한 질적 · 양적 연구들이 발표되고 있고, 미국에서 발행되는 논문이니 만큼 미국 연구자들이 주로 투고하고 있으나, 미국 내 외국인 연구자들도 함께 투고하고 있어 나라별 비교 연구나 미국 외 나라의 음악교육 사례 등도 간간이 발표되고 있다.

앞의 두 저널인 ISME, JRME가 음악교육연구 분야에서 가장 대표적인 연구저널이지만, 그 외에도 다양한 저명 학술지들이 있다. Bulletin of the Council for Research in Music Education(이하 BCRME)와 British Journal of Music Education(이하 BJME)도 음악교육분야에 공헌하는 우수한 연구들이 발행되는 A&HCI에 해당하는 국제 저명 학술지다. BCRME의 경우에는 미국 일리노이 대학에서 출판되고 있는데, 연간 4회에 걸쳐 발행하고 있고 미국 내 음악교육 연구자들의 깊이 있고 실험적인 연구들이 다수 소개되고 있다. 미국 못지않게 음악교육의 연구가 활발한 국제저명 학술지로 영국 케임브리지 대학교 출판사에서 발행하는 British Journal of Music Education(이하 BJME)가 있는데, A&HCI와 SSCI 학술지에 해당한다. 이 저널은 영국의 연구자들뿐 아니라 국제적인 연구자들 특히 유럽 국가의 다양한 연구가 게재되고 있으며, 연구, 실제, 교사교육, 교육과정 등 다양한 음악교육 관련 주제들이 발표되고 있다.

1. 꼭 살펴보아야 할 주요 사이트

국내외 음악교육학술대회에 참석하고 싶거나 저널을 정기적으로 받을 수 있는 회원가입을 원한다면 각 학술대회 사이트에서 회원가입을 하면 된다. 회원가입을 하지 않더라도 각 사이트에는 매년 혹은 격년으로 이루어지는 학술대회에 관한 정보와 학계 뉴스, 신간 소개 등이 업데이트되기 때문에 음악교육 관련 연구주제의 최근 동향을 파악할 수 있다.

- 국제음악교육학회(International Society of Music Education: ISME) www.isme.org
- 전미음악교육협회(National Association for Music Education: NAfME) www.

nafme.org

- 영국유아음악교육학회(Music Education and Researchers of Young Children: MERYC-England) www.meryc.co.uk
- 유럽유아음악교육학회(Music Education and Researchers of Young Children: EuNet- MERYC) www.meryc.eu
- 미국 유아음악 및 동작 협회(The Early Childhood Music and Movement Association: ECMMA) www.ecmma.org
- 교육, 음악 심리 연구학회(Society for Education, Music and Psychology Research: Sempre) www.sempre.org.uk
- 한국음악교육학회 www.kmes.or.kr
- 한국영유아음악교육학회 www.kaecme.or.kr

2. 국외 저널 논문 중 유아음악교육 관련 주제

앞서 언급된 4개의 대표적인 음악교육연구 관련 국제저명 학술지에는 학교현장 음악교육, 교사교육, 개인 및 그룹 음악연주에 관한 내용, 음악인지나 음악적 발달, 음악교육철학이나 심미적 접근, 동향 연구 등 다양한 음악교육에 관한 연구주제를 게재하고 있는데, 이 연구주제들 가운데 유아음악교육 관련 주제들이 간헐적으로 게재되고 있다. 2000년부터 2020년 5월까지 앞의 4개의 저널들은 ISME는 556개, JRME는 497개, BJME은 375개, BCRME의 경우 448개의 논문이 게재되었다. 이 중 유아음악교육 관련 주제는 그리 많지 않은데 각 학술지별로 유아음악교육 관련 주제를 추출하여 정리해 보면 다음과 같다(전체 논문리스트는 학지사 홈페이지에 게재한 부록 참고).

〈표 3-1〉 Journal of Research in Music Education: JRME(이영애 역).

제목	연도	권호수
동형진행 반주에 대한 아동의 선호도: 음악 스타일과 지각된 템포의 영향	2000	48(3)
다수인종 및 소수인종의 지위: 음악에 대한 아동의 상호작용과 선호 반응	2000	48(3)
야마하 음악학교에서 실시하는 발달에 적합한 실제(DAP)	2000	48(4)
연주자의 매력, 무대 행동 및 복장이 어린이 피아노 연주 평가에 미치는 영향	2000	48(4)
영아 돌봄 재직자를 위한 음악 연수 프로그램	2001	49(1)
개인 음악수업에 대한 아동의 만족도	2001	49(1)
쇼나 방언을 사용하는 짐바브웨 아동의 출생부터 7세까지의 노래 습득	2001	49(3)
아동의 음악 작곡 활동에서의 창의성 평가를 위한 Amabile의 공감적 평가기법 적용	2001	49(3)
사용 가능한 음조와 음정 옵션이 아동의 작곡 과정과 결과물에 미치는 영향	2001	49(4)
어린이 TV 프로그램의 가용성과 노래 인식 간의 관계	2002	50(3)
유치원 아동의 음악 듣기 반응에 대한 개인차	2002	50(4)
유아의 청각 인식, 감상 상황 및 그림 감상 악보의 정확한 판독 간의 관계	2002	50(4)
초등학교 음악수업에서 장애를 가진 또래들과 근거리 혹은 원거리에 있는 전형적인 학생들의 과제 참여도	2002	50(4)
미국 영어권 유아의 음정 정확도, 음성 기본 주파수, 음성 범위, 연령 및 성별 간 관계	2003	51(1)
문화적 등불을 지나서: 음악적 경험과 영아의 음악적 양육	2003	51(2)
음악 놀이(연주): 유아와 부모의 사례 연구	2003	51(2)
초등학생의 음악 창의력 발달	2003	51(4)
현직 초등학교 수업에서의 음악 사용과 학부 음악교수방법 교육과정 간의 관계	2003	51(4)
유치원 음악수업을 위한 발달에 적합한 실제(DAP)의 의미	2004	52(1)
화음 반주가 유치원과 초등학교 1학년 아동의 조성 습득과 조성 즉흥연주에 미치는 영향	2004	52(1)
광둥어를 사용하는 유치원에 다니는 유아의 음정 정확도	2004	52(3)
세계 음악의 원곡과 편곡에 대한 아동의 선호도	2004	52(4)
자유 감상과 교사 주도에 의한 음악감상이 유아의 개별 음악 청취 시간에 미치는 영향	2005	53(1)
아동의 멜로디 즉흥연주의 선별된 특성에 대한 종단 연구	2005	53(2)
남아프리카 케이프 반도 초등학교의 음악교육 조사	2005	53(3)
유치원 유아와 초등학교 1, 2, 3학년 아동의 조성 적성의 발달과 노래 성취도 간의 관계	2005	53(4)

초등학교의 음악 실태: 교장의 관점	2006	54(1)
영유아가 있는 10가정의 노래부르기 실제	2006	54(1)
과거와 미래에 대한 고찰: 공인된 미국 유치원의 유아음악교육에 대한 보고서	2006	54(4)
초등학교의 소리 환경	2007	55(1)
음악학습과 음악기억에서의 개인차: 청각노출과 시각노출 비교	2007	55(1)
어린이를 위한 미국 민속 노래 음악교육에 대한 루스 크로포드 시거의 공헌	2008	56(3)
어린 시절의 음악 듣기 선호도: 무반주 노래와 반주 노래에 대한 영아의 반응	2009	56(4)
일시적인 변형과 청각 구별이 음정, 숫자 및 난센스 단어에 대한 아동의 기억패턴에 미치는 효과	2009	57(2)
음악학습을 위한 초등학교 아동의 자기효능감	2011	59(2)
음악 선호도와 가족의 언어 배경: 이주 상황에서 아동의 듣기 행동에 대한 컴퓨터 지원 연구	2011	59(2)
세대 간 음악 만들기: 아동과 함께 음악을 만드는 호주 노인 3인에 대한 현상학적 연구	2012	59(4)
아동의 음악 관련 행동 설문지의 타당도 구성	2012	60(2)
문화적으로 생소한 음악을 위한 초등학생들의 기억에 집중교육이 미치는 영향	2013	60(4)
한국의 유아음악교육을 위한 부모의 목표, 지식, 실제 및 요구	2013	61(3)
미국 초등학생의 음악수업 경험: 1998~1999년의 유아기의 종단 연구 분석	2014	62(1)
유아 카시트에서의 노래: 가족 차량 안에서 유아의 음악만들기 장소에 대한 탐색	2014	62(1)
노래자극과 음성자극에 대한 영아의 선호적 집중도	2014	62(2)
유아기의 음악에서 리듬의 참여: 따라 하기와 확장하기	2015	62(4)
소리 내는 물체와 유아의 상호작용	2015	63(1)
아동의 노래 정확도에 대한 활동 기반의 가변성	2016	64(3)
즐거움의 순환 주기: 음악연주에서 경험하는 4~7세의 음악적 즐거움에 대한 현상	2017	65(3)
아동의 음조 구별의 초견 기술, 언어 독해 기술, 학업 능력 간의 관계	2018	66(1)
아동의 다문화 감수성 출현: 초등학교 음악 문화 프로젝트	2018	66(3)
음악과 연설의 인식에서 과제 의존적 방법: 초등학교 음악교육의 영역별 전송 효과	2019	67(2)
음악교육연구 저널에 게재된 Gordon의 음악적성검사 기준의 타당성에 대한 메타분석 증거	2019	67(2)
음악적 참여와 유아의 친사회적 행동 간의 관련성	2020	67(4)

〈표 3-2〉 International Journal of Music Education: IJME(이영애 역).

제목	연도	권호수
첫 번째 음악적 삶과 그 이후의 음악교육	2000	35
음악교육이 뇌의 연결회로에 미치는 영향: 뇌파 연구결과	2000	35
음악수업에서 초등학교 아동의 집중도와 노래 선호도에 대한 다문화 노래 게임의 영향	2002	39
노래의 맥락에서 언어에 대한 아동의 태도와 연주자의 사회적 지위에 대한 아동의 인식	2002	39
아동은 음악이 필요하다	2005	23(2)
아동의 목소리: 음악과 그 중요성에 대한 아동의 이야기	2005	23(2)
초기 영아기의 음악 인식: Ravel에 대한 영아의 선호도와 장기기억력	2006	24(1)
위험군 아동을 위한 방과 후 음악 프로그램 개발: 아동의 음악적 선호도와 예비교사의 반성적 고찰	2006	24(1)
어린이집에서 음악 만들기 기회 창출	2006	24(3)
아동 노래에서 몸의 움직임 기술의 사용	2007	25(1)
MISC-MUSIC: 학습장애아동의 인지 과정 향상을 위한 음악 프로그램	2007	25(3)
자장가 조명쇼: 2세 미만 영아의 일상적인 음악 경험	2008	26(1)
홍콩 초등학생의 음악 작곡 동기에 영향을 미치는 요인	2008	26(1)
조성 패턴(tonal patterns)을 노래하기 위한 유아의 음높이 정확도에 몸짓 사용이 미치는 영향	2008	26(3)
MusicStart 프로젝트: 3~5세 아동을 위한 교육환경에서 음악과 노래의 역할을 향상시키기 위한 훈련 프로그램의 영향 평가	2008	26(3)
유치원 유아의 음운인식 기술에 음악 프로그램이 미치는 효과 1	2009	27(1)
유치원을 위한 계획된 교육과정에서 음악교육의 위치와 역할	2009	27(1)
터키의 초등학교 음악교수 과정 분석	2009	27(2)
한국 공립유치원에서 음악교수 실제와 교사들의 요구	2009	27(4)
음악 발달의 초기 단계: 3세 아동 마에스트로의 감각통합 기능장애와 부모의 영향, 음악적 성향 간의 관계	2010	28(1)
음악의 힘: 아동과 청소년의 지적 · 사회적 · 개인적 발달에 미치는 영향	2010	28(3)
슬로베니아의 초등음악학교에서 음악 이론에 대한 자기주도학습 과정	2011	29(1)
아동 악기연주자의 연주 관련 근골격 문제: 성별과 연령, 악기 노출의 영향	2011	29(1)
음악 및 언어적 자극에 대한 반응으로서의 영아(9~11개월)의 발성	2011	29(3)
유아의 음악적 탐구: 유치원 환경에서 음악적 경험을 기록, 계획 및 평가하기 위해 학습 이야기 사용의 잠재적 가치	2012	30(4)

특수 아동과 함께 작업하는 것에 대한 개인의 인식 변화 도구로서 장애 가상 경험하기	2013	31(1)
일상생활 기술의 조정: 학교 기반 음악수업이 아동의 사회적 유능성과 자존감에 미치는 영향	2013	31(3)
음악교육을 위한 뮤직 테크놀로지 매체 교수학습법: 한국의 초등학교 사례 연구	2013	31(4)
초등학교 음악교실에서의 창의성: 학생들의 인식에 대한 연구	2013	31(4)
음악, 놀이 및 다원의 아이들: 개체발생론과 계통발생론의 관계에 대한 교육학적 성찰	2014	32(1)
여성의 노래 목소리에 대한 영아의 구별	2014	32(3)
유아 및 영아의 의사소통을 촉진하고 부모-자녀 간 상호작용을 향상시키기 위한 음악과 수화	2014	32(3)
중국 북동부 농촌지역의 초등학교 음악교육에 대한 조사	2014	32(4)
노래하는 교사를 목표로 하기: 음악교수방법 과목 내에서 예비유아교사의 가창력 개발에 대한 적용 연구	2015	33(2)
피아노 연주를 배우는 중국과 북미 아동의 작업윤리, 동기부여 및 부모의 영향	2015	33(2)
음악 전문가가 없는 음악: 초등학교 이야기	2015	33(2)
생존의 윤리: 분쟁 후 캄보디아의 불우한 아동에게 전통예술 가르치기	2016	34(1)
유치원 유아의 고정박 연주에 움직임과 빠르기, 성별이 미치는 영향	2016	34(1)
작곡하는 아동과 조성 특징	2016	34(3)
대만의 유아교육기관에서 음악과 통합활동을 통한 인성교육 프로그램 실행	2016	34(3)
유아교육의 음악자료: 갈리시아(스페인)의 기술적 연구	2017	35(2)
몬테소리 학교의 음악교육: 미국의 학교 교장들의 인식에 대한 탐색	2017	35(2)
초등교육과 음악을 통합한 학교의 핵심 역량 습득 결과에 대한 연구	2017	35(4)
홍콩 초등학교 음악교사의 스트레스 요인과 스트레스 반응 수준	2018	36(1)
유치원 수업에서의 음악: 스웨덴 유치원 수업의 일상 업무에서 음악의 범위를 결정하는 요인에 대한 양적 연구	2018	36(1)
가상 놀이터에서 아동의 박수 게임	2018	36(4)
폴란드 유치원의 교육현장에서 대중음악-교사의 관점	2019	37(1)
아동의 앙상블 음악 경험에서 사회관계망 기술의 심리적 이점	2019	37(1)
E. Willems 교육법에 따른 지적장애아동의 음악교수 사례 연구: 음악 능력과 언어 능력에 미치는 영향	2019	37(2)
음악적 능력과 음악교수에 대한 유치원과 초등학교 예비교사의 자기효능감	2019	37(2)
태국의 공립 초등학교 교과과정과 다문화 음악교육의 통합	2019	37(4)

〈표 3-3〉 British Journal of Music Education: BJME(이영애 역).

제목	연도	권호수
유아의 음악활동 선호도 조사	2000	17(1)
초등학교 교실에서 음악에 대한 존중감 향상: 아동의 듣기 기술에 대한 탐색적 연구	2000	17(2)
불안감 극복: 초등학교 실습교사의 음악교수에 대한 자신감 개발	2000	17(2)
아동의 음악 만들기 활동에서 작곡과 즉흥연주 간의 경험적 차이 탐구	2000	17(3)
집과 학교에서 음악 듣기	2001	18(2)
학생들의 심미적 · 종교적 인식: 유사점과 차이점	2001	18(2)
스웨덴 유치원의 음악	2001	18(3)
2~8개월 된 영아의 발성에 사용되는 음악적 요소	2002	19(1)
음악적 재능과 음악적 지능에 대한 관점들	2002	19(1)
5~7세 아동을 위한 광범위한 피아노 교육: 헤이그 왕립 음악원의 PIPO 프로젝트	2002	19(3)
3세와 4세 아동이 교육용 타악기로 자유 연주를 할 때 시간과 공간의 구조화	2003	20(1)
유아의 음색 민감성에 대한 연구	2004	21(1)
유아기의 성별과 남아의 노래	2005	22(1)
음악 기기를 사용한 실험: 3~5세 아동의 음악 스타일 복제	2005	22(1)
아동의 음악 참여: 문화적 맥락 연결하기-호주인의 관점에서	2005	22(2)
'그것은 그 무서운 분야 중 하나입니다': 초등학교 음악수업에서의 리더십과 운영	2006	23(1)
음악 비전문가에 의한 초등학교 음악교수	2006	23(1)
연령, 성별 및 언어가 아동의 노래 역량에 미치는 영향	2006	23(2)
아동에 의해 수용된 음악교육과정: 키프로스 초등학교의 사례	2006	23(2)
'슬픔'과 '행복'에 대한 배경음악이 5~6세 유아의 이야기 해석에 미치는 영향	2006	23(3)
초등학교 아동의 음악에 대한 '개방성' 가설과 연령에 따른 심미적 반응의 발달	2008	25(2)
싱가포르 초등학교 아동의 음악적 행동	2009	26(1)
음악감상활동에서 음감 발달을 위한 표현 도구로서 아동의 그림 기보법	2009	26(2)
음악의 외적 표현과 구조: 기보법을 발명하고 말하는 아동	2009	26(3)
음악적 자유놀이: 홍콩 유치원에서 발명된 음악 기보법에 대한 사례	2010	27(2)
대화를 통한 교수학습: 6~7세 아동과 교실에서 함께하는 작곡	2010	27(3)
초등 실습교사의 음악적 요소와 교과에 대한 지식: 5년간의 종단 연구에서 얻은 교훈	2010	27(3)
와고고(Wagogo) 아동의 음악적 문화와 교육	2011	28(3)
인터렉티브 뮤직 비디오 게임과 아동의 음악성 발달	2012	29(1)

초등학교에서 노래하기: 반 전체 대상 발성 수업에서의 좋은 수업의 실제 사례 연구	2012	29(2)
시각장애가 있는 음악가의 통찰력: 어린 시절과 평생 학습, 음악적 참여에 관한 이야기	2014	31(2)
웨일즈 지역의 기초 단계(3~7세) 교육과정 프로그램 도입 상황에서 음악교수에 대한 교사의 자신감 연구	2014	31(2)
드럼 연주의 ABC: 초등 교실에서 박자(beat), 리듬 및 그루브에 대한 아동의 이야기	2014	31(2)
노래할 수 없습니까? 노래하지 않습니까? 아오테로아/뉴질랜드 '음치' 유아교사들의 음악적 신념	2014	31(3)
한국의 일제 식민지 통치 기간(1910−1945) 동안 초등학교 활동을 통해 이루어진 음악적 문화 변용	2014	31(3)
아동을 위한 음악교육에서의 시각적 표현의 통합	2014	31(3)
교도소와 초등학교: CHAT를 사용하여 정체성 및 발달과 음악성 발달과 변화 과정 간의 관계 분석	2015	32(2)
비음악 전공자인 초등교사의 집중 음악 프로그램 수강 후 발달된 자신감	2015	32(2)
스웨덴 유치원의 리더십−음악에 대한 지원 여부	2015	32(2)
아동의 능력, 감수성 및 정서교육에서 노래하는 교사의 역할	2015	32(3)
아동의 작곡 활동에서 학제적 차원의 변화: 전략의 전이와 지식의 변화	2016	33(1)
'경쟁을 원하십니까?': 경쟁적이거나 비경쟁적인 노래 게임에 대한 초등학생의 선호도	2016	33(2)
초등학교에서 노래 만들기 활동을 통한 학생들의 공동 창작 경험: '학교 음악' 프로그램의 창작 중재를 지원하기	2016	33(3)
음악 작곡, 대화의 발달: 아동의 협력적 창의성에 대한 적극적 관점	2017	34(3)
협화음? 불협화음? Sistema에서 영감을 받은 주도권에 대해 아동의 가치평가를 이해하기	2018	35(1)
유아기의 음악 만들기: 참여 형식에 대한 연구	2018	35(2)
학교 기반 통합 교육과정: 홍콩 유치원에서 통합적 음악 접근법 사례	2018	35(2)
'상어가 오고, 그 다음에 Du−du−du−du−du…': 노르웨이의 창의적 음악 만들기 프로젝트에서 문화도구의 중재	2019	36(2)
음악수업에서의 어려움에 대한 한국의 경력 초등교사의 인식	2019	36(2)
음악적 문화와 초등학교: 영국 초등학교에서 학생 전체 앙상블 교육에 대한 부모의 태도와 아동의 음악적 진보에 대한 잠재적 영향 탐구	2019	36(3)

〈표 3-4〉 Bulletin of the Council for Research in Music Education: BCRME(이영애 역).

제목	연도	권호수
창문, 거울 및 반사: 아동의 음악적 사고에 대한 성인의 이해 사례 연구	2000	145
아동의 언어적 · 시각적 · 신체적 반응: 그들의 음악감상 경험에 대한 통찰	2000	146
아동의 즉흥연주: 시작과 끝의 여러 가지 방법	2000	147
지각, 묘사, 반영: 자기 자신의 작품과 성인의 작품에 대한 비평가로서 유아의 심미적 의사결정	2000	147
연구와 교육의 간극 연결	2000	147
음악교육은 누구를 위한 것인가?	2000	147
음악에 대한 아동의 설명: 문헌 검토	2000	147
의미 있는 청취를 위한 주의집중 모델	2000	147
동시적 박(자) 발달: 3세 아동에 대한 탐색적 연구	2000	147
중간적 발성: 유아의 발성에서 말하기와 노래하기 사이의 경계에 대한 탐구	2000	147
미국과 영국 아동 및 성인의 솔로와 고음 성악가 집단의 성별 차이 인식 및 선호도	2000	147
반복적 노출과 교수활동이 4가지의 다른 문화의 음악 스타일 중 유아가 가장 선호하지 않는 것을 결정하는 데 미치는 영향	2001	151
자유 놀이에서 유아의 자발적 발성: 어린이집에서 2~3세 유아 관찰	2002	152
교수방법과 가사의 유무, 음악적 적성의 발달이 유치원 유아와 초등 1학년 아동의 노래 정확도에 미치는 영향	2002	152
TV 음악교수가 유아의 음악 연주기술에 미치는 영향	2002	152
음악과 언어: 출생부터 10세까지의 학습 창문	2002	153/154
발명된 기보법과 매개된 기억: 두 아동이 발명된 표기법을 사용하는 사례 연구	2002	153/154
박에 맞게 발구르기: 3~5세의 종단 연구	2002	153/154
홍콩 아동의 발성 행동에 대한 연구	2002	153/154
뉴에이지 음악에 대한 아동의 정서적 반응에 대인관계가 미치는 영향	2002	153/154
교사 피드백 및 모델링이 초등학교 1학년의 노래 목소리 사용 및 음악적 적성 발달에 미치는 영향	2003	156
초등학교 일반 음악수업을 1학년 전체 언어수업과 통합하기	2003	156
학습에 대한 아동의 신념: 구조와 전략	2003	157
가정과 학교에서 아동의 음악감상 모드	2004	161/162
음악교육에서 고전음악과 팝음악에 대한 비교	2005	163
유치원과 초등학교의 5~8세 아동을 위한 조성 연주 패턴의 위계	2005	163
초등 일반 음악수업 목표에 대한 초등 교육자들의 인식	2005	164

홈스쿨링에서의 음악교육: 예비 조사	2005	166
발전하는 가수: 선별된 세 가지의 발성 과제에 대한 초등학생의 노래 정확도 비교	2006	167
비공식적인 유아 음악수업에서 이루어지는 음성 상호작용	2006	168
발성 모델링, 음악적 적성 및 가정환경이 유아의 음정 정확도에 미치는 영향	2006	169
영아의 음악 구문 습득에 대한 발성적 증거: 사례 연구	2006	170
도시 학교의 초등 음악 프로그램의 특성: 돈으로 살 수 있는 것	2008	177
유아음악교육 경험에 대한 예비교사의 인식	2009	181
음악교육이 인지발달과 독해 기술에 미치는 영향-개요	2011	189
유아의 음악적 성취와 발현적 문해력 성취에 대한 음악교육의 효과	2012	192
유치원생의 일정박 정확도에 손과 발의 움직임, 빠르기 및 성별이 미치는 영향	2012	192
협력적 교사 연구 공동체에 대한 초등학교 음악교사의 경험	2012	192
도시 초등학교의 이슈와 문제점에 대한 음악교사의 인식	2012	194
초등학교 음악교실에서의 비공식적 학습 과정	2013	198
유아가 보여 준 음악적 행동에서의 성인의 인식	2013	198
유아기의 음악과 수학의 학습 연관성 탐색	2015	203

3. 국외 유아음악교육 학술대회에서 발표된 연구주제

앞의 논문들은 SSCI 등급의 학술지라면, 국제학술대회에서 주체하는 학술대회의 주제를 살펴보기 위해 학술대회 자료집을 검색해 보는 것도 연구동향과 논문주제를 파악하기에 좋은 정보가 될 수 있다. 학술대회 자료집은 사이트 검색을 통해서도 가능하다. 특히 유아음악교육 주제만을 위한 국제학술대회에 참가하거나 자료집을 검색해 보는 것도 유아음악교육에 초점을 맞추어 연구주제를 탐색하는 데 좋은 기회를 제공할 수 있다. ISME에서는 Conference를 개최하기 한 주(week) 전에 각 연구영역별 Pre-Conference(연구소모임 학술대회)가 이루어지는데, Early Childhood Music Education(이하 ECME)는 전 세계의 유아음악교육 연구자들이 그들의 연구와 실제를 발표하는 학술대회이다. 한편, 영국에는 영국유아음악교육학회인 Music Educators and Research of Young Children(MERYC-UK)이 있는데, 학술지는 출판하고 있지 않으나, 2년에 한 번 영국에서 유아음악강사, 유아교사, 유아음악교육 연구자, 교수 등이 참여하는 콘퍼런스를 개최하고 있다. 영국에서 시작한 이 학회는 유럽연합으로 확대하여 짝수 해에는 영국에서, 홀수 해에는 유럽 각국에서 연합하여 모임으로써 유아음악교육의 연구 네트워크가 더욱 활발해지게 되었다. 영국유아음악교육학회에 연회비는 없고 학술대회 참가비로 운영한다. 홈페이지에 학술대회 자료집을 업로드하여 많은 유아음악교육가에게 연구 네트워크의 장을 마련한다. 최근에는 유아음악교육전문가 과정을 개설하여 자격증을 제공하고 있다. 격년으로 이루어지는 MERYC-EU는 4일간의 콘퍼런스를 개최하여 유럽 각국으로부터 온 연구자, 교사들과 함께 연구와 실제를 공유하고 있으며 학술대회 자료집만 출판된다. 유아음악교육에 초점을 맞추어 유아음악교육 연구자, 교사들을 대상으로 주최되는 국제 학술대회 중에는 가장 많은 국가와 많은 회원을 보유하고 있고, 다양한 연구주제들이 발표되고 있는 MERYC-EU를 중심으로 발표된 논문 주제를 좀 더 구체적으로 살펴보자.

1) MERYC-EU

MERYC-EU는 2년에 한 번씩 유럽연합에서 열리는 유아음악교육학회로서 4일 동안 개최되며, 기조강연, 연구논문 발표, 현장의 실제에 관한 논문 발표, 워크숍, 포스터, 심포지엄 및 프로젝트 사례 발표 등의 순서로 이루어진다. 2013년과 2017년 MERYC-EU에서 발표된 주요 연구주제를 중심으로 정리해 보면 다음과 같다.

〈표 3-5〉 2013 MERYC-EU 학술대회 발표 연구주제(이영애 역).

발표 유형	주제
기조강연	유아들은 음악 안에서 그리고 음악을 통해서 무엇을 배우는가?
연구논문	유치원 교사들과 음악매체
	영아의 음악적 발달: 집단 음악수업에서 영아의 리듬믹 움직임 행동
	모든 유아 안에 작곡가가 있다
	6개월에서 3세까지의 영유아를 위한 음악회에서 영아들의 반응 분석
	음악에 대한 스웨덴 유아교육기관 리더십의 태도: 지원적인가? 제한적인가?
	초등 교사교육에서 비공식적 학습 단계: 효과와 도전

	이스라엘 유치원에서 노래부르기 활동
	감각적인 음악교수를 향하여: 전문적인 음악교육자가 되는 경로
	0~3세 유아와 부모들: 좋아하는 발견과 만남의 채널로서 음악적 소통
	악기수업에서 상호작용적인 테크놀로지: Music Paint Machine 사례 연구
	Catalan lap 게임에서 성인과 유아의 상호작용 관찰
	유아교육기관에서 음악의 당위성에 대한 교직원과 학부모의 관점
	말하기와 노래하기 자극에 대한 반응으로서 12~24개월 영아의 발성에서 부분적 특성
	가창 발달에 관한 국제 연구: 유아들을 위한 AIRS 검사도구
	영아의 발성에서 나타나는 음악적 특징
현장의 실제	2세 영아와 음악으로 소통하기
	소음은 무엇인가?: 유아의 음악성을 지각하고 지원하기
	자유음악놀이에서 가사가 없는 노래로 놀이하기
	유아의 음악연주에서 조율의 효과에 관한 연구
	음악은 움직인다
	자유로운 5음 악기로 유아들과 협력적 음악 만들기
	크로아티아의 유치원교사와 미래 교사의 음악교육에의 변화
	영아들의 일상생활에서 음악과 여러 예술들
	유아음악교육 활동을 현대 디자인에 전이하는 과정
	출생에서 세대를 통한 공동체 실제: Opus Tutti project에서 음악의 도미노 효과
포스터	유아교육에서 음악매체 유형
	0~3세 영아와 부모를 위한 "Cikibon" 음악 모음집
	병원에서 치료를 받는 영아들의 음악과 행복
	유치원에서 악기와 함께하는 유아 놀이
	단순 감상 그 이상으로: 4개월에서 6세까지 영유아를 위한 연주회

〈표 3-6〉 2017 MERYC-EU 학술대회 발표 연구주제(이영애 역).

발표유형	주제
기조강연	1. 유아의 음악적 삶과 발달에서 노래의 역할 2. 유아교육기관에서 연구자로서 교사의 공간과 창의성을 위한 가능성을 만들기
연구논문	음악적으로 소통하기: 영아기 잠자리 노래를 통한 부모와 영아의 음악적 관계 탐색
	협력적 접근이 영유아교사 집단의 성찰에 미치는 영향
	포괄적, 창의적, 문화적으로 반응적인 홍콩 유아음악교육과정

	노래부르기를 통한 어머니들의 행복
	스웨덴 유치원 교실에서의 음악
	몸의 움직임이 유아의 그림 표현에 미치는 효과
	즉흥연주에서 관계의 질 평가
	다양한 문화의 유아교사들 간에 음악적 표현과 은유적 의미
	유아를 위한 음악적 문화로부터 유아의 음악적 문화를 향해: 유아의 음악적 활동에 대한 내러티브 탐구
	영아들은 걷기 전에 춤을 출 수 있나? 부모와 함께하는 영아 음악수업에서 8~9개월 영아에 대한 실험 연구
	놀이로서 관찰되는 음악적 행동 재구성. 영국 어린이집에서 2~3세 영아의 음악적 놀이 연구 탐색
	그들은 무엇을 배우는가? 유아음악교육에 학습자 중심 접근의 갈등과 복합성 탐색
	생태소리 놀이터: 유아와 함께하는 정서적 · 공감적 · 음악적 경험 발달 프로젝트
	초기 노래 습득에서 중요한 것은 무엇인가?
	유아음악교육에서 예술의 법칙 발견
	아일랜드 유아교육기관에서의 음악교육: 규칙과 실제 들여다보기
	두 개의 노래 교수전략이 6~7세 유아의 노래부르기와 그들의 목소리 사용영역과의 관계에 미치는 영향
	장애물을 극복하는 시간: 오스트레일리아 어린이집 영아반에서 유아교사의 음악적 활동 실제를 향상시키기에 대한 현장 탐구
	SALT 음악– 말하기와 언어 치료 그리고 음악 실제: 실행 연구로부터 발현된 결과들
	음악적 어린이집: 교사훈련 모델
	태내에서 소리 수용과 출생 후 음악적 자극을 고려한 부모의 자각과 활동
	16개월 영아의 놀이에서 음악적 경험
	이스라엘의 쓰레기 밭 놀이터에서의 음악적 창의력
	혼자 노래부르기와 함께 노래부르기: 예비유아교사를 지원하기 위한 협력 수업
	스크린에서 음악적 공간을 구성하기: 유아를 위한 교육방송 프로그램에서 유아기, 음악, 유아기 음악에 대한 담론
	왜 우리가 사용하는 교수매체를 평가하는가?
	조산으로 인한 망막증을 가진 유아의 음악적 참여 탐구
	상품화된 제품과 지원 받은 프로젝트: 유아기의 음악적 공간을 창조하는 신자유주의 정책들
	아기 노래

포스터	학교 준비도를 지원하는 기초: 도전적 환경에서 유아를 성장시키는 언어발달과 수행기능발달을 증진시키기 위한 음악의 사용
	유아기의 언어발달과 음악 탐구
	거울과 함께하는 음악 경험에서 유아의 상호작용을 이해하기 위한 연결된 흐름
	유아교사, 특별강사, 음악을 위한 온라인 연수 코스

출처: 2017 MERYC-EU 학술대회 자료집에서 발췌 번역.

〈표 3-7〉 ECCME 2016 학술대회 발표 연구주제(이영애 역).

발표유형	주제
기조강연	유아, 유아기와 역동적 음악정체성의 재구성
	"대단한 할머니야?!"이로움, 음악과 유아
	유아의 음악적 정체성에 대한 정책적 역할
	음악적 이해의 영역: 유동적, 상황적이며 사회 맥락에 기초한 모형
	음악적 정체성을 찾아서: 꼬마 음악 제작가들의 비계 설정 노력과 음악적 참여에 관한 메타분석
	영아의 악기 즉흥연주에서 몸, 인지와 행동
	노래부르기 방법이 음성놀이를 만나다
	유아의 음악과 신체활동에서 다문화 모형을 발전시키기
연구논문	음악은 나를 움직이게 해: 오르프 전문가 양성 코스와 낸시밀러의 학교 음악 교재에서 유아교육 자료 내용 분석
	유아교사교육: 음악과 다국적 경험
	유치원에서 자발적인 악기 놀이 탐구: Sozo Kurahashi의 표현 이론에 기초한 분석
	일본 유아를 위한 즉흥연주 활동 연구
	싱가포르에서 중국 타악기 교수: 앙상블 학습에 대한 관점
포스터	유아들 사이에 즉흥 드럼연주에서 리듬적 특징
	서양음악을 중국 문화에 소개하는 가정 주도 음악교육 실제
	빅 A와 함께하는 예술: 0~4세를 위한 라이브 연주회
	유아음악교육의 혁신적인 협력
	감상활동에서 유아의 반응: 언어적 표현 분석

출처: 2016 ECME 학술대회 자료집에서 발췌 번역.

4. 국내 유아음악교육 관련 연구주제

유아음악교육 연구동향에 관한 국내 연구를 살펴보면 유아음악교육 연구주제를 한눈에 살펴볼 수 있다. 유아교육의 다른 교과영역에 비해 유아음악교육 관련 연구동향 분석 연구는 그 수가 많지 않고 역사도 길지 않다. 이는 유아음악교육연구의 역사가 타 교과영역 주제의 연구 역사보다 길지 않은 것과 연결되는 부분일 것이다. 2008년 박수미와 우정희의 연구로 시작된 유아음악교육 관련 연구동향 분석 연구는 학술지만 분석한 경우와 학위논문만 분석한 경우, 시기를 나누어 살펴본 경우 등이 있다. 유아음악교육의 연구동향에 관한 등재 학술지에 게재된 논문은 총 9편으로 〈표 3-8〉과 같다. 이 중에서도 국악교육과 유아 음악성에 관한 것을 제외한다면

〈표 3-8〉 유아음악교육 연구동향 분석: 학술지 게재

1	유아음악감상교육 연구동향 분석	엄경림, 김영연 (2018)	음악교육공학	37 79-97
2	음악교육연구 학술지에 보고된 유아음악교육 연구동향분석: 1988년-2016년 논문을 중심으로	장승희, 김영연 (2017)	음악교육연구	46(2) 103-130
3	유아 음악성에 관한 연구동향 분석	김지연(2017b)	음악교육공학	32 41-57
4	국악교육 분야의 최근 연구동향 분석-국내 학술지를 중심으로-	이지예(2016)	음악교육연구	45(1) 45-65
5	유아음악교육의 연구동향 분석: 1985-2015	강은덕, 신지혜 (2016)	한국보육지원 학회지	12(1) 83-101
6	교사관련 국내 유아음악교육 연구동향 분석	김미래(2015)	유아교육학논집	19(3) 387-415
7	통합유아음악교육에 관한 연구동향	마송희(2011)	유아교육학논집	15(5) 227-247
8	유아음악교육 관련 연구동향 분석	이영애(2009)	음악교육연구	37(4) 193-213
9	유아음악교육 관련 연구동향 분석	박수미, 우정희 (2008)	한국영유아보육학	55 19-41

10여 년간 7편 정도의 논문이 게재되었다.

한편, 2007년 성인지의 논문을 시작으로 유아음악교육에 관한 연구동향 분석 주제의 학위논문은 총 6편으로 모두 일반대학원이나 교육대학원에서 석사학위논문으로 쓰여졌다. 가장 최근의 학위논문인 국내 5개 유아교육학술지에 수록된 유아음악교육 연구동향 분석(정이레, 2018) 연구는 2008년부터 2017년까지 총 135편의 유아음악교육 관련 논문을 분석하였다. 연구대상 논문 중 반 이상이 양적 연구로 구성되었고, 연구주제별로는 교육심리와 교수학습방법에 대한 내용이 과반수를 차지하였으며, 교육과정 및 내용, 교사교육에 대한 내용이 그다음으로, 현황연구, 이론적 고찰, 교육매체 내용이 그다음 순이었다. 구체적인 내용은 〈표 3-9〉와 같다.

〈표 3-9〉 유아음악교육 연구동향 분석: 학위논문

1	유아교육 학술지에 수록된 유아음악교육 연구동향 분석	정이레 (2018)	성신여대 교육대학원 교육학과 음악교육전공 석사학위논문
2	유아음악교육 관련 오르프 교수법 연구동향 분석: 2000년부터 2015년까지 국내 논문을 중심으로	황찬양 (2017)	가천대학교 일반대학원 유아교육학과 유아교육전공 석사학위논문
3	유치원 음악교육의 동향분석: 환경, 교육내용, 교수, 교사를 중심으로	배정희 (2011)	계명대학교 대학원 유아교육전공 석사학위논문
4	유아음악교육의 연구동향 분석	김은아 (2010)	원광대학교 일반대학원 유아교육전공 석사학위논문
5	다문화 음악교육의 국내 연구동향	정유진 (2010)	서울교육대학교 교육대학원 초등음악교육전공 석사학위논문
6	유아 음악교수법의 연구동향 분석	성인지 (2007)	숙명여자대학교 교육대학원 유아교육전공 석사학위논문

〈표 3-10〉 국내 유아음악교육연구의 내용별 주제 분류

연구주제	내용별 주제
교수학습방법	노래, 악기, 창작, 감상, 신체표현, 통합적 음악교육, 프로그램 개발 및 적용, 음악 관련 활동 개발
교육심리	음악적 능력, 인지, 창의성, 정서
교육과정 및 내용	교육과정 및 교육계획안 분석
교육매체	동요 분석, 교수매체, 음악교재교구
현황 연구	음악교육 실태, 교사의 인식, 부모의 인식
교사교육	교사의 역할, 교사교육과정
이론적 고찰	역사적 · 철학적 연구, 해외음악교육, 연구동향
검사도구 및 평가도구 개발	음악적 창의성 검사, 음악적 표현능력 검사, 음악 적성 검사, 음악적 흥미 검사 (유아 개별 검사, 교사용 관찰 체크리스트)

04

유아교수방법의 이론적 근거가 되는 연구

우리나라에서도 100여 년이 넘은 유아교육의 역사에 비해 유아음악교육연구의 역사는 그리 길지 않다. 주로 교육대학원 학위논문을 중심으로 유아음악교육에 관한 연구들이 시작되었고, 2000년대에 들어 유아음악교육에 관한 연구들이 급증하면서 최근에는 다양한 방면의 연구들이 활발히 이루어지고 있다(김은아, 2010; 박수미, 우정희, 2008; 박순희, 2011; 성인지, 2007; 이영애, 2009). 국내 유아음악교육 연구동향을 살펴보면, 가장 많이 이루어지고 있는 연구들이 유아음악 교수학습방법과 관련된 연구들이다(이영애, 2009; 정이레, 2018). 가령 프로그램을 개발하여 프로그램의 효과를 비교한다든지, 음악활동을 지도하고 그 활동지도방법에 따른 효과를 살펴본 연구들이 많다(이영애,이경연, 2018). 그러나 이러한 프로그램에서 혹은 교수방법 연구에 대해 조금 떨어져서 생각해 본다면 다음과 같은 질문이 떠오를 수 있다. 왜 그러한 방법으로 가르쳐야 하는지? 그동안 우리가 학부에서 배워 왔던 노래지도방법은 정말 가장 이상적인 지도방법이었는지? 어떤 근거에서 그렇게 생각해 온 것인지 반문할 필요가 있다. 이 장에서는 이러한 지도방법에 근거가 될 수 있는 영유아의 음악적 발달이론과 연결하여 교수학습방법에 관한 실험 연구들을 살펴보도록 한다.

1. 노래지도와 음성발달

노래부르기(singing)와 관련된 선행연구 중 특히 실험 연구를 중심으로 살펴볼 필요가 있다. 현재 유아교육 현장에서 가장 많이 이루어지는 노래지도법은 전체 구절법으로 처음부터 끝까지 교사가 노래로 들려주고, 그 이후 유아들이 한 음으로 따라 부르기를 반복한 다음 가사를 설명하고 가사를 붙여 부르는 방식이다. 초등학교에서 한 소절씩 끊어 부르는 것과 달리 유아들은 통으로 노래를 부르는 이유는 무엇일까? 물론 노래의 길이가 짧거나 유아의 집중도나 음역을 고려하여 단순한 노래가 주로 활용되기 때문이기도 하겠으나, 다음의 선행연구의 근거를 두고 초기 교수법이 정착되지 않았나 짐작할 수 있다. Klinger, Campbell과 Goolsby(1998)의 연구에서는 2개 반 39명의 만 7세 유아들을 대상으로 전체 노래법과 한 소절씩 끊어 부르는 구절법으로 노래를 지도하고 비교하였는데, 그 결과 전체 노래법으로 지도한 것이 학생들이 더 적게 틀렸다. 즉, 어린 연령인 경우에 끊어 부르는 구절법보다는 처음부터 끝까지 통으로 부르는 전체 노래법이 더 효과적인 노래지도 방법이었음을 확인하였다.

한편, 노래부르기에 대한 영유아 대상의 다양한 연구들이 이루어져 왔는데, Marley(1984)의 연구에서는 간단한 노래를 불러주는 것이 병원에 입원한 영아들(infant and toddlers)에게 안전감을 제공함을 확인하였다. Temmerman(2000)은 유아들이 노래부르기 활동을 좋아하는 공통적 이유로 공동체감, 친구들과 함께 부르는 기쁨을 꼽았으며, Fox(1994)는 노래부르기는 유아들의 일상생활과 분리될 수 없는 종합적 기쁨이라고 하였다.

노래부르기 교수방법으로 다양한 조성을 학습할 때 몸 동작을 함께하되 음조패턴과 리듬패턴을 구분해서 연습할 때 가장 효과가 좋았고(Gruhn, 2002), 유아들에게 노래 학습 시 뜻이 없는 음절로 소리를 내며 몸짓을 함께 사용하면 정확도가 상승하는 결과가 있었다(Liao, 2008; Liao & Davidson, 2007). 그러나 노래를 인지하는 실험(Feierabend, Saunders, Holahan, & Getnick, 1998)으로 가사를 넣고 빼고 노래부르는 실험이 있었는데 연구결과 가사는 유아들에게 음을 기억하는 데 공헌하였다. 국내에서도 이와 비슷한 연구가 있었는데, 이영애(2012)의 연구에 따르면 유아들이 한 음으로 따라 부르기와 가사를 넣어 따라 부르기 방법을 통해 음정 정확도를 살펴본 결과, 어린 연령일수록 가사는 그들에게 음을 기억하는 힌트를 주어, 가사를 넣어 부르는 것이 한 음으로 따라 부르는 것보다 더 정확하게 부른다는 것을 밝혔다.

유아교육 현장의 노래지도 실태에 대해서도 선행연구를 통해 알 수 있는데, 많은 국내외 선행연구에서 노래부르기는 유치원에서 가장 자주 일어나는 음악활동이었다. Denac(2008)과 Lee(2009)는 교사의 선호도와 다른 활동에 비해 자신 있기 때문에 노래지도를 가장 많이 한다고 밝혔다. 노래지도 시 과반수 이상의 교사들은 CD나 피아노를 들려준 후 노래를 지도한다고 밝혔고, 24%의 교사는 가사와 내용을 먼저 설명해 주고 노래를 지도하였다. 임혜정과 김영연(2004)의 연구에서는 조사대상 노래의 40%가 유아에게 부적절한 노래였다. Gharavi(1993)는 교사들이 그들의 어렸을 적 노래들이나, CD 혹은 자료가 있는 것에 의해 노래를 선곡한다고 하였다.

영아들의 놀이상황에서 관찰한 자발적 노래부르기에 관한 김혜경과 이영애(2012)의 연구에 따르면, 영아들은 신체의 일부분을 움직이면서 노래를 부르는 신체표현적 특징, 놀잇감과의 상호작용 가운데 일어나는 자발적 노래부르기 행동 특성, 그리고 한 음절을 반복하거나 특정한 단어를 반복하여 노래부르는 특징을 보였다.

영아의 초기 발성 발달을 살펴보면, 생애 초기 단계에서 영유아는 옹알이를 할 때와 소리를 만들 때 같은 기제를 사용한다. 노래와 언어를 배우기 전에 음정이 있는 소리를 내는 것은 청각 음성(audio-vocal) 학습 과정을 통해 배운다. 즉, 청각적 인지능력을 사용해 입으로 스스로 소리를 조절하고 결과적으로 청각을 이용해 소리를 모방할 수 있는 능력을 갖게 되는 것이다. 일부 학자들은 음악과 언어가 '발성'이라는 동일한 뿌리에서 파생된 것으로 보는데, 왜냐하면 음악과 언어는 모두 동일한 신경기제를 사용하기 때문이다(Brown, 2000; Marler, 2000; Molino, 2000). 이 맥락에서 가장 효과적인 학습법은 모방 반응이다.

한편, 언어 습득 전에 엄마와 영아의 소통은 노래, 리드믹 움직임, 눈맞춤, 접촉, 표현적 제스처, 감정적 억양과 같은 다양한 대화적 방식을 이용한다(Leimbrink, Gruhn, and Hoffmann, 2007). 이러한 방식은 어느 문화에서나 공통적이다(Levitin, 2007). 엄마의 영아에 대한 맞춤식 대화의 대표적인 특성으로는 높은 음정, 과장된 발성, 표현력 있는 운율이 있다. 이러한 특성들은 정서적 전달력을 높이고 영유아에게 더 강한 자극을 불러일으킨다(Trehub, 2006). 선행연구들은 유아의 발성활동에 엄마가 들려주는 운율이 큰 영향을 미친다고 하였으며 언어를 배우기 전 소통 과정에서 영유아들은 소소한 발성 표현들을 통해 엄마와 소통한다. 첫돌이 끝나갈 무렵이나 두 돌이 되면, 아이들은 엄마의 노랫소리를 모방하면서 본인의 노래 목소리를 찾아가는데 여기서 아직 노래 목소리와 말하는 목소리의 음역대가 분리되지 않은 상황이다. 이는 아이들이 일반적으로 노래와 발화의 차이를 구별하지 못하기 때문이고 소위 '음악언어(musilanguage)'로만 발성하는 것이다(Brown, 2000).

양육자로서 엄마의 화법은 리드미컬하고 반복적이면서 단순한 음정 윤곽과 같은 음악적 특성이 있다(Fernald, 1991). 엄마 말의 음악적 성질은 유아에게 사랑과 편안함의 감정적 표현을 전달한다. 영아는 엄마의 목소리를 가장 잘 구별하고 상황에 따른 다른 소리패턴을 구별한다.

여러 문화에서 대부분의 엄마는 자신의 아이에게 노래를 불러 준다(Trehub & Trainor, 1998; Tucker, 1984). 엄마의 말소리가 그러하듯이, 엄마의 노래는 리드믹하고 반복적이며, 가락적으로 단순하다(Trehub, Unyk, & Trainor, 1993b; Unyk, Trehub, Trainor, & Schellenger, 1992). 대부분의 문화에서 영아를 향해 엄마가 부르는 노래는 일반적 노래부르기에 비해 높은 음에 느린 템포, 감정이 풍부한 특성이 있다(Trainor, Clark, Huntley, & Adams, 1997; Trehub, Unyk et al., 1997). 엄마의 노래는 특정 노래에 전형적인 감각으로 불려지는데, 유아의 흥미와 자극을 지속시키기에 좋은 도구이다(Masataka, 1999; Trainor, 1996; Trehub & Nakata, 2001/2002).

한편, 아빠들은 엄마보다는 적게 노래부르지만 노래스타일과 노래 선곡의 차이에도 불구하고 매우 감정적으로 부른다(O'Neil, Trainor, & Trehub, 2001; Trehub, Hill, & Kamenetsky, 1997; Trehub, Unyk et al., 1997). 또한 아빠들은 성역할에 따라 다르게 부르는데, 아들에게는 생동적인 곡을, 딸에게는 긴장을 이완하는 곡을 불러 준다(Trehub, Hill, & Kamenetsky, 1997). 유아도 그의 영아 동생에게 노래를 부를 때 다른 노래보다 매우 생기 있게 불러 주었다(Trehub, Unyk, & Henderson, 1994).

신생아 시기에 영아는 성인이 영아에게 하는 말을 성인이 성인과 하는 말보다 더 집중하여 듣고(Cooper & Aslin, 1990), 감정적 톤으로 말하는 것을 더 좋아하며(Singh, Morgan, & Best, 2002), 말보다는 노래하는 것을 더 선호한다(Nakata & Trehub, 2000). 스트레스와 흥분에 대한 실험에서는 엄마의 노래가 영아의 흥분을 가라앉히는 데 더 효과적이었다(Fernald, 1991). 또한 엄마의 노래는 미숙아의 생명에 위협을 주는 스트레스와 흥분 상태를 가라앉히는 데 효과적이었다(Standley & Moore, 1995).

다음 〈표 4-1〉은 선행연구에 따른 영유아의 노래부르기를 위한 음성발달 단계이다.

〈표 4-1〉 0~6세의 음성발달

연령	생리학적 특징	음성화/언어 특징	노래부르기 발달
0~4개월	후두가 성대의 매우 높은 곳에 자리 잡고 있음. 윤상갑이 후두에서 가장 큰 근육임. 갑상피열근은 발달하지 않았고 성대인대는 없음. 조직은 섬유조직보다는 점막에 있음. 발성은 6~8mm 길이로 접힘.	출생 시 울음은 500Hz(낮은 도에서 중간 도). 구체적인 불편함에 대해 울음이나 음성화가 달라짐.	
4~12개월	후두는 천천히 떨어지기 시작. 호흡기관은 여전히 발달되지 않았음(유아기를 거쳐 자라나고 강해진다).	노래하는 것에 주의를 집중함. 넓은 음역을 보임(솔에서 도). 교사나 성인이 이끄는 소리를 모방함(9개월). 다른 사람의 소리를 모방함. 음성주파수는 340~470Hz(E4-A4). 넓은 음성화 범위가 여전히 나타남. 목소리는 습득한 모국어에 맞춰짐.	
12~18개월	매우 얇은 단층의 음성인대가 나타나기 시작함.		목소리로 노래함.
19개월			가락과 리듬패턴이 발성에 나타나기 시작함.
19~24개월		1~2단어 어구의 발달. 목소리를 감정적 의미로 사용함. 노래를 제외한 소리에서 넓은 음역이 보임.	단순한 음정과 유연한 리듬패턴이 있는 짧은 노래를 창작. 단순한 곡으로부터 짧은 가락패턴을 만드는 것을 배울 수 있음.
24개월	TA 모양을 만들기 시작함. 연골 조직이 생성되기 시작함.		가락패턴이나 배운 짧은 노래를 자발적 노래부르기에 사용함.
2~3세	음성인대는 매우 약함. 갑상피열연골이 발달됨.	3세까지 유아는 자신의 이름, 성별, 최근에 일어난 일을 말할 수 있음. 신체적 · 감정적 상태를 표현할 수 있고 이야기의 등장인물 목소리를 모방함. 음성주파수는 평균적으로 255~360Hz(낮은 도에서 파#).	짧은 노래나 가락을 모방하나 언제나 정확하지는 않음. 자신의 목소리에 맞게 가락을 변화시킴.

4세	약한 음성인대와 갑상피열연골의 발달이 지속됨.	완전한 문장을 이야기할 수 있음. 목소리 기본 주파수는 시에서 파# (240~340Hz). 개인의 발달과 학습한 목소리 내는 습관에 따라 음성화가 달라짐.	일반적으로 노래배우기는 다음의 단계를 따름: 단어, 리듬, 절, 가락의 모양. 개인에 따라 노래부르는 소리 음역의 시작이 보임(갑상피열연골과 성대의 발달 때문).
5~6세	목소리를 안정적이고 통제할 수 있게 하는 음성인대가 겹겹이 만들어지고 섬유화되기 시작함. 10세 말까지 이 과정은 지속됨.	목소리의 기본 주파수가 225~325Hz (라~레) 정도. 생리학적 음역은 꽤 안정적임.	조성의 감각은 안정적이고, 꽤 정확하게 노래를 부를 수 있음. 목소리가 건강하다면 넓어진 노래부르는 음역을 발달시킬 수 있음. 성대의 발달과 다른 기능적 성숙으로 음악적 음역이 증가됨.

출처: Flohr (2005), p. 84 번역하여 재구성.

한편, 노래지도는 유아교육 현장에서 가장 많이 이루어지는 음악활동이기 때문에 노래지도 교수방법에 관해 국내에서도 많은 연구가 이루어졌다. 노래지도 교수방법 관한 국내 선행연구 목록은 다음 〈표 4-2〉와 같다.

〈표 4-2〉 노래지도 교수방법에 관한 연구(학술지)

	교수방법	효과	주 저자
1	음악요소와 표현 중심 노래부르기 활동	음악능력, 지각운동능력 및 언어능력	정진화 (2018)
2	동화에 기초한 노랫말 바꾸기 활동	창의성과 음악적 태도	김선희 (2019)
3	음악적 요소를 기반으로 한 노래부르기 활동	음악적 표현능력	이상은, 류진순 (2019)
4	음악요소 중심의 새노래부르기 활동	음악적 태도와 정서지능	김선애 (2019)
5	건반악기를 활용한 노래부르기 활동	음악 표현능력과 공간능력	송윤나 (2019)

6	음악요소와 표현 중심 노래부르기 활동	음악능력, 지각운동능력 및 언어능력	정진화 (2018)
7	리듬요소 기반 노래부르기 활동	음악적 흥미와 자기조절능력	윤지영 (2018)
8	안전동요를 활용한 창의적 음악활동	안전의식, 안전문제 해결 사고능력, 음악적 창의성	전미정 (2019)
9	전래동요를 활용한 노래놀이 활동	음악표현능력과 놀이성	전인옥 (2018)
10	전래동요에 기초한 음악놀이 활동	국악능력과 국악흥미도, 놀이성	변순녀 (2018)
11	동요를 활용한 지역문화체험활동(제천 지역의 창작동요를 선정, 제천시(2013)에서 발행한 『제천사랑, 우리동요』에 수록된 25곡의 동요와 제천시 홈페이지에 게시된 홍보 동요곡을 활용)	음악흥미도	위은하 (2017)
12	빠르기 변화 동요활동(빠르기에 변화를 주어 노래부르기 활동을 진행)	음악적 흥미와 음악적 표현능력	김권일 (2017)
13	동요를 활용한 협력적 신체활동	또래 유능성, 공격성	정은화 (2017)
14	노래부르기 통합 활동(백워드 설계 모형을 적용한 활동 개발, 적용)	음악흥미도, 태도, 음악성	황세윤, 김언진 (2017)
15	세계 전래동요를 활용한 음악극 활동	놀이성, 친사회적 행동	장훈 (2015)
16	전래동요를 활용한 신체놀이	음악적 태도와 음악능력	권정혜 (2015)
17	노랫말 바꾸기에 기초한 소집단 중심의 창의적 음악활동	또래 유능성 창의성	서태균 (2016)
18	창작동요를 활용한 포괄적 음악교육활동	음악성	이정민 (2014)
19	동화를 활용한 노랫말 바꾸기 활동	음악창의성	이진영 (2015)
20	전래동요와 연계한 미술활동	음악표현능력	김민주 (2015)
21	동요를 활용한 통합적 인성교육활동	정서지능과 공감능력	김성미 (2014)
22	스토리텔링을 적용한 노래부르기 활동	음악적 태도	최미숙, 안지영 (2014)

23	스토리텔링을 활용한 동요 프로그램	언어능력	서윤정 (2014)
24	그림악보를 활용한 노래부르기 활동	음악능력, 음악적 창의성	김애옥, 홍지명 (2014)
25	민요 형식을 활용한 창의적 노래부르기 활동	음악창의성	박형신, 조은정 (2013)
26	노래부르기 중심의 통합적 음악교육 접근	음악능력	고영자, 김민정 (2012a)
27	통합적 노래부르기 활동(동작, 그림, 언어 등의 타 교과와 연계된 통합된 교수학습 방법)	음악적 기초능력	송주승 (2012)
28	영아의 자발적 노래부르기 탐색(자유선택 활동시간 영아의 음악적 행동 특성 탐구)	신체표현, 상호작용에 따른 특징, 음성적 특징	김혜경, 이영애 (2012)
29	노래부르기 방법에 따른 유아들의 음높이 정확도-가사와 함께 따라 부르기와 한 음절로 따라 부르기	음정 정확도	이영애 (2012)
30	노래부르기 활동에 적용한 개별화 교수법의 효과	음악기본능력 (리듬, 선율)	이민정 (2011)
31	미디어를 활용한 노래부르기 활동	음악적 청취력	안경숙, 김정주, 임수진 (2010)
32	전래동요를 통해 유아가 경험하는 발달적 특성에 관한 연구(자유선택 활동시간과 전래동요 활동시간 참여관찰)	언어적 · 정서적 · 신체 · 사회성 발달	박향아 (2010)
33	노래극 활동(노래 개사하여 부르며 동화 내용 회상하기, 동화를 들으면서 개사한 노래 부르기, 동화 속 역할에 대한 토의하기, 배역 결정 및 상연하기와 평가, 소품 만들기, 소품을 활용한 노래극의 재상연과 평가	정서, 사회성	이민정 (2010)
34	고든의 학습이론에 기초한 오디에이션 활동	음악소질	백지혜 (2010)
35	노래부르기 통합 음악활동(음악영역의 노래 부르기, 감상, 소리 탐색, 악기연주, 음악에 따른 신체표현활동, 창작활동 등에 통합적 접근)	음악개념	이민정 (2009)

36	창작이야기 노래를 활용한 유아 주도적 음악극 활동	음감, 리듬감	안경숙, 김소향, 박진성(2008)
37	Gordon의 음악학습이론에 근거한 노래지도	음악적성	나은숙 (2008)
38	전래동요를 활용한 국악 활동	창의성	박용미 (2008)

〈표 4-3〉 노래지도 교수방법에 관한 연구(학위논문)

	교수방법	효과	연구자
1	노래를 활용한 통합교육활동	기본생활습관, 음악적 흥미	박샛별(2020) 석사
2	음악감상곡의 주제선율에 맞춘 노래부르기 활동	음악적 성향, 정서지능	진순희(2019) 석사
3	동화에 기초한 노랫말 바꾸기 활동	창의성, 음악적 태도	김선희(2019) 석사
4	음악요소 중심의 새노래부르기 활동	음악적 태도, 정서지능	김선애(2019) 석사
5	동요를 활용한 통합적 유아음악교육 프로그램 개발 및 적용	음악적 태도, 음악적성, 정서지능	김미경(2018) 박사
6	전래동요를 활용한 음악적 표상 활동	음악지능	박정자(2018) 석사
7	동요를 활용한 협동놀이	또래 유능성, 음악적 성향	정옥희(2018) 석사
8	동요를 활용한 협력적 신체활동	음악적 표현능력과 친사회적 행동	김순란(2018) 석사
9	전래동요 활동	놀이성, 음악적 성향	김정희(2017) 석사
10	만 3세 유아의 요리활동 연계 노랫말 바꾸기 경험	음악적 태도, 음악적 창의성	정서현(2016) 석사
11	전래동요와 연계한 미술활동	그리기표상능력, 언어능력, 음악표현능력	김민주(2015) 석사
12	노랫말 바꾸기에 기초한 소집단 중심의 창의적 음악활동	또래 유능성, 창의성	서태균(2015) 석사
13	민요를 활용한 Orff 접근법	음악적 인지능력	윤혜림(2015) 석사
14	노래활동	기본생활습관	민선희(2015) 석사
15	5음계 동요를 활용한 음악활동	음감청취력	김빛나라(2015) 석사
16	전래동요 음악활동	영아의 어휘력, 신체표현력	최진경(2015) 석사
17	동요를 활용한 통합적 인성교육활동	정서지능, 공감능력	김성미(2014) 석사

18	스토리텔링을 활용한 동요 프로그램	언어능력	서윤정(2014) 박사
19	창작동요를 활용한 포괄적 음악교육활동	음악적 개념, 음악적 성향	이정민(2014) 박사
20	동화를 중심으로 한 노래극 활동	음악능력, 언어능력	차은진(2013) 석사
21	창작동요 음악활동	스트레스감소	박희영(2012) 석사
22	노래부르기 통합활동	음악 지각 능력, 흥미	정현순(2011) 석사
23	동요활동	인성	최숙경(2011) 석사
24	창작동요 활용 프로그램	음악성, 언어능력	박민정(2010) 석사
25	전래동요를 활용한 국악교육	음악표현능력	최현성(2010) 석사
26	동화를 통한 노래극 활동	언어능력, 음악능력	김은형(2008) 석사
27	동시 짓기를 통한 노랫말 바꾸기 활동	언어능력, 음악능력	양미자(2008) 석사
28	동요를 활용한 노랫말 바꾸기 활동	어휘력, 이야기 구성력	공종숙(2008) 석사
29	전래동요를 활용한 놀이 경험	놀이성, 음악적 선호	이경진(2008) 석사
30	전래동요를 활용한 노랫말 바꾸기 활동	언어능력, 음악능력	손경아(2007) 석사
31	심미적 질문에 따른 노랫말 짓기 활동	언어능력	최은선(2004) 석사
32	노래 가사의 유무에 따른 활동	리듬적성, 음악적성	최정진(2004) 석사
33	발상법을 통한 그림표현활동	창의성, 그림표현	김은정(2002) 석사
34	코다이 교수법을 적용한 전래동요	국악음악성	이영례(2001) 석사

2. 감상활동과 청각발달

음악감상은 교사들이 그들의 학창 시절 작품의 이론 설명 위주의 음악감상 수업을 했던 경험 때문인지, 유아교사에게 감상지도는 매우 어렵고 부담스러운 과제로 여겨져 이런저런 이유로 음악활동에서 제외되는 경우가 많다(이영애, 윤지영, 2015). 그러나 소리로 이루어지는 음악의 특성상 듣기 요소를 제외하고 음악활동을 생각하기는 어렵다. 감상(listening)은 다양한 경험을 포함하는데, 악기의 음색을 구별하는 것에서부터 두 개의 프레이즈가 같은지 다른지의 청각적 구별력에 이르기까지 다양한 경험을 포함한다. 모든 음악활동은 청각적인 감각과 연결되기 때문에 듣는 기술의 발달은 음악성 발달의 핵심이다. music appreciation은 라틴어의 appretio에서 유래된 말로, 감상은 미적 내용을 즐기며 이해하는 체험을 의미한다(손윤경, 김신덕, 김규수, 2005). 감상지도, 즉 듣기지도에 있어 듣는다는 것은 무엇일까? 단순하게 듣는다는 것(hearing)과 주의 깊게 듣는다 혹은 청취한다(listening)는 것은 구별되어야 하는데, hearing은 듣는 대상에 대한 막연한 반응이라면, listening은 내적 요소에 대한 분석적 반응이라고 할 수 있다.

언어적 제한과 주의집중력이 짧은 유아들에게 과연 감상지도는 어떻게 할 수 있을지, 그 이전에 음악감상 경험을 어떻게 측정하고 이해할 수 있을지 과거 음악교육자들로부터 관심을 받아 왔다. 유아의 음악감상에 대한 반응은 주로 행동 관찰을 통해서 이루어지는데, 행동 관찰은 자유로운 놀이 상황에서 음악을 들을 때 자연스러운 행동적 상호작용을 관찰하는 것과 교사가 주도하는 음악에 대해 상호작용하는 것을 관찰하는 두 가지 유형으로 구분할 수 있다.

감상에 관한 연구에서 측정도구는 표준화된 검사를 사용하는 경우와 연구자에 의해 창작된 측정도구가 사용되어 왔다. 연구자들은 일반적으로 세 가지 방법을 사용하는데, 첫째, 실험집단과 통제집단을 통해 어떤 방법이나 매체를 활용한 감상이 더 효과적인지 보는 경우, 둘째, 사전·사후 검사를 통해 효과적인 음악감상 방법을 확인하는 것, 셋째, 보기를 제시하거나 다이얼을 통해 어느 정도 좋아하는지 유아에게 맞는 평정척도로 제시하는 등 선택지를 통한 반응을 확인하는 방법 등이다.

영유아의 청감각 발달에 관한 연구들을 살펴보면, 영아의 경우 신생아기 혹은 그 이전 태내에서부터 청지각이 시작됨을 밝힌 연구들이 있다.

1) 태아기 및 신생아기[1)]

태내에서부터 청각 경험은 시작되는데, 엄마의 신체 내에서뿐 아니라 자궁 밖 환경에서도 태아의 청각 경험은 이루어진다. 그러나 그러한 단순한 청각적 경험은 청감각일 뿐 음악적 인지라고 할 수 없을 것이다. 엄마의 말과 노래 소리 혹은 주변 사람들이나 다양한 음악적 소리, 환경 소음은 엄마의 몸에 부딪히며 마치 '저주파 필터'를 거치듯 고주파를 약화시키기 때문에 태아에게는 실제 소리보다 약하게(알아

1) 이하 내용은『Handbook of Research on Music Learning: Vol 2. Application』(2011)의 'Music Learning in Early Childhood'의 내용을 발췌 및 번역하여 재구성한 것이다.

듣기 어려운 소리로 우물거리게) 들린다(Parncutt, 2006). 일반적으로 300Hz 이하 주파수는 약해지지 않지만, 높은 주파수는 약화되며, 일반적으로 약 2000Hz 이상은 태아가 들을 수 없다(Abrams, Griffith, Huagn, Sain, Langfor, & Gerhardt, 1998; Gruhn, 2011에서 재인용). 청감각은 다른 감각보다 가장 먼저 발달하는 감각체계이며, 태아는 태내에서 200에서 1,000Hz 사이의 소리를 들을 수 있다(Parncutt, 2006). 말하는 소리에서 태아는 모음은 쉽게 알아차릴 수 있는 데 비해 고주파의 자음은 들을 수 없다. 그러나 조산아의 청각은 일반적인 출생 후 지각과는 비교할 수 없다. 왜냐면 태아의 귀는 액체로 가득 차 있고 태아를 감싸고 있는 엄마 몸의 조직, 근육, 그리고 뼈가 외부 소리를 40~50dB 줄이기 때문이다(Gerhardt and Adams, 2000).

태아의 소리 인식은 움직임과 심박수로 나타난다. 태내 26주 이상의 태아에게 소리를 들려주었을 때 심박수가 올라가고 내려가는 모습이 보고된 바 있다(Abrams, 1995; Al-Qahtani, 2005; Lecanuet, 1996; Wilkin, 1991, 1995/1996). 태아의 인지능력을 보여 주는 또 다른 지표는 크고 넓은 음역의 소음과 모든 종류의 음악소리에 노출되었을 때 몸을 움직이는 것이다. 이 반응들은 28~32주에 일관되게 나타났다(Parncutt, 2006).

엄마의 감정상태의 변화는 태아의 행동반응에 영향을 미쳤는데(Van den Bergh, 1992), 소리패턴과 움직임, 그리고 감정적 느낌의 변화에 태아가 민감하게 반응했다(Parncutt, 2006).

청각 인지기능의 발달을 통해 태아의 음악적 학습이 일어나는지 살펴보면, 임신기간 중 반복적으로 들었던 제한적 소리의 기억에 관한 실험이 있다. 신생아는 그가 태내에서 들었던 음악을 기억했는데, 출생 후 2~4일 된 신생아는 엄마의 목소리를 다른 여성의 목소리보다 선호했다(DeCasper & Fifer, 1980). 임신했을 때 반복적으로 불렀던 멜로디를 듣기 위해 신생아들을 공갈젖꼭지를 빠는 패턴에 변화가 일어났는데, 친숙하지 않은 음악이 나올 때보다 뱃속에서 들었던 친숙한 음악을 듣기 위해 공갈젖꼭지를 더 많이 빠는 반응 차이를 보였다(Panneton, 1985).

출생 전에 특정 음악을 지속적으로 들었던 신생아는 출생 후 같은 음악을 들었을 때에 심박수가 낮아지고 움직임이 적어졌으며, 집중도를 높이며 반응을 나타내었다. 이러한 태내에서 들었던 음악을 출생 후 기억하는 것과 그것을 인지한다는 것(Saffran, Loman, & Robertson, 2000), 친숙한 음에 대한 선호도 등은 태아기 음악적 학습을 시사하는 부분이다. 느끼고, 보고, 듣는 능력은 언제나 기억과 연관되어 있기 때문이다(Gruhn, 2011).

청각은 향후 언어와 노래 학습, 그리고 인지능력과 감정 발달을 위해서 필수적이기 때문에 영유아에게 매우 중요한 감각기관 중 하나이다. 영유아는 노출되는 문화적 요소 및 문화적 배경에 기인한 각종 소리에 따라 음감과 리듬 감각이 발달된다. 6개월된 영아는 박자 변주 차이를 구별할 수 있었고, 12개월 된 영아는 박자 변주를 구별하는 능력은 사라지나, 박자적으로 단순한 내용은 구별지을 수 있었다(Hannon & Trehub, 2005).

신생아는 엄마의 목소리 주파수를 모방한다(Leimbrink, 2010; Malloch, 1999/2000). 같고 다름을 구별지을 수 있는 것은 학습과 지각에 있어 매우 핵심적인 부분인데, 영아 대상 연구들은 신생아는 같고 다른 소리의 차이를 인지함을 시사하였다.

Trehub과 Nakata(2001/2002)의 연구에는 엄마의 상호작용을 통해서 신생아가 음악적 세계에 첫 발을 내딛는 것에 대한 실험이었다. 출생의 순간으로부터 엄마는 본능적으로 그들의 자녀에게 노래하거나 말하게 되는데, 아기의 반응에 따라 부분적으로 형성되고 지속되는 패턴을 만든다. 엄마의 메시지는 사랑과 풍부한 감정 톤을 전달한다. 이러한 듣기가 반복됨에 따라 영아는 엄마의 목소리를 인지하게 되고, 노래를 알아차리는 등의 감수성을 배우게 된다. 영아에게 엄마의 음악을 듣는 것은 개인의 정체성을 만드는 데 도움을 주는데, 이는 사회적 맥락, 친밀감, 정서의 질에 내재될 수 있기 때문에 중요하다. 출생 때부터, 이 음악을 듣는 것을 학습하는 것은 청지각력 이상으로 이미 자신이 누구이고, 어떻게 느끼며, 누구와 관계 맺고 있느냐에 영향을 주는 것이다.

2) 유아기

유아의 감상 일상은 얼핏 보기에는 성인보다 단순해 보이지만 Sims(1985, 1988, 1995, 2001, 2004)의 연구에 의하면 유아들의 음악감상은 우리의 예상보다 복잡함을 알 수 있다. Sims(2001)의 연구에서는 자유놀이시간에 음악영역에서 음악을 감상할 수 있도록 하고 감상한 테이프 길이를 재어 유아들의 감상시간을 확인해 보니, 유아들의 감상시간 편차는 개인차에 따라 매우 다양하게 나타났으며 어떤 유아는 3분

동안 듣기도 하였고 4개의 감상곡 모두 비슷한 경향을 보였다. 이 연구를 통해 Sims는 유아들의 개인적 감상 반응이 매우 다르고 음악감상시간은 유아의 선호도에 따른 것이 아니며, 음악 장르, 개인의 집중력 등에 따른 것임을 시사하였다. Sims와 Nolkre(2002)는 유아교사에 의한 집단활동시간에 유아의 주의집중시간은 유아들의 실제 감상시간과는 상관관계가 없음을 밝혔다. 이 연구에서 교사들은 남아는 여아보다 짧은 주의집중시간을 체크했는데, 실제 개별 감상시간은 성별에 따른 차이가 없었다. Sims는 그룹 감상활동을 할 때 집중적 음악듣기 능력에 있어 다양한 개인차가 있기 때문에 자칫 집중력이 짧은 유아에 의해 전체 집단감상활동이 방해를 받을 수 있다고 하였다. 따라서 그룹활동 외에도 유아들에게 음악영역에서 개별적으로 집중하여 음악감상을 할 수 있는 충분한 시간적 · 공간적 기회를 제공해야 하고, 가정에서도 이러한 기회를 제공해야 함을 시사하였다.

3) 청지각과 음악적 인지능력

먼저 영아가 언제부터 청각이 발달하는지 청각반응 실험들이 있어 왔는데, 영아의 듣기 기술을 측정한 실험 연구들이 대표적인 그 예이다. 이하 내용은 Flohr(2005)의 내용을 정리한 것이다.

첫째, 머리 돌리기 실험이다(Trehub, Bull, & Thorpe, 1984; Trehub, Thorpe, & Morrongiello, 1987).

(1) 실험1

보고 있는 곳에서 소리 나는 방향으로, 스피커로 큰 소리가 나면 컬러풀한 장난감 애니메이션을 3초간 보게 하는 실험이었다. 다른 시간에는 아무 결과를 주지 않고, 6개월 이상 유아는 이 게임을 즉시 학습하고 10~15분간 이 게임을 하였다. 만약 유아가 멜로디가 바뀔 때 좀 더 자주 반응한다면, 이것은 그들이 음의 변화를 인지한다는 것을 의미함을 시사하였다.

(2) 실험2

두 개의 스피커를 놓고, 한 개에서 음악을 틀었다가 유아가 다른 곳을 보면 음악이 멈추었다. 다른 스피커는 대조되는 음악패턴을 틀고 영아가 보지 않을 때 음악을 멈추었다. 스피커를 보는 시간을 측정하여 더 많이 보는 스피커를 발견하면 영아의 음악적 패턴의 선호도를 알 수 있다(Trainor & Heinmiller, 1998).

- 영아들은 멜로디를 몇 번 들은 후에 전체적으로 음정윤곽(Trehub et al., 1984), 리듬(Chang & Trehub, 1977a; Trehub & Thorpe, 1989)을 기억할 수 있었다. 영아들은 성인처럼 이전에 들었던 멜로디를 전조해서 들었을 때 알아차릴 수 있었고(Chang & Trehub, 1977b; Trehub et al., 1987), 빠르기를 달리했을 때도 알아차릴 수 있었다(Trehub & Thorpe, 1989).

둘째, 영아들은 불협화음의 변화를 감지할 수 있었다(Trainor & Trehub, 1992). Traninor & Trehub(1994)는 5세와 7세 유아들에게 반음과 온음정 간격 변화를 듣게 하고 화음과 조성 등에 관해 들려주었을 때, 5세아는 반음 변화를 화음에 비해 가장 빨리 알아차렸고 7세아는 온음정 변화를 두 음정 변화보다 더 빨리 알 수 있었다.

즉, 영아들은 음정간격을 발견할 수 있는 능력, 불협화음, 협화음을 구분할 수 있는 능력이 매우 초기부터 발달함을 알 수 있었으며, 이러한 청각은 음악적 문화에 따른 차이로 선호도가 형성되어 협화음에 대한 선호도가 나타났다.

셋째, 청지각과 관련하여 인지적 측면 아니라 정의적 측면과 관련된 선호도에 관한 연구가 있다. Flohr 등(2000)에 따르면 신생아는 공갈젖꼭지를 통해 음악장르의 선호도를 시사하였다.

넷째, 음계(scale)가 문화마다 다르고 음정간격(interval, consonant)처럼 영아들이 장음계는 인지할 수 있으나 불규칙한 음계(unequal step)를 만들어서 제시할 때는 구분이 어려웠다.

다섯째, 박자(meter)는 영아들이 정확한 박자 안에서 음악패턴을 더 잘 기억할 수 있었다. 그리고 2박자계를 3박자계보다 더 잘 기억할 수 있었다. 모차르트 미뉴엣의 악절을 규칙적이지 않은 프레이즈보다 더 잘 집중했다.

여섯째, 영아가 일정한 음계에서보다 일정하지 않은 음계에서 달라진 변화에 대해 더 잘 감지하였다(Trehub et al., 1999). 이는 음계구조보다 친숙함에 의해 구별하였던 성인보다 영아에게서 더 뛰어난 변화감지력을 발견할 수 있었다.

일곱째, 스위치로 인큐베이터에 있는 미숙아가 음악에 반응하는 것을 관찰하였는데, 음악은 집중치료실에 있는 시간을 줄였고 스트레스가 없는 행동이 늘어났으며, 체중이 주는 것이 덜하였고, 흥분이나 긴장이 줄었고, 산소포화도 수준, 심박수, 호흡에 긍정적인 영향을 미쳤다(Standly, 2002).

(3) 선호도

유아들은 부드러운 음악보다는 행진곡 풍의 음악처럼 일정한 음악적 스타일에 선호도를 보였다(Abel-Struth, 1981). 대중음악과 클래식 음악의 선호도는 10개월의 음악노출에 의해 영향을 받았다(Peery & Peery, 1986). 신생아에게 클래식 음악과 락 음악에 대해 선택할 수 있도록 공갈젖꼭지를 통해 장치를 하여 관찰한 결과 일정 음악에 대한 선호도를 발견하였다. 또한 신생아들의 음악선호도를 확인한 다른 실험에서 이들은 클래식 음악을 선호하였다(Flohr, Atkins, Bower, & Aldridge, 2000). 국내에서는 가요, 클래식, 국악, 재즈를 만 4, 5세에게 들려주고 선호도를 알아본 연구가 있었는데 유아들은 가요를 가장 선호하여, 유아들의 음악선호도에 대한 연령이 점차 낮아지고 있는 것을 확인할 수 있었다(이영애, 2010).

(4) 건강문제 관련

음악감상은 영아의 건강문제에 긍정적 효과가 있었는데, 인큐베이터나 집중치료실에 있는 영아의 건강을 호전시키는 긍정적 효과가 있었다(Standley, 2002). 한편, 청각이 손상된 유아를 가르치는 교사는 더 큰 소리의 셈여림 수준을 사용하고, 타악기보다는 전자키보드와 같은 연결되는 톤의 악기를 사용하는 것을 제안하였다. 청각이 손상된 유아들은 음악의 음정 측면보다 리듬적 부분에 더 반응적이었다(Darrow, 1989).

다음 〈표 4-4〉는 실험 연구에서 나타난 월령에 따른 청각발달 단계이다.

〈표 4-4〉 월령에 따른 청각발달 단계

월령	청각발달 단계
0~3	음악 소리가 나는 쪽으로 머리 돌림. 목소리 변화에 따라 좋고 싫음을 표현. 음악에 조용해짐. 날카로운 소리에 반응.
0~12	영아는 능숙한 감상자임. 불협화음이 아닌 협화음에 선호도를 보임. 다양한 유형의 선행, 하행 음계에서 맞지 않는 음을 감지할 수 있음. 영아들은 중간에 끊기는 음악보다는 온전한 프레이즈의 음악에 더 주의집중함. 어른보다 불협화음을 더 잘 감지함. 여아들은 긍정적 정서의 톤을 선호함. 말하는 소리보다 노래하는 소리에 더 관심을 보임. 엄마의 노랫소리는 엄마의 말소리보다 영아의 긴장을 더 완화시킴.
6~8	눈으로 소리를 찾음. 음악이 끊겼거나, 강한 음악에 울음을 터뜨림.
9~14	말하거나 노래불리는 이름에 집중함. 악기의 새로운 특징에 반응함.
12~24	몇 분 동안 음악에 참여함.
24	다양한 빠르기의 음악을 연주하고, 음악에 맞춰 몸을 움직이거나 춤을 춤.
36	조성과 리듬 패턴을 듣기 시작함. 노래부르거나 짧은 소리 패턴을 연주할 수 있음. 스텝벨이나 가락 악기를 가지고 게임에 참여할 수 있음.
3~72	유아는 많은 단어를 습득함. 언어발달과 음악적 발달에 최적의 시간임. 이 시기에 사투리나 억양이 고착화되는 것처럼 이 시기에 많은 음악적 소리 종류에 익숙해짐.
60	빠르기에 의해 행복하거나 슬픈 감정을 구별할 수 있음.
60~84	드럼, 트럼펫, 플룻, 클라리넷, 바이올린과 같은 악기를 인지할 수 있고 악기그룹을 구별할 수 있음. 음악의 변화나 전조를 발견할 수 있음.
55	음악 장르에 노출은 음악 장르에 대한 선호도를 증가시킴.
72	반음의 협화음 변화를 감지할 수 있음. 6~8세는 조성과 빠르기에 의해 영향을 받음.

출처: Flohr (2005), p. 73. 이영애 역.

감상활동 교수방법에 관한 국내 선행연구 목록은 다음 〈표 4-5〉와 같다.

〈표 4-5〉 감상활동과 청각활동 교수방법에 관한 연구-학술지

	교수방법	효과	주 저자
1	그림책 연계 음악감상활동	유아의 조망수용능력	방은영(2019)
2	스토리텔링을 통한 음악감상활동	음악적 태도	방은영(2017)
3	음악요소에 기초한 음악감상활동	음악개념, 음악적 표현력	주수미(2016)

4	두 곡의 음악감상을 통한 음악적 요소 탐색과 표현활동. 경쾌한 느낌의 곡과 무거운 느낌의 곡, 느린 곡과 빠른 곡, 부드러운 곡과 웅장한 곡, 음색이 다른 악기로 연주된 곡 등을 포함하여 음악적 대비가 분명하고 명확한 곡으로 40곡을 선정하여 두 곡을 들려줌	음악적 능력, 음악적 태도	윤은미(2015)
5	음악감상을 통한 동작활동 프로그램	자기효능감, 자기조절능력	고정리(2014)
6	악기를 활용한 음악감상활동	음악적성, 음악적 표현력	김희복, 박형신 (2014)
7	통합적 음악감상활동	음악개념, 음악창의성	남선옥, 김호 (2013)
8	멀티미디어를 활용한 통합적 음악감상활동	음악지능과 정서지능	육길나, 최경 (2012)
9	음악동화 그림책을 활용한 유아 음악감상활동	음악성, 음악적 태도	이승미, 김민진 (2012)
10	음악요소 중심의 감상을 통한 이야기 꾸미기 활동	음악적 능력	박형신, 김정주 (2012)
11	배경음악 유형별 지도	그림표현, 정서능력	조남숙 (2011)
12	포괄적 음악감상활동	창의적 미술표현력	이수경, 최진숙 (2011)
13	자연의 소리를 활용한 통합적 유아음악교육 프로그램	음악 능력과 환경친화적 소양	장정애(2011)
14	음악개념 중심의 통합적 유아 음악감상과 표현활동	음악개념 및 음악적 표현력	강신영, 김규수 (2011)
15	음악감상을 통한 음악적 표현활동	음악개념	이상미(2011a)
16	음악감상을 통한 표현활동	정서지능, 음악능력	홍진영, 윤은미 (2010)
17	음악적 요소 중심의 감상활동	음악능력 및 신체표현능력	배희진(2009)
18	놀이적 음악감상(고전음악의 주제 선율을 활용하여 노래부르기, 악기연주, 동작활동 등 놀이를 결합한 음악감상방법)	고전음악 선호, 주제선율 인식, 음악적 창의성	황은영, 김신영 (2009)
19	음악감상에 기초한 다중표상활동	음악능력	장정애(2009)

20	동화를 활용한 감상활동	음악능력 및 태도	단은미, 조유나 (2009)
21	통합적 음악감상활동	정서지능 증진 프로그램 개발 및 효과	김미정, 이숙희 (2008)
22	애니메이션을 통한 음악듣기활동	창의성	서현아, 김효지 (2006)
23	소리에 대한 음악과 과학교육 통합활동	음악적 개념	안경숙, 이옥주 (2003)
24	신체표현을 사용한 음악감상	정서지능	황은영(2002)
25	음악감상활동에서 신체표현	창의력	권미란(2001)
26	음악청취력 향상 프로그램을 통한 음악활동	음악청취력	한유미, 안선희, 정민아(2000)

〈표 4-6〉 감상활동과 청각활동 교수방법에 관한 연구-학위논문

	교수방법	효과	연구자
1	음악감상을 통한 신체활동과 유아의 정서지능과의 관계 연구	신체활동, 정서지능	김지연(2020) 석사
2	스토리텔링 음악감상활동	공감능력과 행복감 증진	김민정(2020) 석사
3	클래식 음악감상활동	음악적성	김동환(2018) 석사
4	통합적 음악감상활동	음악적 표현, 신체적 표현	이영선(2018) 석사
5	음악감상을 통한 신체표현활동	정서지능, 신체적 자아개념	전희정(2018) 석사
6	스토리텔링을 통한 음악감상활동	주의집중력, 음악적 표현능력	장연순(2018) 석사
7	음악감상을 통한 협력적 신체표현활동	영아의 음악적 성향, 사회정서발달	이보현(2018) 석사
8	음악감상에 기초한 악기연주 및 신체표현 활동	음악적 성향, 음악적 태도, 신체표현능력	최은정(2018) 박사
9	동화듣기를 함께한 음악감상활동	음악인지능력	김지연(2017a) 석사
10	통합적 음악감상활동	음악인지능력, 정서지능	노정자(2017) 석사

11	스토리텔링 중심의 음악감상 및 신체표현활동	창의성, 신체표현능력, 친사회적 능력	김은정(2017) 박사
12	감각통합 음악감상활동	만 2세반 영아의 자발적 음악행동, 사회정서발달	김미자(2016) 석사
13	음악감상을 통한 신체활동	일상적 스트레스 해소, 정서지능	김봉아(2015) 석사
14	음악감상에 기초한 문학-음악 연계활동	음악적 성향, 창의성, 언어표현력	최은실(2015) 박사
15	음악요소에 기초한 음악감상활동	음악개념, 음악적 표현력	주수미(2015) 석사
16	음악감상을 통한 이야기 꾸미기 활동	창의성, 언어능력	김순정(2014) 석사
17	음악감상을 통한 그리기 활동	창의성, 그리기표상능력	손경미(2014) 석사
18	춤곡을 활용한 유아 음악감상 지도방안	음악적 개념	이다윤(2013) 석사
19	말리듬을 활용한 음악감상활동	음악표현능력	김정혜(2013) 석사
20	음악감상을 활용한 통합적 활동	정서지능, 친사회적 행동	공요은(2012) 석사
21	리듬 타악기 및 음악감상활동	영아 사회, 정서적 행동	김경은(2011) 석사
22	음악적 요소에 기초한 통합적 감상활동	음악개념, 태도	최선미(2010) 석사
23	통합적 음악감상활동	음악적 개념	곽영숙(2010) 석사
24	통합적 음악감상활동	창의성, 정서지능	안옥수(2010) 석사
25	통합적 음악감상활동	창의성, 정서능력	박옥희(2010) 석사
26	동화를 활용한 통합적 음악감상활동	음악능력	단은미(2009) 석사
27	음악감상에 기초한 이야기 꾸미기 활동	언어능력, 언어 창의성	구서연(2009) 석사
28	탐색, 표현, 감상을 통한 음악활동	음악적 능력, 그림표상능력, 정서능력	홍명옥(2007) 석사
29	신체움직임을 통한 음악감상활동	음악적성, 음악적 창의성	김미영(2007) 석사
30	통합적 음악감상활동	창의성	김미옥(2007) 석사

31	감상 중심의 통합적 국악교육활동	국악선호도, 음악성	강지희(2006) 석사
32	유아의 음악듣기 발달을 위한 음악지도방법 연구	음악듣기 지도방법 탐색과 제시	이현주(2006) 석사
33	음악감상활동의 통합적 접근	감성지능, 창의성	윤수진(2005) 석사
34	통합적 음악감상활동	창의성	장자영(2005) 석사
35	시청각매체에 따른 음악감상활동	음악청취력, 주의집중력	손말숙(2005) 석사
36	발상적 음악감상을 통한 콜라주 표현활동	창의성	차소영(2004) 석사
37	음악감상 통합활동	감성지능	이옥순(2004) 석사
38	듣기 수업방법 연구	청취력 향상	윤인숙(2004) 석사
39	포괄적 음악감상교육	청각기능, 청취력발달	김옥자(2004) 석사
40	음악감상에 기초한 다중표상활동	음악지능	장정애(2004) 석사
41	듣기교육활동	청음능력	양성연(2004) 석사
42	청음지도방법 연구	음악성 향상	김지희(2002) 석사
43	포괄적 음악감상활동	음악적 창의성	강경희(2002) 석사
44	음악감상활동	창의적 신체표현	송영희(2001) 석사
45	체험적 음악감상활동	정서지능	김미숙(2000) 석사
46	음악청취력 향상 프로그램	음감, 리듬감	정민아(2000) 석사

3. 음악적 움직임(신체표현) 및 자발적 음악활동

유아들의 음악감상과 연주는 단순히 청각적 경험만이 아닌 그들의 몸이 음악지각에 연결된다. 음악과 신체움직임은 자연스럽게 연결되는 현상인데, 특히 유아에게 있어서는 음악과 움직임이 분리되기 어렵다. 영아가 음악소리가 나는 쪽으로 고개를 향하는 것으로부터 음악에 따라 좌우로 움직이고 엉덩이를 씰룩거리는 영아들은 성장하면서 문화적 방법으로 몸을 움직이거나 통제하게 된다. 사실 신체움직임은 음악에 대한 첫 반응이라고 할 수 있다.

음악을 들은 유아의 움직임은 개인에 따라 다양하고 독특하지만 동시에 사회적 맥락에 크게 영향을 받는다. 아이들은 성장하면서 환경에 따라 음악에 움직이거나 움직이지 않도록 영향을 받게 된다. 유아들이 음악을 창작하거나 감상함에 있어 보이는 즉흥적인 움직임 관련 연구에서 유아들의 행동 양상을 분류하면 다음과 같다.

첫째, 기능적 움직임(예: 머리나 눈동자를 소리가 나는 방향으로 움직이는 것)으로 듣거나 연주하는 음악에 대한 표현이나 해석을 나타내는 것이 아닌 움직임이다.

둘째, 리듬감 있는 움직임으로 들리는 소리나 신체동작이 표현하는 느낌으로 아이가 듣거나 창작하는 음악의 리듬을 반영하고 있음을 알 수 있는 움직임이다.

셋째, 창의적인 움직임으로 아이가 듣거나 창작하는 음악의 다양한 요소(셈여림, 멜로디, 감정표현)를 복합적으로 반영하여 행동으로 자유롭게 나타낸다.

넷째, 극화된 움직임이자 삶 속 경험을 모방한 동작으로, 예를 들어, 요리하기, 수영하기 등의 움직임이다.

다섯째, 춤 또는 양식화된 동작으로 문화적으로 춤으로 인식될 수 있는 움직임이다.

이상 다섯 가지의 움직임 체계는 각각 비이동성(nonlocomotor), 이동성(locomotor), 또는 둘 다 포함하는 움직임일 수 있다. 이는 모두 아이들이 음악을 자연스럽게 접하는 환경에서 흔히 관찰되는 행동들이다.

선행연구(Jordan, 1995)에 의하면 3~7세 유아들이 박자를 맞출 때 상체동작(박수치기)보다 하체동작(발구르기)을 이용하는 것을 훨씬 어려워했다. 또한 끝나는 지점이 없는 동작을 끝나는 지점이 있는 동작보다 훨씬 어려워하였고, 비대칭적 동작을 대칭적인 동작보다 어려워했다. 이전 연구에서 많이 입증되었듯이 나이가 들수록 박자를 맞추는 능력이 향상되었다. 이는 순차적으로 학습해야 하는 난이도별 동작 순서가 있음을 시사하였다.

몇몇 연구는 동작을 통해 아이들이 리듬을 표현하는 다양한 방법을 조사하였다. 다양한 동작을 활용하여 유치원 아이들의 리듬감각을 조사한 결과, 작은 동작보다 큰 동작이 더욱 통제하기 어려웠다(Rainbow & Owen, 1979). Rainbow(1980)는 만 3~4세 아이들이 움직임보다는 발성을 통해 박자를 표현하는 데 더 능숙함을 발견했다. 또한 움직임을 활용한 음악교육 시, 말을 함께 하면 아이들의 리듬 정확도와 동작을 통한 리듬표현이 향상되는 모습을 보였다(McFarland, 2006).

Dunne-Sousa(1988)는 아이들이 노래를 파악할 때 리듬 구호 등과 다른 단서보다 노래 가사에 맞는 동작 등 움직임을 보여 주었을 때 가장 정확하게 식별했다고 밝혔다. 이렇듯 움직임은 음악개념 학습을 돕기 위한 수단으로 사용되어오곤 하였다.

Boone과 Cunningham(2001)은 만 4~5세 아이들이 창의적인 움직임을 통해 음악 속 감정을 표현하는 능력을 관찰했다. 이를 위해 우선 아이들에게 음악을 듣고 느끼는 네 가지 감정(기쁨, 슬픔, 분노, 공포)을 곰인형을 움직이면서 표현하도록 가르쳐 주었다. 그리고 그 후, 아이들에게 8가지 다른 음악을 들려주면서 느끼는 감정을 스스로 곰인형을 통해 표현하도록 주문했는데, 실험 결과 아이들은 음악에 내재된 감정을 정확히 파악하여 표현했고, 우연이 아닌 의도적으로 창작한 움직임을 통해 표현하는 모습을 보였다. 이후 진행된 분석을 통해 아이들은 공포와 분노를 표현하는 것보다 기쁨과 슬픔을 더욱 잘 표현한다는 것을 확인했다. 5세 아이들이 4세 아이들보다 표현이 정확했고 이는 발달에 의한 차이가 있음을 보여 주었다. 성별에 따른 차이도 있었다. 남아는 여아에 비해 기쁨과 분노의 감정을 더욱 강하게 표현했는데, 주로 빠른 박자와 상향하는 움직임을 통해 표현하는 것으로 나타났다. 여아들은 남아들에 비해 기쁨을 표현할 때 표정을 더 많이 사용했다. 본 연구 결과를 통해 유아들은 음악 속 감정 표현이 가능할 뿐만 아니라 몸동작을 통해 창의적으로 표현할 수 있음을 알 수 있었다.

Gromko와 Poorman(1998)은 (1)음악감상 시 시각적 자료를 시청하는 것과 (2)음악감상 시 교사와 함께 음악에 따라 몸을 움직이는 경우, 음악에 대한 인식이 어떻게 변화하는지 비교해 보고자 했다. 그 결과, 음악에 따라 몸을 움직인 아이들이 음악 양식 인지능력 평가에서 훨씬 우수한 모습을 보였다. 다른 유사 연구에서도 같은 결론이 도출된 바 있다(Sutter, 1999).

영유아들의 자유선택활동 시간에 이루어지는 자발적 음악행동(spontaneous musical behavior)에 관한 연구들은 유아들의 자발적 노래부르기나 움직임, 악기 연주나 소리탐색이 놀이와 함께 관찰됨을 보고하고 있다(김혜경, 이영애, 2012; Lee & Lee, 2020; Wu, 2018). 이러한 자발적 음악행동을 통해 유아들의 음악적 경험에 있어 자발성, 몰입, 사회적 상호작용, 인지적 발달 등의 특징을 알 수 있으며, 이는 놀이 안에서 음악적 경험은 반드시 음악 관련 놀이에서만 나타나지 않는다는 것을 확인할 수 있었다(Lee & Lee, 2020). 예를 들어, 소꿉놀이 영역에서 양념통을 들고 리드미컬한 리듬패턴을 만든다든지, 미끄럼틀에서 〈나비야〉 노래를 부르며 내려온다든지 등이 그 대표적인 예이다.

영유아의 삶에 놀이가 떼려야 뗄 수 없는 일상이듯이, 놀이를 통해 그들의 음악적 반응이 일어나고 놀이와 함께 음악적 발달이 이루어진다. 영유아의 음악적 발달은 영유아들의 자발적인 놀이상황을 관찰함으로써 자발적으로 이루어지는 음악적 반응을 통해 음악적 발달에 대한 이해가 이루어져 왔다. Lopez와 동료들에 따르면, 2년 6개월~3년 정도가 되면 영아는 놀이를 하면서 노래를 부르며 박자에 따라 악기를 다루려 하고 근육의 협응이 가능하게 되므로 다양한 악기 소리에 관심을 보인다(서주희, 2012에서 재인용).

자발적 음악행동에 관한 국내 연구는 많지 않았는데 음악극 경험을 통해 나타나는 유아들의 음악적 반응(김명정, 조형숙, 2011), 영아들의 자발적 노래부르기 탐색(김혜경, 이영애, 2012), 그림책을 활용한 음악활동(구기은, 2018) 등이다.

움직임(창의적 신체표현)에 관한 국내 선행연구들은 다음 〈표 4-7〉과 같다.

〈표 4-7〉 창의적 신체표현에 관한 연구-학술지

	교수방법	효과	연구자
1	동작을 활용한 음악표상활동	음악적성 및 창의적 신체표현력	정윤미, 백지혜 (2018)
2	음악과 신체표현을 통합한 예술경험활동	정서능력, 창의적 신체표현	송순옥(2016)
3	달크로즈 음악교수법에 의한 활동	신체표현능력	박소연(2014)
4	신체움직임을 통한 음악활동	창의적 신체표현	박은희, 정정희, 최효정(2011)
5	클래식 음악을 활용한 통합적 음악활동 과정에서 나타난 유아들의 반응탐색	음악활동과 신체표현발달	김혜숙(2011)
6	음악극 경험을 통해 나타나는 유아들의 음악적 반응변화	감각적 반응, 창조적 반응, 내면적 반응	김명정, 조형숙 (2011)
7	달크로즈의 움직임 창작교육	음악적 창의성, 신체표현능력	정현희, 김수영 (2010)
8	유아음악극 활동	문식성, 음악적 능력, 신체표현	이효숙(2001)

〈표 4-8〉 창의적 신체표현에 관한 연구-학위논문

	교수방법	효과	연구자
1	음악동화를 활용한 신체표현활동	자아존중감, 창의적 신체표현	김현미(2020) 석사
2	그림책을 활용한 음악활동	사회 · 정서적 행동, 자발적 음악행동	구기은(2018) 석사
3	오르프 음악활동	자기표현능력	권세미(2009) 석사
4	통합적 음악활동	창의성	김주선(2008) 석사
5	국악을 활용한 동작활동	창의적 신체표현	전연욱(2008) 석사
6	그림책을 통한 동작활동	창의적 신체표현, 다중지능	강연홍(2007) 석사

4. 유아음악발달과 관련된 심리 및 뇌인지 연구

최근 음악적 발달에 관한 연구로서 연구방법의 동향이 뇌연구로 관심이 이동하고 있다. 뇌이미지 도구의 발달로(EEG, MEG, MRI, fMRI, PET, DTI) 연구관심이 뇌인지와의 관계나 학습이나 인지기술의 측정 가능한 효과를 나타내는 두뇌발달의 가소성의 변화를 살펴보는 연구들이 이루어지고 있다. 뇌 연구방법은 크게 두 가지로 나뉜다. 첫째, 전기생리학적 기록을 통한 연구방법으로 EEG(Electroenc Enphalop Graphy: 뇌전도)와 ERP(Event-Related Potential: 사건관련전위), 그리고 MEG (Megnetoencephalogy: 뇌자도)가 있는데, 이는 대뇌 피질 뉴런들의 전기적 활동과 그로 인한 자기장 형성 분포를 직접적으로 기록하는 것이다. 둘째, 뇌의 물질대사 즉 대뇌의 혈액 흐름과 신경세포들의 산소 소모량을 측정함으로써 신경세포들의 활동을 간접적으로 밝히는 연구방법으로 PET(Positron Emission Tomography: 양전자 방출 단층 촬영)와 fMRI(functional Magnetic Resonance Imaging: 기능적 자기공명 촬영)가 있는데, PET는 방사성 동위원소를 혈액에 주입하여 이의 흐름을 살펴보는 것이고, fMRI는 산소의 자기적 특성을 이용하여 대뇌 활성화 부위의 혈액 속 산소의 양을 측정한 것이다(이지영, 2006). 시간적 해상도를 살펴보는 EEG, ERP, MEG와 공간적 해상도를 모니터할 수 있는 PET, fMRI를 통해 예술은 우뇌, 논리 수학적 자극은 좌뇌라고 생각하였던 기존의 편견과 다르게 음악의 요소에 따라 뇌의 다양한 영역들이 다르게 활성화됨을 알 수 있었다. 음고 지각과 판단은 우반구에서(Zatorre, 1985; Samson & Zatorre, 1988; Zatorre & Samson, 1991) 선율판단과 재편은 양반구에서 처리되며(Zatorre, 1985; Samson & Zatorre, 1988; Zatorre et al., 1994; Platel et al., 1997; Peretz et al., 1994), 템포처리는 좌반구에서 음색처리는 우반구에서 우세하게 처리된다고 보고했다(이지영, 2006에서 재인용). 음고를 처리하는 작업기억 영역은 우반구 frontal operculum이고, 연속되는 소리들을 처리하는 영역은 좌반구 BA44/6이라고 보고했다(Platel et al., 1997; 이지영, 2006에서 재인용).

많은 연구들은 모든 유아들이 놀라운 음정 구별과 음성모방 행동의 능력을 보여줌을 제시하고 있다(Patel, 2008; Trehub, 2006). 매우 어린 영아들도 미묘한 가락 안에 음고차이를 감지할 수 있다(Trehub, Schellenberg, & Kamenetsky, 1999). 이러한 소리구별능력은 옹알이와 탐색을 하는 동안 모방의 기초가 되며, 음고, 음색, 박자 등에 대해 정신적 표상을 발달시킬 수 있다. 이러한 음정 구별과 음성모방 기술은 언어발달뿐 아니라 청각 제어력에 의해 정확한 음정정확도가 필요한 노래 습득력에도 필요한 기술이다.

소통은 언어, 음악, 공간 그리고 두 개의 기제, 즉 인지된 소리 구별과 모방된 소리의 목소리 생성을 포함한다. 영아는 이 두 가지가 완전하게 준비되어 있는데, 음악적 성취 수준은 다른 사람들과의 음악적 활동에 참여하는 기회와 직접적으로 관련이 있다.

다음 〈표 4-9〉는 학자별 영유아의 음악발달 단계를 정리한 것이다.

〈표 4-9〉 학자별 영유아의 음악발달 단계

<table>
<tr><th rowspan="3">연령</th><th colspan="2">짐머만</th><th>가드너</th><th colspan="5">하그레이브스</th></tr>
<tr><th rowspan="2">단계</th><th rowspan="2">음악발달적 특징</th><th rowspan="2">음악발달적 특징</th><th rowspan="2">단계</th><th colspan="4">음악발달적 특징</th></tr>
<tr><th>가창</th><th>상징(악보)</th><th>인지</th><th>창작</th></tr>
<tr><td>0</td><td rowspan="3">감각운동기</td><td rowspan="3">• 태아(약 3개월) 때부터 소리에 반응
• 감각운동적으로 소리를 경험, 생산
• 일정박 리듬에 반응(모태의 박동)
• 옹알이(vocal chants, 3~4마디)
• 이 시기의 영아가 적극적으로 반응할 수 있는 다양한 음악(풍부한 리듬, 음색, 화성 등을 갖춘 음악)을 사용하여 부모가 적극적으로 상호작용하는 것이 중요함</td><td rowspan="2">• 직접적 경험에 의한 지식의 축적
• 직접 행동을 통한 의사소통</td><td rowspan="3">감각운동적</td><td rowspan="3">옹알이, 리듬에 맞추어 몸 흔들기</td><td rowspan="3">신체움직임에 따른 낙서</td><td rowspan="3">–</td><td rowspan="3">감각/조작적</td></tr>
<tr><td>1</td></tr>
<tr><td>2</td><td>• 음악적 옹알이(유사노래)
• 개성적 소리 발생
• 타인의 노래를 유사모방(정확하게 구분하기 어렵지만 모방의 의도성을 보임)
• 주변의 소리 탐색에 대한 창의적 흥미</td></tr>
</table>

3	전 조작기	• 음악에서 가장 특징적인 면에만 주의를 기울임(집중성)–이 시기의 아동은 노래를 부르면서 리듬 반주를 동시에 하는 것이 매우 어려움 • 악보 읽기 활동 가능 • 짧은 노래를 끝까지 부를 정도로 가창능력 확장 • 놀이를 통한 학습 중요(동물 흉내를 내며 리듬에 맞추어 걷기) • 아동에게 친근한 내용의 음악경험 선정(가족, 장난감, 동물, 학교 등)	• 음악적 옹알이에서 상징 사용으로 전이 • 소속 문화권 음악의 관습적 어법의 습득 • 장 2도, 장 · 단 3도, 완전 4도의 음정이 들어간 짧은 가락패턴(2세 중기) • 음정이 불안정한 간단한 즉흥노래 • 친숙한 노래의 짧은 부분 노래 • 즉흥노래와 기성노래 간의 긴장(4세경이 되면 즉흥적인 즉흥노래보다 기성노래를 선호하게 됨)	비유적	즉흥 가락꼴, 모방 가락꼴	회화적, 일차원적	가락 윤곽(음악의 외형적 측면)	동일 문화권 내 음악에 대한 친숙성
4								
5								
6				도식적	유사 완성적 가창	회화–박절적, 중차원적	가락적 특징의 보존	문화 관습적 어법
7								
8	구체적 조작기	• 음악의 두드러지는 면뿐만 아니라 다양한 특징을 다룰 수 있음(decentralization) • 음악에서 전조를 구별할 수 있음 • 가락에 대한 보전개념 형성 • 가창능력 발달–약 2옥타브의 음역(3~4학년경) • 악보읽기능력 발달 • 조성감 및 박자감 확립(음악적성의 기초능력) • 중창가능(조성과 가락을 독립적으로 유지) • 다양한 매체(리코더, 피아노, 장구, 단소 등)와 다양한 특징의 음악경험(음악선호가 결정되는 시기임, 10세경) • 개념중심학습 시작	• 소속 문화권 음악의 관습적 어법에 대한 안정된 도식(schema)의 형성(음악의 어법이 관행화 됨) • 소속 문화권의 음악적 법칙의 숙달에 대한 관심 • 문화권의 친숙한 노래를 완벽하게 재생(도식 형성에 따라) • 음악적 기능(skill) 습득에 대한 의도(willingness) 발생 • 기능의 숙달 가능 • 체계적 교육(학교 및 전문교육)을 통해 음악적 표현, 지식 및 기능의 확대	체계적	정확한 음정, 음계	형식–박절적	가락에 대한 분석적 이해	개성적 규칙
9								
10								
11								
12	형식적 조작기	• 강한 또래 음악문화(이 시기의 학생들에게 친근한 음악사용–대중가요 등) • 교사보다는 친구들의 주의를 끌기 위해 노력(교사의 권위에 도전) • 교사에 의한 일방적 전달보다는 음악적 과제를 주도적으로 해결하도록 안내 • 음악에 대한 비판적 · 분석적 학습 가능(개념을 실제 음악에 적용)						
13			• 문화관습적 음악어법에 대한 기계적 순응으로부터 창의적 작품으로 관심의 변화 • 음악에 관한 비판적 의사소통 • 악보 독보능력 • 예술적 과정에 대한 적극적 참여					
14								
15 ~				전문적	–	–	–	실현적, 반성적

Piaget의 발달 단계를 근거로 하여 음악발달 단계를 제시한 Hargreaves(1989) 등의 학자들의 연구나 음악적 발달 단계를 밝히고자 하였던 연구들과 달리, 최근의 연구들은 영아의 자발적 음악행동에 관한 관찰을 통해 이들의 음악적 발달이 놀이상황과 사회적 맥락 속에서 이루어지며, 선형적 발달 체계가 아닌 다면적 체계로 발달이 이루어짐을 보고하고 있다. 과거에 영유아의 음악적 발달을 위한 검사도구들이 주로 음악 인지력이나 기억력에 의존한 단편적인 검사 도구였던 것에 대한 비판을 통해 최근에는 관찰을 통한 영유아의 음악적 발달을 관찰하고 이해하려는 검사도구들이 개발되고 있다. 이를 통해 영유아의 발달이 선형적인 단계가 아닌 사회적 맥락 하에 상호작용하는 상대에 따라 다양한 양상을 나타냄을 시사하기도 하였다(Rutkowki & Kooistra, 2016; Voyajolu & Ockelford, 2016). Ockelford와 동료들은 기존의 선형적인 음악도구와 다른 다면적 음악발달 체계에 관한 도구를 개발하였는데, SoI-EY framework라는 동심체계로, Interactive, Proactive, Reactive의 세 가지 영역과 0~6단계의 행동특성으로 살펴보았다(7장 참조). Rutkowski와 동료들도 음악적 이해를 탐구하기 위해 7개의 차원으로 나누어 살펴보기도 하였다.

음악적 발달이나 능력에 관해 살펴본 국내 선행연구들은 음악활동을 실시하고 음악능력에 효과가 있는지 살펴본 연구들이 많았다. 음악적 능력에 관한 선행연구 목록은 다음 〈표 4-10〉, 〈표 4-11〉과 같다.

〈표 4-10〉 음악적 능력발달에 관한 연구-학술지

	교수방법	효과	연구자
1	유아의 언어능력, 인지실행기능, 자기조절력검사	음악능력	정재은, 신그린, 정진화(2020)
2	전래동요를 활용한 통합예술활동	국악능력과 국악흥미도	박형신(2020)
3	난타활동	음악능력	이지은, 최인화 (2017)
4	음악개념에 기초한 유아음악교육 프로그램개발, 적용	음악적 인지능력과 음악적 표현능력	서현, 김현(2016)
5	스토리텔링에 기반한 유아 과학음악극 프로그램	음악적 표현능력	김명정, 조형숙 (2016)

6	음악개념중심의 표상활동(음악의 인지적 기능에 초점을 두어 음악이 지니고 있는 보다 다양한 속성을 드러내고 특히 수학적 성질을 가진 음악에 강조점을 두어 유아 수준에서 경험할 수 있는 활동으로 구성)	음악적 능력	백지혜(2014)
7	리듬과 멜로디를 게임으로 적용한 음악적 놀이	음악적 능력	고은영, 김은정, 신은수(2013)
8	자연체험을 통한 음악활동	음악능력	이상미, 이정희, 이은희(2013)
9	ICT 활용 음악활동(음악교육의 교수학습목표를 가장 효과적으로 달성하기 위하여 정보 통신 기술을 교과과정에 통합시켜 교육적 매체로써 ICT를 음악교육에 활용하는 것)	음악적 흥미와 음악적 능력	오숙현, 박순자, 이규림(2011)
10	자연의 소리를 활용한 통합적 유아음악교육 프로그램	음악능력	장정애, 조형숙(2011)
11	유아의 리듬악기 활동을 통한 통합적 음악교육의 의미 고찰	음악적 잠재력	고영자(2010)
12	주제와 통합된 Dalcroze 유리드믹스 음악활동	음악능력과 창의성	김선의(2009)
13	통합 음악교육 프로그램	음악적 능력	임은애(2008a)
14	반주매체의 다양성	음악적 흥미, 능력	정미라(2006)
15	Amadeus 프로그램을 중심으로	음악경험, 음악성	유성옥(2001)

〈표 4-11〉 음악적 능력 발달에 관한 연구—학위논문

	교수방법	효과	연구자
1	동화를 활용한 음악극 활동	음악적 표현능력, 자기조절능력	김효진(2019) 석사
2	통합적 음악활동	음악적 표현능력, 음악적 태도	김진희(2018) 석사
3	음악적 개념에 기초한 음악활동	음악적 능력	최선화(2018) 석사
4	통합적 음악요소 중심의 음악활동 프로그램	음악적 능력	김성신(2016) 석사
5	음률영역 활성화 프로그램	음악적 능력, 신체표현능력	권미성(2016) 석사
6	숲체험을 통한 창작음악극활동	음악능력, 리더십	남보라(2016) 석사
7	이야기가 있는 음악활동	음악능력, 언어능력	노정선(2016) 석사

8	포괄적 음악교육에 기초한 기악활동	음악성	황원하(2016) 석사
9	사물악기를 활용한 전통음악활동	음악성, 국악능력	이성미(2014) 석사
10	아마데우스 클래스에 기초한 음악교육	음악적 능력	조경숙(2011) 석사
11	음악극 활동	마음이론발달, 음악능력	김효진(2011) 석사
12	Orff 접근법에 의한 음악활동	음악표현 능력	권오선(2011) 석사
13	숲에서 음악활동	음악능력	문영희(2010) 석사
14	통합적 리듬악기 지도 프로그램	음악능력, 음악적 창의성	곽봉애(2010) 석사
15	주제와 통합된 Dalcroze 유리드믹스 음악활동	음악능력, 창의성	김선의(2009) 석사
16	뮤직가튼 음악교육 프로그램	음악적 능력	윤희훤(2008) 석사
17	통합적 국악활동	국악능력	윤희정(2008) 석사
18	통합 음악교육 프로그램	음악적 능력	임은애(2008b) 박사
19	요소 중심의 탐색적 음악활동	음악능력, 언어능력	김선아(2007) 석사
20	달크로즈 유리드믹스를 활용한 음악활동	음악성	최지원(2007) 석사
21	상호작용에 의한 음악활동	음악능력, 언어능력	이태분(2006) 석사
22	통합적 접근을 통한 음악활동	음악능력, 정서지능	송수현(2004) 석사
23	음악교육 프로그램	청음능력, 음 구별능력	박미정(2002) 석사
24	리듬악기를 이용한 음악활동	음악능력	송연아(2002) 석사
25	음악청취력 향상 프로그램	음악능력	김영희(2001) 석사
26	국악교육	국악음악성, 극악선호도	황인주(2000) 석사

유아의 음악적 인지에 관한 것보다는 음악활동이 심리적 효과에 미치는 영향을 살펴본 연구들이 주를 이루었는데, 스트레스나 공격성, 자기조절력 등 정서발달에 관련된 부분이나 친사회적 행동과 관련된 효과를 보는 연구가 많았다. 국내 심리, 정서 및 뇌 인지발달에 관한 선행연구 목록은 다음 〈표 4-12〉, 〈표 4-13〉과 같다.

〈표 4-12〉 심리, 정서 및 뇌 인지발달에 관한 연구-학술지

	교수방법	효과	연구자
1	그림책을 활용한 창작음악극활동	창의성 및 정서지능	차서연, 장영숙(2019)
2	유아의 협동음악활동(공감능력, 정서표현성, 사회지능검사도구 사용)	정서표현성 및 사회지능	이은경(2019)
3	숲 체험 음악활동(숲의 자연요소와 관련된 음악적 요소 탐색하고 이를 바탕으로 음악감상, 노래부르기, 악기 연주하기, 신체표현하기, 음악만들기 등의 음악활동을 실시)	자연친화적 태도와 인성, 음악창의성	장해숙, 박형신(2019)
4	그림책을 활용한 음악극활동	몰입행동	우은주, 박수경(2017)
5	음악동화를 활용한 음악교육활동	음악인지능력과 정서지능	강지은, 송화진(2016)
6	음악개념에 기초한 유아음악교육 프로그램개발, 적용	음악적 인지능력과 음악적 표현능력	서현, 김현(2016)
7	조 바꾸기를 활용한 음악활동	음악적 흥미와 음악인지능력	김권일, 김영옥(2015)
8	통합적 음악활동 경험(음악감상, 노래부르기, 악기연주, 신체표현, 음악 창작, 자유선택활동, 가정연계활동, 극놀이활동 및 게임, 동화, 이야기나누기를 통합적으로 실시함)	자아개념	장민희(2015)
9	즉흥연주 중심 창작음악극	일상적 스트레스	양예슬, 문소영(2015)
10	난타 음악활동	스트레스와 자아효능감	김동은, 전인옥(2014)
11	유리드믹스 활동	사회 · 정서발달	고정수(2010)
12	타악기를 이용한 음악활동	스트레스	장빛나, 김수지(2009)
13	오르프 접근법에 의한 유아 음악교육 프로그램	감성지능	윤영배(2009)
14	유리드믹스와 음악교육 프로그램	일상적 스트레스, 유치원 적응	최유정(2008)
15	신체활동	뇌발달	박병권(2008)
16	음악극활동	정서지능	서동명, 김숙령(2006)

〈표 4-13〉 심리, 정서 및 뇌 인지발달에 관한 연구-학위논문

	교수방법	효과	연구자
1	동화를 활용한 유아 음악극활동	정서지능	민사랑(2019) 석사
2	생활그림책을 활용한 말 리듬 놀이	기본생활습관, 정서지능	김지연(2019) 석사
3	자연물을 활용한 음악활동	정서조절능력, 자연친화적 태도	장소라(2019) 석사
4	인성그림책을 활용한 말 리듬 놀이	영아의 놀이성, 사회 · 정서발달	김영림(2019) 석사
5	생활그림책을 활용한 음악활동	영아의 기본생활습관, 사회 · 정서발달	문금숙(2018) 석사
6	신체활동 중심의 음악 프로그램	정서지능	박지혜(2018) 석사
7	동화를 기초로 한 음악활동	사회적유능감, 행복감	임경진(2018) 박사
8	신체표현을 활용한 음악활동	자아존중감, 정서지능	서미란(2017) 석사
9	음악기반 감각통합놀이 프로그램	언어능력, 자기조절력	정재희(2016) 석사
10	유아음악 통합활동	주의집중력	윤지혜(2016) 석사
11	교사의 음악교수효능감	정서조절능력	김현주(2016) 석사
12	달크로즈 유리드믹스 음악프로그램	행복감과 스트레스	손지혜(2016) 석사
13	음악동화를 활용한 음악교육활동	음악인지, 정서지능	강지은(2015) 석사
14	즉흥연주 중심 창작음악극활동	스트레스	양예슬(2015) 석사
15	음악 기반 감각통합놀이 프로그램	자아개념, 기본생활습관	김지은(2015) 석사
16	음악 기반 감각통합놀이 프로그램	자아개념, 친사회적 행동	고승현(2016) 석사
17	통합적 음악활동경험	자아개념	장민희(2015) 석사
18	세계 전래동요를 활용한 음악극활동	놀이성, 친사회적 행동	장훈(2015) 석사
19	악기를 활용한 음악적 감성교육	정서지능, 행복감	한정운(2015) 석사
20	유아교육기관에서의 국악활동	자기효능감	이승자(2015) 석사
21	난타활동	사회정서발달	이지은(2014) 석사
22	국악 장단을 활용한 명상활동	사회성	김은희(2014) 석사
23	타악기 리듬활동	음악적 정서	김순희(2014) 석사
24	영아를 위한 음악활동	사회 · 정서발달	왕유정(2013) 석사
25	난타활동	스트레스, 자아효능감	김동은(2013) 석사
26	유리드믹스 음악활동	스트레스, 자기통제력	김희중(2013) 석사
27	유리드믹스 음악활동	공격성	강정자(2012) 석사
28	영성지향 음악활동	공격성, 자기조절력	류승희(2011) 석사

29	오르프 음악교수방법을 활용한 음악놀이활동	사회성	윤현진(2011) 석사
30	영아그림책을 활용한 음악활동	친사회적 행동	김소연(2011) 석사
31	함께하는 리듬악기활동	친사회적 행동	이정아(2011) 석사
32	통합적 음악교육	인격형성	김미량(2010) 석사
33	통합적 유아 음악극활동	친사회적 행동, 대인문제해결력	방선영(2010) 석사
34	Gordon의 음악학습이론에 근거한 오디음악활동	음악소질, 친사회적 행동	김정숙(2010) 석사
35	오르프 음악교수법	정서지능	황경미(2009) 석사
36	오르프 음악교수법	자기조절력	김미영(2009) 석사
37	동화를 활용한 음악극	정서지능	김미숙(2007) 석사
38	음악과 결합된 동작활동	또래 유능성	윤효진(2008) 석사
39	음악극활동	정서지능	김경옥(2006) 석사
40	다중지능이론에 기초한 유아음악교육 프로그램	전인발달	최영애(2006) 석사
41	음악극활동	정서지능	이명자(2005) 석사
42	유리드믹스 음악교육 프로그램	일상적 스트레스, 유치원 적응	최유정(2005) 석사
43	음악극활동	정서지능	서동명(2005) 석사
44	음악활동	스트레스	김지연(2004) 석사
45	음악활동 프로그램	정서지능	모현주(2004) 석사
46	다양한 음악활동	정서지능	이순기(2004) 석사
47	칼 오르프의 음악교육 프로그램	친사회적 행동, 자아개념	손경숙(2003) 석사
48	통합적 음악감상 프로그램	정서	박부숙(2003) 석사
49	음악활동을 통한 소집단 토의	친사회적 행동	목미연(2002) 석사

〈표 4-14〉 음악적성, 리듬감, 음감, 표현력, 흥미, 음악적 태도, 음악적 능력발달에 관한 교수방법 연구—학술지

	교수방법	효과	연구자
1	전래동요를 활용한 통합예술활동	국악능력과 국악흥미도	박형신(2020)
2	유아의 언어능력, 인지실행기능, 자기조절력검사	음악능력	정재은, 신그린, 정진화(2020)
3	유아의 언어능력, 인지실행기능, 자기조절력검사	음악능력	정재은 (2020)
4	STEAM 기반 음악교육	음악적 흥미, 음악적 창의성	최인영, 김수영 (2020)
5	리듬 노래와 선율 노래를 활용한 '오디' 음악활동	놀이성과 음악표현력	윤은미, 윤경옥 (2020)
6	글 없는 그림책을 활용한 창의적 음악극활동	음악표현능력과 시각적 문해	오한나, 권오선 (2020)
7	스토리텔링을 통한 장단놀이활동	음악표현력, 언어표현력 및 놀이성	이경연, 김진희 (2019)
8	동작을 활용한 음악 수학 통합활동	음악적성, 수학개념	김말숙, 백지혜 (2019)
9	난타활동	음악능력	이지은, 최인화 (2017)
10	음악개념에 기초한 음악활동	음악적 반응 (음악인지, 음악적 표현)	김현, 서현 (2017)
11	다문화 주제의 통합적 음악 프로그램	음악적 성향	이옥주(2017)
12	음악적 개념에 기초한 음악활동	음악적성, 음악적 성향	한아람(2017)
13	다문화 그림책을 활용한 음악극활동	음악표현능력과 창의성	전인옥(2016)
14	리듬강화 음악표현활동	음악적성	이보람, 백지혜 (2016)
15	음악개념에 기초한 유아음악교육 프로그램개발, 적용	음악적 인지능력과 음악적 표현능력	서현, 김현 (2016)
16	스토리텔링에 기반한 유아 과학음악극 프로그램	음악적 표현능력	김명정, 조형숙 (2016)

17	글 없는 그림책을 활용한 음악 만들기 활동	음악적 창의성과 음악적 태도	최예린, 이은형, 이하영(2015)
18	조 바꾸기를 활용한 음악활동	음악적 흥미와 음악인지능력	김권일, 김영옥(2015)
19	오르프 접근법의 다중표상활동(오르프 접근법을 기반으로 한 유아음악 프로그램 고안)	음악표현능력	김혜영, 허혜경(2015)
20	음악개념 중심의 표상활동(음악의 인지적 기능에 초점을 두어 음악이 지니고 있는 보다 다양한 속성을 드러내고 특히 수학적 성질을 가진 음악에 강조점을 두어 유아 수준에서 경험할 수 있는 활동으로 구성)	음악적 능력	백지혜(2014)
21	오디의 "이야기가 있는 음악놀이"	음악감수성, 음악적 태도	조희진(2013)
22	리듬과 멜로디를 게임으로 적용한 음악적 놀이	음악적 능력	고은영, 김은정, 신은수(2013)
23	자연체험을 통한 음악활동	음악능력	이상미, 이정희, 이은희(2013)
24	통합적 음악수업(음악적 리듬감을 그림악보로 표현하도록 하는 방법)	음악적 관심 및 표현력 향상	한송이(2012)
25	리듬노래와 리듬패턴을 활용한 악기활동	리듬감, 음악표현력	윤은미(2012)
26	음악적 개념에 기초한 음악활동	음악적 태도	김미정, 김희태(2012)
27	ICT 활용 음악활동(음악교육의 교수학습목표를 가장 효과적으로 달성하기 위하여 정보 통신 기술을 교과과정에 통합시켜 교육적 매체로써 ICT를 음악교육에 활용하는 것)	음악적 흥미와 음악적 능력	오숙현, 박순자, 이규림(2011)
28	자연의 소리를 활용한 통합적 유아음악교육 프로그램	음악능력	장정애, 조형숙(2011)
29	유아의 리듬악기 활동을 통한 통합적 음악교육의 의미 고찰	음악적 잠재력	고영자(2010)
30	구성주의에 기초한 음악활동	음악창의성, 음악적성	백지혜, 김선영(2010)
31	유아의 놀이성 검사	음악적 성향과 음악적성	황인주, 김은정(2010)

32	주제와 통합된 Dalcroze 유리드믹스 음악활동	음악능력과 창의성	김선의(2009)
33	통합적 접근에 기초한 창의적 음악극활동	음악적 개념	안재신(2008)
34	통합 음악교육 프로그램	음악적 능력	임은애(2008a)
35	생활놀이 '오디' 음악활동	음악표현력, 정서지능	윤은미(2008)
36	오르프 접근법에 의한 유아 음악활동 프로그램	음악적성	윤영배(2008)
37	Dalcroze 교수법	음정, 리듬감	송세라(2007)
38	유치원 음악교육에 있어서 반주의 형태	음악적 태도	정미라, 최영경 (2007)
39	학습주기와 놀이가 연계된 통합적 음악활동의 개발	음악적 개념, 태도	김소향, 안경숙 (2006)
40	Gordon의 교육방법에 기초한 음악학습 프로그램	음악적성, 태도	황선옥, 황해익 (2006)
41	Carl Orff 교수법에 의한 전통음악교육	음악적 태도, 리듬감	하홍표, 정혜영 (2006)
42	반주매체의 다양성	음악적 흥미, 능력	정미라(2006)
43	통합적 음악교육	음악적 흥미, 음악적 태도	이숙희(2005)
44	소리에 대한 음악과 과학교육 통합활동	음악적 개념	안경숙, 이옥주 (2003)
45	오디에이션 음악활동	음악소질	노주희(2004)
46	Amadeus 프로그램을 중심으로	음악경험, 음악성	유성옥(2001)

이 외에도 음감, 리듬감, 흥미, 음악적 개념 발달에 관한 국내 선행연구 목록은 다음 〈표 4-15〉와 같다.

〈표 4-15〉 음악적성, 리듬감, 음감, 표현력, 흥미, 음악적 태도, 음악적 능력발달에 관한 연구–학위논문

	교수방법	효과	연구자
1	그림책을 활용한 음악활동	음악적 흥미, 자기조절력	이은영(2020) 석사
2	스토리텔링을 활용한 만 5세 유아 음악활동	음악적 흥미, 정서지능	김명례(2020) 석사
3	그림책을 활용한 음악활동	음악적 태도, 음악지능	장영미(2019) 석사
4	피아노 즉흥연주에 의한 신체표현활동	주의집중력, 음악적 성향	윤나영(2019) 석사
5	음악과 동작이 연계된 도덕교육	음악적 성향, 도덕적 판단력, 도덕적 행동	이상애(2019) 석사
6	MMCP 이론을 적용한 음악수업	음악개념	권미현(2019) 석사
7	동화를 활용한 음악극활동	음악적 표현능력, 자기조절능력	김효진(2019) 석사
8	음악활동을 통한 인성교육	인성, 음악적 태도, 음악적 흥미	김정은(2018) 석사
9	통합적 음악활동	음악적 표현능력, 음악적 태도	김진희(2018) 석사
10	음악적 개념에 기초한 음악활동	음악적 능력	최선화(2018) 석사
11	인성그림책을 활용한 음악활동	음악적 성향, 사회 · 정서발달	김혜성(2018) 석사
12	우리 음악을 활용한 통합음악활동	창의성, 음악적성	신유진(2018) 석사
13	현대미술감상을 통한 통합적 음악활동	음악적 흥미, 정서지능, 미술감상능력	김지혜(2017) 석사
14	자연물을 활용한 음악활동	음악적 성향, 자연친화적 태도	박현정(2017) 석사
15	통합적 음악요소 중심의 음악활동 프로그램	음악적 능력	김성신(2016) 석사
16	음률영역 활성화 프로그램	음악적 능력, 신체표현능력	권미성(2016) 석사
17	포괄적 음악교육에 기초한 기악활동	음악성	황원하(2016) 석사
18	숲체험을 통한 창작음악극활동	음악능력, 리더십	남보라(2016) 석사
19	코다이 교수법 기반 집단음악활동	창의성, 사회성	김선정(2016) 박사
20	리듬중심 음악활동	음악적성, 수학능력	이보람(2016) 석사

21	이야기가 있는 음악활동	음악능력, 언어능력	노정선(2016) 석사
22	그림책을 활용한 음악활동	영아의 음악표현력, 사회 · 정서발달	강운숙(2016) 석사
23	우쿨렐레를 활용한 음악교육	음감, 리듬감, 태도	최상민(2015) 석사
24	말 리듬을 활용한 음악활동	리듬감	김선미(2015) 석사
25	난타	리듬감, 음악적 창의성	이순오(2014) 석사
26	사물악기를 활용한 전통음악활동	음악성, 국악능력	이성미(2014) 석사
27	놀이를 통한 음악활동	음악개념	김태윤(2013) 석사
28	오르프 교수법을 적용한 음악프로그램	음악적성, 음악적 창의성	박미성(2013) 석사
29	그림책을 활용한 통합적 음악활동	음악적 창의성, 음악적 태도	진정엽(2013) 석사
30	Gordon의 음악학습이론에 근거한 "이야기가 있는 음악 놀이"	음악 감수성, 음악적 태도	조희진(2013) 석사
31	타악기 중심의 난타활동	정서지능	공미라(2012) 석사
32	동화를 활용한 음악활동	음악적 표현능력, 창의성	노소영(2012) 석사
33	아마데우스 클래스에 기초한 음악교육	음악적 능력	조경숙(2011) 석사
34	음악극 활동	마음이론발달, 음악능력	김효진(2011) 석사
35	Orff 접근법에 의한 음악활동	음악표현 능력	권오선(2011) 석사
36	음악극 경험과정	음악적 반응변화	김명정(2010) 석사
37	숲에서 음악활동	음악능력	문영희(2010) 석사
38	음악극 활동	사회 · 정서적 발달	이성혜(2010) 석사
39	통합적 리듬악기 지도 프로그램	음악능력, 음악적 창의성	곽봉애(2010) 석사
40	주제와 통합된 Dalcroze 유리드믹스 음악 활동	음악능력, 창의성	김선의(2009) 석사
41	뮤직가튼 음악교육 프로그램	음악적 능력	윤희훤(2008) 석사
42	Orff 접근법에 의한 유아음악교육 프로그램	음악적성, 감성지능, 창의성	윤영배(2008) 박사
43	통합적 국악활동	국악능력	윤희정(2008) 석사
44	고든의 이론에 의한 유아음악 교육방법	음악적성	조효진(2008) 석사

45	Gordon의 음악학습이론에 근거한 오디활동	음악소질, 인성발달	서영민(2008) 석사
46	통합 음악교육 프로그램	음악적 능력	임은애(2008b) 박사
47	오디의 가사 없는 음악활동	음감적성, 조성의 이해	이동숙(2008) 석사
48	Dalcroze 교수법	음정, 리듬감	송세라(2007) 석사
49	몸 계명과 그림악보	음감	이성아(2007) 석사
50	요소 중심의 탐색적 음악활동	음악능력, 언어능력	김선아(2007) 석사
51	달크로즈 유리드믹스를 활용한 음악활동	음악성	최지원(2007) 석사
52	Carl Orff 교수법에 의한 전통음악교육	음악적 태도, 리듬감	정혜영(2006) 석사
53	상호작용에 의한 음악활동	음악능력, 언어능력	이태분(2006) 석사
54	가드너(Gardner)의 음악적 지능이론에 기초한 바이올린 교육	음악표현	전수정(2006) 석사
55	영어로 진행하는 상호적인 음악활동	음악적성, 영어흥미도	이지나지선(2005) 석사
56	장구장단놀이	음감, 리듬감	김민정(2005) 석사
57	통합적 접근을 통한 음악활동	음악능력, 정서지능	송수현(2004) 석사
58	프로젝트 스펙트럼 음악 프로그램	음악적성	방선애(2004) 석사
59	컴퓨터를 활용한 음악활동	음의 기본개념 형성	박옥희(2003) 석사
60	Dalcroze의 음악교육	음악청취력, 음악적 창의성	김미진(2003) 석사
61	시청각 매체를 활용한 유아음악교육의 효과	음감, 리듬감, 흥미	황옥경(2003) 석사
62	놀이를 통한 유아음악교육에 관한 연구: 놀이 위주의 음악교육 프로그램을 중심으로	음악적 개념, 음악적 잠재력	박지영(2003) 석사
63	통합적 유아 국악교육활동	음감, 리듬감	이민경(2002) 석사
64	Gordon의 학습이론에 근거한 오디에이션 활동	음악 소질	백지혜(2002) 석사
65	음악교육 프로그램	청음능력, 음 구별능력	박미정(2002) 석사
66	리듬악기를 이용한 음악활동	음악능력	송연아(2002) 석사
67	음악청취력 향상 프로그램	음악능력	김영희(2001) 석사
68	국악교육	국악음악성, 국악선호도	황인주(2000) 석사

5. 창의성

Gibson(1998)은 움직임, 음악, 그리고 창의성을 다룬 유일한 실증 연구를 진행하면서 10주에 걸친 보통의 음악교육(즉흥연주에 집중)이 몸의 움직임 및 시각 예술을 포함한 음악교육과 비교했을 때 6,7학년 학생들의 창의성에 어떠한 영향을 미치는지 관찰했다. 측정방법은 Webster의 '음악을 통해 창의적으로 사고하기(thinking creatively with music)'방법과 Torrance(1999)의 '창의적 사고 테스트(torrance tests of creative thinking)'를 활용했다. 다양한 예술 체험을 경험한 집단의 학생들은 사전검사와 비교했을 경우, 사후 검사에서 모두 상당히 큰 발전을 보였다. 보통의 음악교육만 받은 집단도 발전은 보였지만 눈에 띄는 정도는 아니었다. 본 연구 결과로 알 수 있는 점은 학생들에게 다양한 예술적 매체, 학습 방법, 감각을 경험을 할 수 있는 기회를 제공함으로써 창의적 사고를 증진시킬 수 있다는 것이다. 하지만 해당 연구만으로는 몸의 움직임이, 학습에 포함된 시각 예술적 요소가 또는 이 두 가지가 함께 상당한 변화를 이끌어 내는 데 기여했는지 확정 지을 수 없다. 해당 요소들을 각각 구분한 채 진행되는 추가 연구를 통해서 움직임이 창의적 사고에 기여를 한다면, 과연 어느 정도의 영향력이 있을지 보다 명확히 파악할 수 있을 것이다.

Guilford는 창의성을 새롭고 신기한 것을 낳는 힘, 누구에게나 존재하는 힘이라고 하였고 Torrance는 창의성을 새로운 독특한 아이디어, 다른 관점, 문제를 새로운 시각으로 보는 것이라 하였다. 창의성의 통합적 접근으로 창의성을 인지적·정의적·환경적 측면에서 언급하는데, Elliott은 이러한 일반적 창의성에 비해 음악적 창의성이 의미하는 것은 공통적인 부분도 있으나, 그에 더하는 무언가가 있음을 언급한다. Elliott(1995)은 음악적 창의성은 음악성과 뗄 수 없고 음악적 실제에서 발현되기 때문에, 음악성을 발달시키는 것의 중요성을 강조하였다. 이 외에도 음악적 실수를 허용하는 환경, 스스로 음악에 참여하는 기회를 제공하고 즐거움과 내적 동기를 손상시키기 않도록 하는 것이 중요함을 시사하였다.

음악적 창의성은 일반 창의성 이론의 특징과 분야적 특성을 공유하는데, Shutter-Dayson과 Gabriel(1981)은 음악분야의 창의성도 일반창의성의 다섯 가지 수준에서 나타난다고 하였다(권덕원 외, 2019에서 재인용). 창의성 수준의 차이를 다섯 가지로 제시할 때, 표현적 창의성(expressive creativity), 생산적 창의성(productive creativity), 발명적(혹은 비약적) 창의성(inventive discovery), 혁신적 창의성(innovative creativity),

〈표 4-16〉 일반적 창의성 수준과 음악적 창의성 수준

종류	일반적 창의성	음악적 창의성
표현적 창의성	• 어린아이들의 자발적 그림 그리기와 같은 데 잘 나타남. • 개인 속에 있는 가장 원시적인 것이 수준에서는 결과의 질은 문제가 아니라 개성의 표현이 중요함. • 예술, 문학 등에 주로 관련됨.	• 음악 작곡 및 연주에서 사용되는 것으로, 개인의 느낌이나 사고를 음악으로 표현할 때 나타나는 창의성 • 대부분의 음악활동에서 나타나며, 음악적 기능이나 작곡 및 연주 결과의 질과는 무관
생산적 창의성	• 제약이 있거나 통제된 자유놀이 속에서 볼 수 있는 예술적 · 과학적 산물에 나타나는 창의성 • 그 사람이 하고 있는 일이 다른 사람이 하고 있는 일과 비교해서 현실적으로는 독창적인 것이 아니라 하더라도 그 사람은 이렇게 해서 행동의 상위위계에 이르게 됨.	• 어떠한 기능적 장애 없이 음악을 연주 혹은 재생하거나 즉흥연주하는 과정
발명적 창의성	• 발명적 재능이 재료, 방법, 기술에 잘 표시되는 창의성 • 이미 획득한 경험을 독자적인 방식으로 이용하는 것 • 주로 과학과 기술에 관련됨.	• 새로운 음악적 요소나 전혀 관련이 없어 보였던 음악적 요소를 재구성하여 의미 있는 관계로 만들어 내는 과정 • 악곡을 해석하거나 감상할 때 중요한 역할을 함.
혁신적 창의성	• 개념화하는 기술을 포함하여 수정 · 변화를 통해서 개선을 가져오는 창의성 • 가장 상위의 위계에 속하는 창의성 • 높은 추상화 능력을 필요로 함. • 주로 조직이나 경영에 관련됨.	• 기존의 음악적 원리를 변형해 낼 수 있는 능력으로, 소수만이 지닌 능력
발생적 창의성	• 새로운 원리, 가정이 성립되고 이것들을 중심으로 해서 학파, 운동, 단체가 융성해질 수 있는 곳에 가장 잘 나타나는 창의성 • 가장 완성된 수준에 있고, 전혀 새로운 기본적인 원저를 창안해 내는 창의성 • 모든 학술적 이론, 원리, 법칙, 예술의 유파, 역사의 흐름을 바꾸어 놓을 수 있는 창의성	• 어떠한 분야에서 기존과는 전혀 다른 새로운 체계를 창출할 수 있는 능력으로, 가장 고차원적 단계

발생적 창의성(emergentive creativity)으로 제시한다. 다섯 가지의 일반적 창의성 수준과 음악적 창의성을 비교하여 제시하면 〈표 4-16〉과 같다.

한편, 음악적 사고의 과정으로서 음악적 창의성을 설명한 경우도 있는데, 가장 대표적인 학자로는 Webster(1991; 권덕원 외, 2019에서 재인용)가 있다. Webster는 창의적 음악사고 모델을 만들었는데, 음악사고 과정을 크게 3단계로 구분하였다. 작품의도(product intentions), 사고과정(thinking process), 창의적 작품(creative product)이 그것이며, 이 중 두 번째 단계인 '사고과정'이 가장 중요하다. Webster에 의하면 이 단계에서는 음악적 능력(enabling skills)과 비음악적 조건(enabling conditions)이 Wallas(1926; 권덕원 외, 2019에서 재인용)가 구분한 창의적 사고과정 4단계[준비(preparation), 잠복(incubation), 조명(illumination), 증명(verification)]와 다양한 수준에서 상호작용함을 시사하였다.

창의성 발달에 관한 국내 연구주제 목록은 다음 〈표 4-17〉, 〈표 4-18〉과 같다.

〈표 4-17〉 창의성 발달에 관한 연구—학술지

	교수방법	효과	주 저자
1	클래식음악을 활용한 유아음악극 프로그램	음악적 창의성	이연승, 안혜정(2020)
2	음악중심 유아 STEAM 프로그램 개발, 적용	음악적 창의성	황지선, 박창현(2018)
3	협동적 음악활동(유아의 사회성 발달을 지원하기 위한 협동활동 프로그램, 유치원 교육과정 심화 운영을 위한 유아 전통예술교육 프로그램, 종일제 특성화 음악 프로그램, 영유아음악교육, 유아음악교육 등을 참고로 협동적 음악활동을 구성)	음악적 창의성	김희영, 홍지명(2017)
4	자연물을 활용한 악기 프로그램 개발, 적용	음악적 창의성	박선민, 백지혜(2016)
5	코다이 교수법 기반 집단음악활동	창의성, 사회성	김선정(2016)
6	음악 기반 감각통합놀이 프로그램(영유아의 감각통합 및 창의성 발달에 역점을 둠. 또한 국가수준의 누리과정과 연계하여 신체운동 건강, 의사소통, 사회관계, 예술 경험, 자연탐구의 5개 영역을 중심으로, 언어, 시각, 청각, 조작, 동작의 다섯 가지 '감각통합 창의채널'과 주의, 집중/기억, 유추/관찰, 사고/상상, 연계/창의, 표현의 '튜닝 촉진 요소'로 구성)	음악적 창의성	이경화, 태진미, 조민아(2015)

7	오르프 교수법에 기반한 음악교육 프로그램	음악적 창의성	정윤선(2015)
8	음악 기반 감각통합 놀이 프로그램	음악적 창의성	조민아(2014)
9	그림책을 활용한 음악활동	음악적 창의성	문성숙(2013)
10	타악기를 활용한 음악활동	음악적 창의성	서현, 김현, 박미자(2013)
11	오르프 접근법에 의한 유아음악 프로그램	음악적 창의성	윤영배, 유준호(2012)
12	음악창작극활동	창의성과 사회적 기술	박주영, 최일선(2012)
13	동화와 음악을 활용한 창의성 프로그램	창의성 증진	김도진(2011)
14	그림책과 요리활동을 활용한 창의적 음악만들기 활동	음악성, 창의성	안경숙, 김소향(2011a)
15	그림책 이야기를 활용한 창작음악활동	음악적 창의성	양승희, 임명희(2011)
16	과정중심 음악극 구성활동	창의성	전정희(2010)
17	그림책을 이용한 음악활동	음악 창의성	백지혜(2009)
18	유아 창작음악극활동	창의성, 또래갈등 해결 전략	공미자, 변길회, 심성경(2008)
19	음악프로젝트활동	창의성	신인숙(2001)

〈표 4-18〉 창의성 발달에 관한 연구—학위논문

	교수방법	효과	연구자
1	안전동요를 활용한 창의적 음악활동	안전지식, 안전문제해결력, 음악적 창의성	전미정(2019) 박사
2	일상용품을 활용한 통합적 음악활동	음악적 창의성, 음악적 흥미, 정서지능	박혜원(2019) 석사
3	리듬 중심의 음악활동	수학능력, 창의성	박은하(2018) 석사
4	패턴중심 음악만들기 프로그램	수학패턴인지, 음악창의성	서영민(2017) 박사
5	오르프 교수법에 의한 음악활동	음악적 창의성	김선희(2016) 석사
6	코다이 교수법 기반 집단음악활동	창의성, 사회성	김선정(2016) 박사
7	실외음악활동	음악적 창의성, 행복감	성수미(2016) 석사
8	음악 기반 감각통합놀이 프로그램	창의성	조민아(2015) 석사

9	숲에서의 음악활동	음악적 창의성	박현아(2015) 석사
10	자연물을 활용한 악기다루기 프로그램	음악적 창의성, 자연친화적 태도	박선민(2015) 석사
11	오르프 교수법에 기반한 음악교육 프로그램	음악적 창의성	정윤선(2014) 박사
12	창작음악극활동	창의성, 사회적 기술	박주영(2012) 석사
13	뮤직가튼 음악프로그램	음악적 창의성	김지수(2012) 석사
14	코다이, 오르프, 달크로즈 교육법을 중심으로	창의성	이수지(2010) 석사
15	오르프 교수법에 의한 음악교육활동	음악적 창의성, 신체표현능력	송여진(2009) 석사
16	통합적 음악교육 프로그램 활동	창의성	정경미(2008) 석사
17	가드너의 음악적 지능에 기초한 음악교육활동	창의성	이옥순(2007) 석사
18	달크로즈 교수법에 따른 음악활동	창의성	김영신(2005) 석사
19	칸타빌레 유아 음악교수법	창의성	손선아(2005) 석사
20	동화를 이용한 비구조적 음악극	창의성	박소영(2004) 석사
21	개념적 놀이활동과 음악만들기 프로그램 적용	창의력	양명희(2003) 석사
22	Carl Orff 음악교수법을 적용한 음악활동 프로그램	창의성	김명옥(2003) 석사
23	상상놀이 중심의 음악활동	창의성	김성은(2003) 석사
24	Gordon의 음악학습 프로그램	음악적 창의성	박경진(2000) 석사

일부 연구들은 음악적 창의성 도구를 음악적 표현력 도구로 용어를 사용하기도 하였는데 유아들의 음악적 표현이 얼마나 창의적으로 표현했는지 살펴보기 때문인 것으로 추측된다.

다음 〈표 4-19〉, 〈표 4-20〉은 음악적 표현력에 관한 국내 선행연구 목록이다.

〈표 4-19〉 음악적 표현력 발달에 관한 연구-학술지

	교수방법	효과	연구자
1	리듬 노래와 선율 노래를 활용한 '오디' 음악활동	놀이성과 음악표현력	윤은미, 윤경옥 (2020)
2	글 없는 그림책을 활용한 창의적 음악극활동	음악표현능력과 시각적 문해	오한나, 권오선 (2020)

3	스토리텔링을 통한 장단놀이활동	음악표현력, 언어 표현력 및 놀이성	이경연, 김진희 (2019)
4	음악개념에 기초한 음악활동	음악적 반응(음악인지, 음악적 표현)	김현, 서현(2017)
5	다문화 그림책을 활용한 음악극활동	음악표현능력과 창의성	전인옥(2016)
6	오르프 접근법의 다중표상활동(오르프 접근법을 기반으로 한 유아음악 프로그램 고안)	음악표현능력	김혜영, 허혜경 (2015)
7	통합적 음악수업(음악적 리듬감을 그림악보로 표현하도록 하는 방법)	음악적 관심 및 표현력 향상	한송이(2012)
8	리듬노래와 리듬패턴을 활용한 악기활동	리듬감, 음악표현력	윤은미(2012)
9	생활놀이 '오디' 음악활동	음악표현력, 정서지능	윤은미(2008)

〈표 4-20〉 음악적 표현력 발달에 관한 연구—학위논문

	교수방법	효과	연구자
1	그림책을 활용한 음악활동	영아의 음악표현력, 사회 · 정서발달	강운숙(2016) 석사
2	동화를 활용한 음악활동	음악적 표현능력, 창의성	노소영(2012) 석사
3	음악극 경험과정	음악적 반응변화	김명정(2010) 석사
4	가드너(Gardner)의 음악적 지능이론에 기초한 바이올린 교육	음악표현	전수정(2006) 석사

6. 음악환경 연구(물리적 환경, 가정환경, 배경음악)

선행연구들은 유아들의 음악적 환경에 관해 관심을 가지고 유아교육기관 내에서의 물리적 환경이나 기관에서 배경음악에 관한 연구들을 시행한 바 있다.

유아교육기관 내의 물리적 음악환경 구성에 관한 선행연구를 살펴보면, 많은 유아교육기관들이 피아노와 리듬악기를 소장하고 있었고(김혜연, 한예희, 2004; 이미경, 2000; 이승현, 2003), 가장 자주 사용하는 악기 또한 피아노와 리듬악기였다. 피아노는 교사에 의해 가장 많이 사용되었고, 유아들에 의해 가장 많이 사용되는 악기

는 리듬악기였다(Lee, 2009). 음악적 환경구성에 관한 또 다른 관심은 자유놀이 흥미영역에서의 음악활동 영역의 구성에 관한 것이다. 유아교육기관의 다른 활동영역과 마찬가지로 유아가 음악을 자유롭고 능동적으로 탐색하는 기회를 가져야 함(Andress, 1998; DeVries, 2004; Temmerman, 2000; Turner, 1999)에도 불구하고 다른 교육활동영역에 비해 음률영역은 다양성이나 체계성에 있어서 부족한 점이 많은 것이 사실이다. 그러나 그러한 부족함에도 불구하고 음악활동영역의 중요성과 효과들을 간과해서는 안 될 것이다. 여러 음악교육가들이 시사한 음악활동영역이 가지는 이점은 탐색의 기회제공 및 여러 발달적 측면들이다. 예를 들어, 유아들은 자유놀이 시간에 타악기를 연주해 보고 스스로 소리를 만들어 보면서 소리를 자유롭게 탐색할 수 있는 기회를 갖는 것을 선호하였다(Temmerman, 2000). 유아들은 음악활동 영역 내에서 음악극을 시도해 보면서 개인의 창의력 발달을 꾀할 수 있으며(Devries, 2004), 활발한 상호작용(Turner, 1999) 및 유아들 스스로 음악에 대해 반응할 수 있는 학습 시간을 자유롭게 조절(Sims & Nolker, 2002)할 수 있는 기회를 가질 수 있었다. 선행연구들은 유아들을 위한 다양한 악기들의 구비를 제안하였다(Killian & Basinger, 2004; Lee, 2009).

한편, 자유놀이 시간에 사용하는 배경음악의 효과에 대해서도 꾸준한 연구가 이어져 왔다. 배경음악은 사회적 구성놀이와 역할놀이를 활발하게 만들었고(Love & Burns, 2007), 유아들의 상호작용에 긍정적으로 작용하였으며(Godeli, Santana, Souza, & Marquetti, 1996), 유아의 수학테스트를 포함한 인지적 측면에도 긍정적인 영향을 미쳤다(Rauscher et al., 1993). 또한 고연령 어린이의 읽기수행능력에 긍정적인 영향을 미친 경우도 있었으나(Downing et al., 2004; Schellenberg et al., 2007), 부정적 영향을 미치거나(Anderson & Fuller, 2010; Avila-Funes et al., 2011; Boyle & Coltheart, 1996), 통계적으로 유의미한 영향을 미치지 못한 경우도 있었다(Johansson et al., 2011). 인지적 효과 외에도 배경음악의 감정적 기능에 효과를 미친 경우도 있었는데(Hallam et al., 2002), 흥분과 감정적 상태에 영향을 미쳤고, 감정적 흥분(Egermann et al., 2015)과 분위기(Eich & Forgas, 2003; Saarikallio, 2008)에 영향을 미쳤다. 또한 배경음악은 6세 유아가 동화 속에 기쁨과 슬픔과 같은 감정을 해석하는 데 영향을 미쳤다(Ziv & Goshen, 2006). 이 외에도 배경음악은 스트레스를 낮추는 데에 효과가 있었으며(Radocy & Boyle, 1979), 사회적 상호작용을 증가시켰다(Godeli et al., 1996). 그러나 배경음악은 유아의 혼자놀이 시 몰입도를 방해하는 부정적 효과가 있음이 보고되기도 하였다(Dartt, 2009).

이러한 배경음악 효과에 관한 연구와 더불어 선행연구들은 배경음악이 유아교육기관 내에서 다양한 방식으로 사용되고 있음을 밝혔는데, 가령 전이 활동 시, 새 노래를 소개하기 전, 낮잠 시간, 식사 시간, 새로운 개념을 소개할 때, 유아들을 차분하게 하거나 활발하게 하기 위해서 사용하고 있었다(Lee, 2008; Sims & Cecconi-Roberts, 2005). 또한 많은 교사가 의도적으로 배경음악을 사용하였는데, 그 이유로는 이완시키고, 활발하게 하고, 주의집중을 돕거나 활동의 전이시간을 위하여 사용하였다(Campbell, Campbell & Dickinson, 2004).

배경음악에 관한 Lee와 Welch(2017)의 연구에서는 국내 54% 유아교육기관의 교사가 자유놀이시간에 배경음악을 사용하였고 46%가 배경음악을 틀지 않았다. 배경음악 사용 유무의 이유로 교사들은 유아들이 좋아하고, 놀이를 활성화시키기 위해서라고 답하였고, 주로 중간템포에 생활주제와 관련된 조용한 음악을 조용한 세기로 틀어 주는 경우가 많았다. 주제 학습이나 새노래 학습을 돕기 위해 배경음악을 틀어주는 경우도 있었고, 반 분위기를 조용하게 가라앉히기 위해 트는 경우도 있었다.

한편, 영유아기는 가정의 절대적인 영향을 받기 때문에 가정의 음악환경에 관해서도 연구들이 꾸준히 이루어졌다. 가정의 음악환경은 가정에서 이루어지는 물리적 · 심리적 · 사회적 환경을 모두 포괄하는 것이다. Lenz(1978)는 3~4세 유아의 음악 성취에서 음악환경이 풍부한 가정에서 자란 유아들과 음악환경이 빈약한 가정에서 자란 유아들 간의 차이점을 연구했는데, 음악환경이 풍부한 가정의 유아들이 음악환경이 빈약한 가정의 유아들보다 음악 변별 과제를 더 잘 수행함을 보고하였다. Doxey와 Wright(1990)는 아버지의 음악적 태도, 가정에 있는 악기 유무, 음악 지도를 받은 형제의 유무, 유아의 창의성 등과 유아의 음악적 재능 간에 상관관계가 있다고 하였고, 가정의 음악환경에 따라 유아의 음악적 태도가 높다고 하였다(민서현, 1984; 이영숙, 1986). Gordon(1990)은 동일한 환경이라도 음악환경이 유아의 발달과정 중 어느 시기에 제공되느냐에 따라 그 효과는 다르다고 보았으며, 발달과정에 맞춘 양질의 체계적이고 단계적인 음악환경을 제공하는 것이 아동의 음악능력 발달에 결정적인 영향을 준다고 하였다. 김영희(1982)는 5~7세 유아의 리듬, 음높이, 감각, 음색 파악능력과 음악환경 간의 관계를 살펴보았는데, 그 결과 음악환경이 좋은 집단이 낮은 집단에 비해 리듬과 음높이의 파악능력이 우수하였고, 음악 수업은 유아의 음악 능력에 있어서 리듬 발달, 음높이, 음색구별 순으로 중요한 영향을 미침을 제시하였다. 그러나 가정의 음악환경과 유아의 음악적 기능 간에 관계가 없거나(Groves, 1969; Shelton, 1965) 일부에만 영향을 미치는 결과들도 보고된 바 있다(이다은, 2010; Blestein, 1983).

음악환경에 관한 국내 연구주제 목록은 다음 〈표 4-21〉, 〈표 4-22〉와 같다.

〈표 4-21〉 음악환경에 관한 연구-학술지

	제목	연구방법	효과	주 저자
1	음률영역 활성화 프로그램이 영아의 음악적 능력과 신체표현능력에 미치는 효과	다양한 악기 및 교사가 제작한 음악적 교구를 음률영역에 비치함으로써 영아가 자발적으로 음악적 탐색에 몰입하도록 지원	음악적 능력과 신체표현 능력	권미성, 박지혜(2017)
2	유아의 기질과 가정의 음악적 환경이 유아의 음악적 성향에 미치는 영향	부모의 음악활동 환경검사, 방은영(2008)이 개발한 유아 음악적 성향 검사를 측정도구로 활용해 조사	음악적 성향	김인옥(2016)
3	가정의 음악적 분위기와 부모의 양육신념이 유아의 음악적 창의성 발달에 미치는 영향	부모대상 양육신념과 음악적 분위기에 대한 설문 조사	음악적 창의성	서희정, 한상길(2014)
4	유아교육기관에서 음률영역 활용실태	유치원, 어린이집 각 2개씩 4개 기관의 4, 5세반을 연구 참여 교실로 선정하여 3회기씩 총 12회 집중 관찰과 교사인식을 위한 심층면담	자발적 음악적 행동	김미류, 이영애(2014)
5	부모의 음악적 태도와 가정의 심리적 음악환경 및 유아의 음악적 성향 간의 구조분석	가정의 음악적 환경척도, 유아의 음악적 성향 검사도구 사용	음악적 성향	김향숙, 이경옥(2012)
6	가정의 음악환경과 부모의 음악 관심도, 유아의 노래 흥미도 및 노래 이해도의 관계	가정의 음악환경 실태조사(설문지)	노래 흥미도	고영자, 김민정(2012b)
7	생활용품으로 만든 악기의 음악활동 활용 및 음률영역 비치가 유아의 음악성 발달과 음률영역 참여도에 미치는 영향	실험집단-활동 후 생활용품으로 만든 악기와 일반악기를 함께 음률영역에 비치 통제집단-음악활동에 생활악기를 사용하지 않음. 음률영역에도 비치하지 않음.	음악성 발달, 음률영역 참여도	강미희, 이민경(2011)

8	유치원 음악영역에서의 유아의 경험과 교육적 의미	참여관찰, 교사와 비형식적 면담	음악적 경험	이상미(2011b)
9	가정과 유아교육기관의 음악교육활동 및 환경에 관한 실태조사	실태조사	음악적 잠재력	송주승, 정혜명 (2010)
10	유아 음악 교수매체로서의 자연물 활용에 관한 이론적 고찰	문헌 연구	–	방은영(2009b)
11	가정의 음악환경과 예술교육 경험이 유아의 음악능력에 미치는 영향	설문조사	음악능력	신주현, 김희연 (2004)

〈표 4-22〉 음악환경에 관한 연구-학위논문

	제목	연구방법	효과	연구자
1	가정의 음악적 환경과 어머니의 양육신념이 유아의 음악적 창의성에 미치는 영향	설문조사	음악적 창의성	최민자 (2018) 석사
2	만 5세에서 7세의 음악적 환경이 유아 음악적성에 미치는 영향	설문조사	음악적성	안예은 (2017) 석사
3	가정의 음악환경, 모의 양육태도, 유아의 음악성향 및 사회성이 유치원 적응에 미치는 영향	설문조사(가정의 음악환경검사, 모의 양육태도검사, 유아의 음악적 성향검사, 사회성검사, 유치원 적응검사)	유치원 적응	이동희 (2017) 박사
4	가정의 음악환경이 유아의 음악능력 및 음악적 지능에 미치는 영향	설문조사(가정의 음악환경검사, 음악적 능력발달검사, 음악적 지능발달 척도)	음악능력, 음악적 지능	이다은 (2010) 석사
5	다중지능이론에 기초한 유아의 음악영역활동이 음악적 지능발달에 미치는 영향	실험처치(실험집단-탐색, 표현, 감상의 음악활동 프로그램 통제집단-전통적 수업)	음악적 지능발달	유영미 (2007) 석사
6	유아의 가정음악환경 변인에 관한 연구	부모-가정환경 설문조사 유아-음악능력 측정	가정음악환경과 유아음악 능력과의 관계	김인숙 (2006) 석사
7	유치원 음악교육 환경에 관한 실태조사 연구-대구 지역의 공·사립 유치원을 중심으로	실태조사	문제파악-대안제시	이승현 (2003) 석사

8	가정의 음악환경과 예술교육 경험이 유아의 음악능력에 미치는 영향	설문조사	음악능력	신주현 (2003) 석사
9	유아교사의 음악활동에 대한 인식 및 유아음악 교육 환경	설문조사	음악교육의 기초자료 제시	박미용 (2003) 석사
10	유아음악교육에 대한 어머니의 인식과 가정의 음악적 환경실태	설문조사	가정의 음악환경 조성	김향숙 (2007) 석사
11	가정의 음악적 환경과 어머니의 양육태도에 따른 아동의 음악성 관계	설문조사	음악성	정희경 (2009) 석사
12	가정의 음악환경이 유아의 음악능력 및 음악적 지능에 미치는 영향	설문조사(가정의 음악환경 검사, 음악적 능력발달검사, 음악적 지능발달 척도)	음악능력, 음악적 지능	이다은 (2010) 석사
13	가정의 음악적 환경과 어머니의 양육신념이 유아의 음악적 창의성에 미치는 영향	설문조사	음악적 창의성	최민자 (2018) 석사
14	가정의 음악적 환경이 자녀의 성격 및 음악학업 성적과의 관계	문헌 연구	자녀의 성격 및 음악학업 성적	박명자 (1975) 석사
15	결혼이민자 가정의 음악적 환경과 이중문화 수용태도 및 이중문화 적응 스트레스 간의 상관관계	설문조사	음악적 환경, 이중문화 수용태도, 이중문화 적응 스트레스	정수덕 (2014) 석사
16	어머니의 양육태도와 가정의 음악적 환경과의 관계	설문조사	어머니의 양육태도와 가정의 음악적 환경과의 관계	김윤경 (2004) 석사
17	가정의 음악적 환경이 중학생의 음악흥미도 및 자아존중감에 미치는 영향	설문조사	음악흥미도, 자아존중감	박혜수 (2019) 석사
18	아동의 리듬과 피치 발달 및 가정의 음악적 환경과의 관계	설문조사	리듬과 피치	이소희 (1998) 석사
19	가정의 음악환경이 유아의 정서지능에 미치는 영향	설문조사	정서지능	고재심 (2009) 석사

05

저널에서 자주 등장하는 음악적 개념과 용어

유아음악교육 혹은 음악교육 관련 외국 저널을 읽다 보면, 유아교육 전공자로서 자칫 음악 용어들이 생소하거나 잘못 해석하는 경우가 있다. 예를 들어, 유아교육에서 매우 익숙한 play는 놀이로 해석되지만, 음악교육에서는 연주이며, 이와 반대로 practice는 음악에서는 연습으로 이해되나, 유아교육에서는 현장의 실제로 많이 쓰인다. 따라서 유아음악교육 관련 외국 논문에서 주로 사용되는 용어들을 정리해 보는 것은 유아음악교육 연구를 준비하는 연구자들에게 논문을 보다 정확하게 읽고 이해할 수 있는 길잡이가 되리라 생각한다. 국제 유아음악교육 관련 논문에서 많이 사용하는 용어들을 중심으로 정리해 보면 다음과 같다.

1. 음악교육 논문에 나오는 음악적 개념(요소) 용어

1) Melody(가락) 관련 음악 요소

- pitch(음높이, 음고): 음의 높낮이를 가리키며 Hz로 표기한다. 악보에서는 음높이를 줄과 칸으로 표현한다.
- tonality(조성): 악곡을 하나의 중심음인 으뜸음을 기준으로 구성하는 것을 의미한다. #(sharp)이나 ♭(flat)이 붙은 것에 따라 으뜸음이 달라진다(예: G장조의 경우에 G음(솔)이 그 음계의 첫 음(으뜸음)이 되는 것을 말한다).
- contour: 음의 윤곽이라고 하는데, 음의 높이를 곡선으로 나타낸다면 멜로디의 흐름에 따라 나타나는 전체적인 형태를 의미한다.
- flow(음의 흐름): 선율의 움직임(예를 들어, 유아가 음악을 감상하고 난 후 음악의 흐름을 신체나 악기로 표현하는 활동)을 의미한다.

2) Rhythm(리듬) 관련 음악 요소

- beat: 박. 음악의 기본 단위이자 리듬의 최소 단위를 일컫는다.
- pulse: 맥박과 같은 일정한 박으로, 음악의 흐름에서 연주자가 느끼면서 연주해야 하는 추상적인 의미의 일정한 박을 의미한다.
- syncopation: 당김음. 기존의 박자 개념에서 강박과 약박의 위치가 바뀌는 것을 말한다.
- ostinato(오스티나토): 일정한 리듬패턴 혹은 가락패턴을 지속적으로 반복하는 연주법이다.
- meter: 박자. 몇 분의 몇 박자 같은 time signature(박자표)와 같은 의미로 쓰인다.

3) Harmony(화음, 화성) 관련 음악 요소

- texture: 음악작품 안에서 나타나는 소리의 여러 층이라고 할 수 있다. texture

는 템포, 멜로디, 화성적 재료가 음악으로 합쳐져 있는 방식으로, 작품 내 소리의 전반적인 질을 결정하는데, 가장 낮은 음높이와 가장 높은 음높이 사이의 밀도, 음역, 범위 등과 관련하여 기술되기도 한다.

- sequence: 음의 동형 진행으로, 동일한 성부의 높은 음이나 낮은 음에서 모티브 또는 더 긴 선율이나 화성이 진행되는 것을 의미한다. 일반적으로 한 방향(계속 높거나 낮은 방향)으로 진행되고, 부분이 동일한 음정 간격에 의해 진행된다. 하논 연습곡에서 같은 음의 패턴이 일정한 간격으로 상행하는 것이 대표적인 상행 sequence이며, 이 외에 리듬적 sequence도 있다.
- chord(Eng), accord(It): 화음, 둘 이상의 음을 쌓아 올려 만드는 소리로서 화성 체계에 따라 안정적인 협화음과 불협화음으로 나눌 수 있다.

4) Expressiveness(표현법) 관련 음악 요소

- timber, tone color: 모두 음색으로 통용된다. 소리의 질, 소리의 색깔은 음향에서 톤의 성질인데, 같은 주파수, 같은 크기를 가진 소리라도 음색이 다르면 그것을 구별할 수 있다.
- dynamics: 셈여림, 소리의 크고 작음을 의미하고, pp~ff, 크레센도와 데크레센도, sf, fz 형태의 표현방법이 있다.
- articulation: 연속되는 선율을 보다 작은 단위로 구분하여 각각의 단위에 구체적으로 어떻게 음들을 처리하고 표현하는지에 대한 연주기법(예: 엑센트, 피치카토, 테누토)이다.
- phrasing: 연속되는 음들을 적절한 단위로 그룹 지어 연주하는 것으로, 효과적인 연주를 위해 작품에 적합한 phrasing을 명확하게 표현하는 것이 중요하다. phrasing에 있어 가장 중요한 것은 연결되어야 하는 부분과 분리되어야 하는 부분의 구분이며, 이를 잘 표현하기 위해 articulation이 잘 사용되어야 한다.

5) Form(형식) 관련 요소

- canon/round (돌림노래): 선행구(주된 멜로디)가 제시되면 적당한 간격을 두고 그

멜로디를 뒤따라 가며 모방하는 형식을 의미한다(예: 캐논 변주곡).

- sonata: 기악곡 중 가장 규모가 크고 완전하게 발달한 형식으로, 크게 제시부, 발전부, 재현부로 이루어지는 형식을 일컫는다(예: 피아노 소나타, 바이올린 소나타와 교향곡, 협주곡의 1악장 등이 있음).
- variation: 하나의 주제(모티브)를 바탕으로 주제 음을 여러 가지 형태로 변화시키는 형식이다.

2. 유아음악교육 논문에 흔히 나오는 교육 및 심리 용어

- scaffolding: 비계 설정, 단계적 지지로 근접발달영역과 밀접하게 관련된 개념이다. 유아가 문제를 해결하는 데 있어 성인이나 유능한 또래가 도움의 발판을 제공한다는 의미다.
- PCK(Pedagogy Content Knowledge): 교수내용지식, 가르치기 위한 내용지식으로서 교과의 특징적인 내용지식의 구조에 관해 학습자를 고려하여 전달하는 양식이다. 교과목이 교사의 지식으로부터 교육내용으로 전환되는 과정에서 교사가 교육내용과 가르치는 방법을 혼합하여 특정 문제나 주제를 어떻게 조직하고 표현하는가에 관계된 것이다. 교육내용에 관한 지식, 교과과정에 관한 지식, 교수방법에 관한 지식, 학습자에 관한 지식을 포함한다.
- core standards: 핵심 표준(기준)을 의미하며, 유아음악교육과 관련하여 기준이 되는 우리나라 교육과정은 국가 수준의 교육과정인 표준보육과정과 누리과정의 내용영역이 이에 포함된다.
- framework: 영국 등의 유아교육 관련 논문에서는 주로 교육과정의 체계를 의미하며, curriculum framework로 쓰이기도 하지만, curriculum을 생략하고 framework만 사용하여 교육과정을 의미한다. 발달 단계에 관한 검사도구명에 발달 체계(단계)의 의미로 쓰이기도 한다.
- assessment(평가): evaluation과 함께 평가로 통용되며, 형성평가와 총괄평가로 구분하여 설명할 수 있다.

  –formative assessment(형성평가): 수업 과정에서 학습자의 학습목표 도달 여부

를 확인하기 위해 실시하는 평가이다. 부족한 부분을 확인하려는 목적이다.

–summative assessment(총괄평가): 교육과정 학업 성취 기준의 달성 정도를 최종적으로 확인하기 위한 종합적 평가이다.

• competency(역량): 교사가 유아들을 효과적으로 지도할 수 있는 능력을 의미한다.

3. 철학 용어

• referentialism(지시주의, 관련주의): 음악 이외의 요소, 즉 탈음악적 요소인 사상, 사건, 목적을 중시한다. 가사가 분명하고 용도가 분명하여 표제음악에 적합한 미학적 관점이다.

• formalism(절대주의, 형식주의): 음악 안에서 형식적 본질을 가장 중시한다. 음악의 의미와 가치는 음악 그 자체에 존재한다.

• expressionism(표현주의): 감정적 혹은 느낌 등을 중시한다. 형식의 가치를 받아들이고, 삶과 함께 표현을 고려한다. 청중의 활발한 참여를 중시한다.

• absolute expressionism(절대표현주의): 형식의 가치를 받아들이되, 삶과 함께 표현적 요소를 중시한다.

06

선행연구 정리 Tips

방대한 양의 선행연구를 찾은 후에는 자신만의 방식으로 정리해 놓으면, 논문을 다시 찾아서 읽을 때 시간을 효율적으로 활용할 수 있다. 한 번에 많이 읽기만 해서는 그 내용을 다 기억하기도 어렵고 정리가 되지 않으므로, 읽은 논문을 효율적으로 정리할 수 있는 자신만의 방법을 찾는 것이 중요하다. 논문에 메모하기, 참고문헌과 함께 정리하기, 저널요약보고서 등의 방법은 논문을 지도하면서 효율적이라고 판단된 방법들이다. 각 정리 방법에 대해 구체적으로 살펴보자.

1. 논문 자체에 표시하기

학위논문을 준비하는 학생들이 종종 묻는 질문 중 하나는 "논문작성 시 글을 잘 쓰고 싶은데 어떻게 하면 글을 잘 쓸 수 있을까요?"라는 질문이다. 이때마다 어김없이 답해 주는 나의 답변은 "많이 읽을수록 잘 쓰게 됩니다. 선행논문을 많이 읽으세요."이다. 선행연구를 많이 읽으면 어느덧 논문의 이론적 배경과 연구방법에 대한 탐구가 심도 있게 이루어지게 되는 것뿐 아니라 논문이라는 형식의 고유 문체와 논문 쓰는 형식이 체화되어 자연스럽게 본인의 글에 반영되기 때문이다. 그러나 아무리 방대한 양의 논문을 읽었다 하더라도 내 논문에 직접적으로 사용할 수 있는 이론적 배경이나 선행논문들은 제한적인데, 이러한 주요 논문들은 단지 이론적 배경뿐 아니라 논문을 구성해 나가면서 반복적으로 읽을 필요가 있다. 논문을 한 번 읽었더라도 논문의 핵심 부분이나 주요 부분을 기억해야 하고 아무리 꼼꼼히 읽었다 하더라도 시간이 지나면 논문의 주요 부분을 모두 기억하는 데에는 한계가 있다. 그러므로 같은 논문을 반복적으로 볼 때 논문에 주요 부분을 줄을 치고 간단한 메모를 표시하도록 한다. 이는 다량의 논문을 다시 읽을 때 시간을 최소화하고, 주요 부분을 효율적으로 읽을 수 있도록 한다.

논문에 직접 메모로 표시하는 예시는 [그림 6-1]과 같다.

본 연구는 유아음악교육 프로그램의 효과에 대한 메타분석 연구로 PRISMA 가이드라인(Moher, Liberati, Tetzlatt, & Altman, 2009)을 준수하여, 문헌검색에 앞서 연구대상 선정기준을 PICOS에 따라 결정하였다. 연구대상자(population: P)는 만 3-5세 유아를 대상으로 한정하였으며, 연구 대상이 영아와 초등학생, 장애가 있는 특수아동인 연구는 제외하였다. 개입방법(intervention: I)은 음악교육 프로그램을 적용한 논문으로 다른 활동이나 영역에 대해 통합적으로 이루어진 연구는 제외하였다. 비교집단(comparion: C)은 음악교육 프로그램 중재를 받지 않는 무처치 대조, 일상적인 중재, 대체 중재를 실행한 집단으로 하였다. 연구결과(outcoms: O)는 신체발달, 인지발달, 언어발달, 정서발달, 사회성발달, 창의성발달을 포함하였으며, 통계수치를 제시하지 않은 논문은 제외하였다. 연구설계 유형(study design, S)은 실험연구나 유사실험 연구로 한정하였고, 통제집단이 없는 단일집단 사전사후설계연구는 제외하였다.

검색 자료는 2001년부터 2018년 4월까지 국내에서 발표된 음악교육 프로그램의

음악교육연구 제47권 제3호, 2018.

육 프로그램의 중요성 및 필요성에 대한 인식이 높기는 하지만 현장에서 음악교육 프로그램은 다소 적게 실시되고 있는 것으로 나타났다(김동환, 2018 ; 송여숙, 2012; 송주승, 정혜명, 2010). 이는 교사들이 유아의 음악적 발달 이해부족과 유아음악교육 프로그램에 대한 연구 부족, 유아음악교육 프로그램에 대한 기초지식 및 교수학습 방법의 이해부족으로 음악교육에 대해 어려워하기 때문인 것으로 나타났다(김동환, 2018). 따라서 교사들이 유아 발달에 효과가 큰 음악교육 프로그램을 적극적으로 실천할 수 있도록 구체적인 음악교육 프로그램의 개발과 함께 교사의 음악교육 능력 향상을 위한 교사교육 및 연수가 이루어져야 할 것이다.

둘째, 유아 발달영역에 따른 음악교육 프로그램을 살펴본 결과 사회성 발달과 관련된 연구가 가장 많이 이루어진 것으로 나타났으며, 정서 발달, 창의성 발달, 신체발달, 언어발달, 인지발달 순으로 나타났다. 특히 인지 발달을 종속변인으로 하는 연구는 미흡한 실정임을 알 수 있었다. 이는 연구자들의 관심이 음악교육 프로그램의 사회성 발달, 정서 발달에 편중되어 있는 반면 상대적으로 인지발달에 대한 음악교육 프로그램이 부족한 것을 보여준다. 음악교육의 효과를 살펴본 많은 해외 연구들이 인지발달 영역이 음악교육과 관련 있음을 집중적으로 연구해왔던 것(Biltartz, Bruhn, & Olson, 2000; Costa-Giomi, 1999; Gromoko & Poorman, 1998; Rauscher, Shaw, Levine, Wright, Dennis & Newcomb, 1997; Rauscher & Zupan, 2000)과는 상반된 결과이다. 향후 음악교육 프로그램의 인지발달에 대한 효과를 살펴보는 연구가 보다 활성화 될 필요가 있으며 이를 바탕으로 발달영역에 따른 음악교육 프로그램의 메타분석 연구가 다시 이루어져야 할 것이다.

한편, 음악교육 프로그램의 효과는 유아의 정서발달에 가장 큰 것으로 나타났으며, 그 다음은 사회성발달, 신체발달, 창의성발달, 언어발달의 순이었다. 음악교육 프로그램이 정서발달에 미치는 효과가 가장 큰 것으로 나타난 결과는 음악극

[그림 6-1] 논문 메모의 예

2. 참고문헌과 함께 정리하기

참고문헌은 논문 위치상 가장 마지막 부분에 자리하게 되지만, 논문을 다 쓰고 난 후 정리하는 것보다는 주제탐색을 위해 선행논문을 검색하고 읽는 단계에서부터 정리하게 되면 논문 마무리 작업을 수월하게 할 수 있다. 논문을 쓰다 보면 언제나 시간에 쫓기게 되는데 같은 논문을 여러 번 읽기는 쉽지 않으나 논문을 한 번 읽었다고 해서 내용을 모두 기억하는 것 또한 힘들기 때문에 논문을 읽을 때마다 주요 사항을 논문에 표시하기도 하지만, 참고문헌 리스트와 함께 정리해 놓는 것도 방법이다. 논문의 본문 내용을 완성하였더라도, 참고문헌을 정리하는 데에 시간이 많이 소요되는데, 미리 참고문헌 리스트에 정리를 하면서 논문을 읽어 나가면, 참고문헌을 정리하는 논문의 마무리 시간을 단축시킬 수 있다.

참고문헌 리스트에 정리하는 예시는 다음 〈표 6-1〉과 같다.

〈표 6-1〉 참고문헌 리스트 정리 예

	연구제목 연구방법/주요 내용
1	김정민(2018). 초임 음악교사의 성찰저널쓰기가 교사 전문성에 미치는 영향. 이화여자대학교 교육대학원 석사학위논문. • 사례연구(연구 참여자 3명)/수업계획능력, 학생에 대한 사랑과 애정, 의사소통능력, 교육학 지식의 적용에 영향
2	노승희(2019). 만 5세 유아음악교육의 효율적 운영을 위한 협력적 실행연구. 중앙대학교 대학원 박사학위논문. • 의미/ 음악성 개발하는 유아, 실천적 지식형성하며 성장하는 교사, 교사교육자로 성장한 연구자, 기관과의 협력적 관계형성
3	박색별(2020). 노래를 활용한 통합교육활동이 만 3세 유아의 기본생활습관 형성과 음악적 흥미에 미치는 영향. 성신여자대학교 교육대학원 석사학위논문. • 만3세 56명/ 기본생활습관검사-국립교육평가원(1995)이 개발하고 제작한 교사용 기본생활습관 평가 척도를 김용주(2005)가 재구성함. 유아의 음악적 흥미 검사도구-김향숙(2016)이 연구 개발한 유아의 음악적 흥미 검사 도구의 평가 척도 사용

4	방은영(2020). 유아음악 강사의 전문성 함양을 위한 수업컨설팅 과정에서의 변화 탐색. 음악교육공학, 43, 49-68. • 유아음악감상 6명/ 전문성 재인식하기, 유아 음악수업 본질에 대한 재개념화하기, 반성적 사고의 습관화와 개선의 노력을 다짐하기, 지속적인 공급과 발전을 위한 체계적 수업컨설팅 지원의 필요성 인식 등, 유아음악 강사의 전문성 함양
5	석문주(2016). 음악교사 전문성 신장을 위한 음악교사 기준 고찰. 미래음악교육연구, 1(2), 23-37. • 음악교사에게 필요한 기본적인 능력은 교과지식, 실천적 지식, 반성적 지식
6	이영애(2008). 유아 교사의 전문성 발달 수준에 따른 장학 유형과 장학 기법. 계명대학교 유아교육대학원 석사학위논문. • 교사 121명 설문조사/전문성 발달 수준이 높은 집단은 상호 협력적인 장학유형을 더 요구, 전문성 발달 수준이 낮은 집단은 직접적인 장학유형을 요구
7	정길선(2008). 중등학교 음악교사의 국악교육 전문성에 관한 연구. 중앙대학교 대학원 박사학위논문. • 조사연구–경기도 지역 중학교에 재직 중인 음악교사 955명/ 음악교사의 전문적인 지식과 능력은 연주능력, 음악이론에 대한 지식, 교수–학습 문헌 지식 순
8	차영아(2020). 선곡활동 및 가사 만들어 부르기를 통한 유아 행복감 증진 프로그램의 효과. 순천향대학교 대학원 박사학위논문. • 프로그램 개발, 적용/선곡 활동만 있는 집단 또는 가사 만들어 부르기만 있었던 집단의 사전 사후 검사결과 아동 행복감 증진
9	최미선(2010). 음악수업컨설팅을 통한 의뢰교사의 반성적 사고가 수업전문성에 미치는 영향. 경인교육대학교 대학원 석사학위논문. • 의뢰교사 2명의 수업을 관찰, 분석, 컨설팅, 인터뷰하여 의뢰교사의 반성적 사고를 도와 음악수업 컨설팅을 통한 의뢰교사의 반성적 사고가 음악수업 전문성 향상에 미치는 영향을 알아봄
10	하명진(2011). 수업전문성 신장을 위한 음악교사 학습공동체 활동 사례연구. 건국대학교 대학원 석사학위논문. • 음악교사들의 교사 학습공동체 운영 사례를 관찰(4명)/수업자료 공유 및 개발, 반성적 사고를 통한 문제해결 방법모색, 교사들의 능동적인 수업 실천변화의 의지 향상

3. 저널요약보고서

조사한 선행연구 중 나의 논문에 직접적으로 연결될 수 있거나, 주요 참고자료가 될 개별 논문들에 대해서 저널요약보고서 양식에 따라 정리해 보는 것이다. 먼저 논문을 읽으며 메모를 해 놓고, 읽은 논문들을 참고문헌 리스트에 정리하면서 내용을 요약해 놓은 후, 그중 더 자세히 정리하고 싶은 논문들을 저널요약보고서 양식에 따라 정리해 놓으면, 이후에 논문 전체를 다시 읽을 필요 없이 쉽게 참고하거나 인용할 수 있다. 저널요약보고서 양식은 다양한 형태로 변형 가능한데, 다음의 두 가지 예시 외에도 더 간단하게 카드 형태로 만들 수도 있다. 그럼 두 가지 예시를 통해 논문을 요약해 보자.

〈저널요약보고서 양식〉

저자:

논문제목:

학술지명, 권, 호, 연도, 페이지:

연구유형:

연구대상: ________명 ________________________세 기타 특성들:

연구목적:

배경이 되는 이론들:

연구방법:

연구결과:

결론:

연구의 제한점, 가능한 후속 연구, 현실적용 및 일반화(본인의 생각):

의문점, 생각, 인용, 제언 등:

〈표 6-2〉 저널요약보고서 예시1

저자: 이영애

논문제목: 4~5세 유아의 음악 장르별 선호도

학술지명, 권, 호, 연도, 페이지: 유아교육학논집, 14(5), 79-98, 2010

연구유형: 양적 연구

연구대상: 만 4세 45명, 만 5세 59명, 총104명

연구목적: 유아의 음악 장르에 대한 선호도를 이해하고 연령별 차이를 알아보아 현장에 음악 선곡 및 음악활동 계획에 의미있는 정보를 제공하고자 함

배경이 되는 이론들: 신생아에게도 음악선호도가 있음(Flohr 외, 2000). 일정한 연령이 되면 음악선호도가 제한됨(May, 1985; Carper, 2001; Tmmerman, 2000 등)

연구방법: * 연구도구-그림척도

* 악곡선정-국악전문가, 음악교육가 검토과정, 음악적 요소, 분위기가 고루 섞이도록, 유아에게 노출되지 않은 곡
* 최종 4개 장르(국악, 클래식, 재즈, 가요) 총 12개 곡목 선정
* 검사방법-개별검사, 검사시간 10분 이내, 음악을 듣고 그림척도에 스티커 붙이기
*자료분석: 집단 간 변인을 연령, 집단 내 변인을 4개 장르로 반복측정 분석

연구결과: 선호도는 가요>재즈>클래식>국악 순, 국악이 표준편차 가장 큼
연령별 차이는 유의하지 않음. 국악은 연령이 증가하면 선호도 감소

결론: 음악 장르에 대한 선호도가 선행연구들의 제시에 비해 이미 이루어지고 있었음
음악적 특징에 대해 구별할 수 있는 능력 발견

연구의 제한점, 가능한 후속 연구, 현실적용 및 일반화(본인의 생각): 추적검사를 통해 선호도가 유아의 연령, 노출정도, 경험에 따라 변화되는지 살펴볼 필요. 교사의 음악감상 선곡 빈도와 유아의 선호도 상관관계 연구 필요

의문점, 생각, 인용, 제언 등: 같은 장르에 빠르기, 조성, 악기 종류에 따른 선호도를 살펴보는 연구를 진행한다면 어떻게 될까? 유아들이 선호하는 곡 위주로 수업을 해야 하는지? 선호하지 않는 곳을 더 많이 수업해야 하는지?

〈표 6-3〉 저널요약보고서 예시2

주제	이연승, 안혜정(2020). 클래식음악을 활용한 유아음악극 프로그램이 유아의 음악적 창의성에 미치는 영향. 유아교육연구, 40(1), 39-62.
연구목적	* 클래식음악을 활용한 유아음악극이 유아의 음악적 창의성에 어떠한 영향을 미치는지를 알아보기 위해 음악극 프로그램을 개발하고, 이를 현장에 적용한 후 효과를 검증하여 유아교사들이 클래식음악을 통합적으로 활용할 수 있는 방법을 제시하고, 음악적 창의성 증진을 위한 유아음악극의 활용 가능성을 확인하고자 함
연구문제	* 클래식음악을 활용한 유아음악극 프로그램이 유아의 음악적 창의성에 미치는 효과는 어떠한가?
연구방법	* 연구대상 • 만 5세 유아 52명[실험집단(프로그램 적용) 28명, 비교집단(누리과정 음악교육) 24명]을 선정 * 연구도구 • 유아 음악적 창의성 효과검증–Wang(1985)이 개발한 MCSM(Measure of Creativity in Sound and Music)을 허순희(1996)가 번안하고 박옥희(2010)가 재구성한 도구를 사용 * 프로그램 개발 절차 • 선행연구, 문헌조사–교사 대상 유아음악극과 클래식 음악에 대한 반구조적 면담을 통해 실태, 요구 분석–전문가 협의회 거쳐 프로그램의 교육목적 및 목표 설정 후 1차 예비시안 구성 • 1차 예비시안으로 예비연구 실시–예비연구 실시 후 현장 평가를 바탕으로 2차 예비시안 구성 • 내용과 교수방법의 적절성에 대한 자문을 거쳐 최종안 구성 * 자료 분석 • 프로그램 실시 전 실험집단과 비교집단의 동질성 검증을 위하여 두 집단 간의 성별 분포를 카이 검증으로 분석 • 월령, 사전검사 결과는 independent t-test로 분석 • 실험집단과 비교집단의 사전, 사후 검사 결과를 평균과 표준편차로 분석 • 실험집단과 비교집단의 사후검사 결과는 independent t-test로 분석
결과	• 음악적 유창성: 클래식음악을 활용한 유아음악극 프로그램이 유아의 음악적 창의성 하위요소인 음악적 유창성 향상에 효과적임. • 음악적 독창성: 클래식음악을 활용한 유아음악극 프로그램이 유아의 음악적 창의성 하위요소인 음악적 독창성 향상에 유의미한 효과를 나타내지는 못함. • 음악적 상상력: 클래식음악을 활용한 유아음악극 프로그램이 유아의 음악적 창의성 하위요소인 음악적 상상력 향상에 효과적임.

제3부

연구 도구와 내용 분석

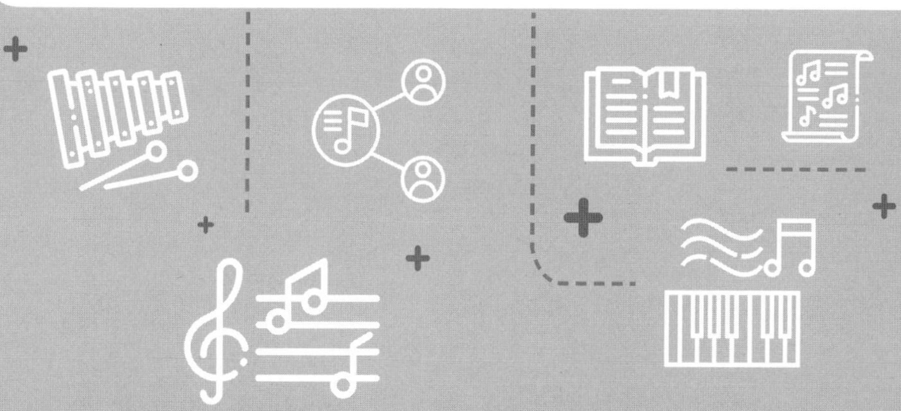

07

유아음악교육 관련 국내외 연구 도구 분석

태내에서 가장 먼저 발달하는 감각인 청감각은 태아 주변의 다양한 소리와 엄마를 비롯한 가족의 목소리에 대한 반응을 나타내며, 출생 이후에도 다양한 청감각적 경험을 통해 발달한다. 언어의 발달과 마찬가지로 음악적 발달은 특별한 장애가 있지 않는 한 모두가 발달하는 능력이며 주변의 인적 · 물적 환경에 따라 다양한 모습으로 발달하여 일생에 거쳐 인간의 삶과 긴밀하게 연결된다. 인간의 발달에 대한 관심은 오래 전부터 많은 심리학자나 교육학자의 관심의 대상이었고, 이들의 연구를 통해 인간의 다양한 발달영역에 대한 이해가 이루어져 왔다. 유아교육에서 특히 발달지식은 필수적이며 발달은 교육과정과 교수학습 원리를 포함하는 교육계획에 있어 주요한 근거가 되어왔다.

한편, 인지적 · 사회적 · 신체적 · 정서적 발달영역에 비해, 음악적 발달에 대한 관심과 연구가 활발하게 이루어진 것은 그리 오래되지 않았다. 음악은 특별한 재능이 있는 사람들의 영역이며 따라서 모든 사람이 지니고 있는 능력은 아니라고 간주되어 왔기 때문에 일반적인 음악적 발달단계를 살펴보기는 힘들었으리라 추측된다. 20세기 중반 이후 음악교육에 대한 관심이 서양을 중심으로 폭발적으로 일어나면서 음악교육자들에 의해 모든 인간은 언어적 능력처럼 음악적 잠재력을 가지고 있고 누구나 음악을 배우고 발달시킬 수 있으므로 음악교육이 학교교육 내에 이루어져야 한다는 생각이 퍼지기 시작하였다(김민희, 2013; 이영애, 2017). 이러한 보편적이고 발달 가능한 능력으로 음악적 발달을 간주하게 되면서 음악적 발달을 다양한 방법으로 측정해 보려는 시도들이 이어졌다. 대표적인 시도들로 음악적 능력을 측정하려는 연구들이 시작되고 도구개발이 이루어지기 시작하였는데, Seashore에 의한 최초의 음악적 도구개발이 대표적인 예이다. 스웨덴 출신 미국의 언어 병리학자이자 음악교육학자인 Seashore를 시작으로 서양을 중심으로 한 음악적 발달을 살펴보기 위한 다양한 시도들이 이어졌다. 1919년 Seashore에 의해 개발된 Tests of Musical Ability 도구는 지금까지도 미국의 학교에서 널리 사용되고 있다. 이 도구는 음정, 셈여림, 빠르기, 음색을 구별하는 능력을 측정하기 위한 도구이다. 이 외에도 리듬과 음정 차이 등의 음악의 인지적 능력을 측정하려는 음악적성(소질) 측정도구(Gordon, 1986), 음악적 창의성을 측정하려는 도구(Wang, 1985; Webster, 1994), 음악의 민감성을 측정하는 도구(Denac, 2008; Temmerman, 2000)를 비롯하여 음악적 선호도 측정에 이르기까지 다양한 음악적 도구들이 개발되기 시작하였다. 유아음악교육 역사가 길지 않고 영유아 대상 음악도구들이 부족한 우리나라에서도 최근 음악적 도구 개발에 대한 관심이 증가하고 있다. 한국형 음악적성에 대한 도구(현경실, 2005, 2009, 2010, 2016), 음악적 표현능력을 측정하는 도구(김광자, 2004a, 2004b), 음악적 성향에 대한 도구(방은영, 2009a), 음악적 흥미에 대한 도구(김향숙, 2016; 배성애, 2000; 정애경, 2003), 음악적 창의성에 대한 도구(김미영, 2010), 음악적 태도(박은영, 2012a)에 대한 도구들이 꾸준히 개발되고 있다.

유아를 대상으로 한 음악 관련 도구들은 과거에 다양하지 못하여서 국내에서 비슷한 도구들이 반복적으로 사용되었는데, 많은 연구의 논의에서 도구의 제한점이나 도구개발의 필요성을 역설하였다. 대표적인 국내외 음악교육 관련 도구를 소개하고 보다 구체적으로 주제별로 나누어 살펴보도록 한다.

1. 주제별 분류

1) 음악적 인지능력

(1) 음악능력

① 음악능력 검사도구(Seashore)

설명	Seashore의 음악능력 검사도구(Measures Musical Talent Test) Seashore의 검사는 분리되어 있는 각 영역을 총괄적으로 판단해 줄 요소가 없고, 음높이 검사에서 비교하는 두 음의 차이가 너무 작기 때문에 그것을 비교하기란 거의 불가능하며, 음기억 검사에서는 지적인 능력이 요구되는 평가라고 비판 받았다. Seashore의 검사는 소리의 비교만으로 음악의 한정된 분야만을 다루기 때문에 음악적성 측정에 부족한 점이 많았으나 음악적인 능력을 측정하기 위한 최초의 표준화된 검사라는 점과 향후의 음악적성 검사의 방향을 제시했다는 점에서 의의가 크다(안이화, 2003).
구성	6개의 하위요소(각 10문항씩 총 60문항) • 음고 구별 • 강세 구별 • 박자 구별 • 화음 구별 • 조성 기억 • 리듬 기억
방법	• 그룹 테스트 • 대상(초등~성인) • 소요시간 50분(5학년은 5분 추가) • 각 하위요소별 독립적 채점기준 사용

〈해당 문헌〉

Seashore, C. E. (1938). *Seashore measures of musical talents.* New York: Columbia Phonograph Company.

② 김광자의 보완 도구(Seashore와 Lorton & Walley 도구 기반)

설명	Seashore 그리고 Lorton과 Walley의 음악능력 검사도구(Musical Talent Test)와 음악교수를 위한 도구(Music Materials for Teaching)를 박명숙(1984)이 참고로 개발한 것을 김광자(2004a)가 선정 · 보완한 도구
구성	총 20문항 • 유아의 음높이(5문항) • 셈여림(5문항) • 음색(5문항) • 리듬에 대한 구별 능력(5문항)
방법	검사도구에서 제시하는 음을 녹음하여 녹음된 음과 지시문(예를 들어, 소리를 들어 보세요. 들려주는 소리가 같으면 '같다' 소리가 서로 다르면 '다르다'로 대답하세요)을 듣고 유아가 그에 따른 응답으로 '같다' '다르다'로 구분하여 대답하도록 구성
채점	• 각 문항별로 유아가 한 번에 맞게 반응하면 2점, 두 번에 맞게 반응하면 1점, 틀린 답을 하면 0점으로 채점 • 점수범위 0~40점

〈해당 문헌〉

김광자(2004a). 포괄적 음악교육에 기초한 유아의 음악적 능력 증진 프로그램 개발 및 효과검증. 서울여자대학교 대학원 박사학위논문.

〈관련 문헌〉

김혜영(2015). 오르프 교수법에 기초한 통합유아음악교육 프로그램 개발 및 적용 효과. 가천대학교 대학원 박사학위논문.

장정애(2011). 자연의 소리를 활용한 통합적 유아음악교육 프로그램 구성 및 효과. 중앙대학교 대학원 박사학위논문.

하정희, 김유정(2015). 누리과정에 기초한 통합 유아음악교육 프로그램의 효과. 유아교육보육복지학회, 19(4), 247-275.

③ Audie 음악인지(Gordon)

설명	Gordon(1989)의 Audie
구성	• 리듬 10문항 • 가락 10문항
방법	영아가 직접 말하기
채점	• 'Audie'가 말하고 노래 • 들려주는 음악 분별 • 점수범위 0~20

〈해당 문헌〉

Gordon, E. E. (1989). *Audie Manual*. Chicago: GIA

〈관련 문헌〉

김정숙(2010). Gordon의 음악학습이론에 근거한 오디음악활동이 만 3세 유아의 음악소질과 친사회적 행동에 미치는 영향. 중앙대학교 교육대학원 석사학위논문.

서영민(2008). Gordon의 음악학습이론에 근거한 오디활동이 유아의 음악소질 및 인성발달에 미치는 영향. 중앙대학교 교육대학원 석사학위논문.

④ 유아음악능력(임성미 & 황해익)

설명	임성미, 황해익(2004). 유아음악능력 평가도구
구성	6개의 하위영역(셈여림, 빠르기, 리듬, 멜로디, 음색, 형식)의 세 가지 활동(총 30문항) • 활동1(노래부르기): 셈여림, 리듬, 멜로디 • 활동2(몸으로 표현해요): 빠르기, 형식 • 활동3(다양한 리듬악기 다루기): 셈여림, 리듬, 음색, 형식
방법	• 소집단 평가방식으로 교수-학습 활동 과정에서 평가자가 관찰을 통해 평가 • 유아의 태도를 관찰하고 활동 수행 여부에 따라 기록
채점	• 0~1점으로 평가지에 기록 • 평가활동이 끝난 후 평가결과지에 각 활동 및 영역별 점수와 총점을 기록하고 총평란에 기타 활동 전반에 관한 서술평가를 실시

〈해당 문헌〉

임성미, 황해익(2004). 유아음악능력 평가도구 개발을 위한 기초 연구. 유아교육논총, 13, 129-150

⑤ 유아국악능력 (박형신)

설명	박형신(2006). 유아국악능력 평가도구
구성	장단과 가락 두 가지 영역으로 구성 • 장단: 장단형, 박, 빠르기, 셈여림 네 가지로 구성됨 • 가락: 음정과 시김새 두 가지로 구성됨
방법	검사 유형에 따라 이해영역과 표현영역으로 구분됨 • 이해영역: 들려주는 장단 또는 가락의 두 예를 듣고 같거나 다름을 구분 • 표현영역: 신체표현, 악기 다루기, 가창 등 표현의 수행정도를 측정
채점	• 이해영역은 0~1점을 부여하고 표현영역은 0~2점을 부여함 • 총 43문항으로 검사 총점은 0~62점의 분포를 갖게 됨.

〈해당 문헌〉

박형신(2006). 유아국악능력 검사도구 개발연구. 전남대학교 대학원 박사학위논문.

⑥ 유아음악성(윤현정)

설명	윤현정(2019). 유아음악성 평가척도 개발 및 타당화 연구: 유아음악성 평가척도
구성	• 반주의 유무에 따라 구성 • 리듬과 가락 두 가지로 구성 ✓ 가락-노래부르기(10문항): 한 음절과 노랫말로 구성된 수행과제 ✓ 리듬-연주하기(손뼉치기-7문항): 말 리듬과 박자로 구성된 수행과제 • 수행 방법 3가지: 혼자서 완창/완곡, 교사와 번갈아 완창/완곡, 혼자서 특정부분 노래 부르기/연주하기 수행으로 구성
방법	• 교사체크 • 수행 과제(17문항)별 문항 구성을 하여 악곡의 형식의 단위(동기, 작은 악절)를 기준으로 리듬과 가락의 정확성을 평가(총 41개의 평가문항)

채점	5수준으로 나누어서 평가 ✓ 5수준: 평가 문항별 수행을 통해 리듬과 가락이 모두 정확한 경우 ✓ 4수준: 3수준을 기준으로 정확한 부분이 많은 경우 ✓ 3수준: 정확한 부분과 부정확한 부분이 혼용된 경우 ✓ 2수준: 3수준을 기준으로 부정확한 부분이 많은 경우 ✓ 1수준: 전반적으로 부정확한 경우

〈해당 문헌〉

윤현정(2019). 유아음악성 평가척도 개발 및 타당화 연구. 충북대학교 대학원 박사 학위논문.

⑦ 유아 음악감상능력(이민정)

설명	이민정(2004). 유아 음악감상능력 평가 (Music Appreciation Test for Young Children: MATYC)
구성	하위영역(총 18문항): 음악적 요소의 반응에 의한 평가와 음악을 느끼고 표현하는 음악의 내면적 이해에 대한 평가로 크게 구분 • 선율인식 능력(2문항) • 화성인식 능력(2문항) • 빠르기 능력(2문항) • 셈여림 능력(2문항) • 연주법 및 음색(5문항) • 내면화능력(5문항)
방법	• 개별 유아단위로 감상능력 측정 • 보조교사가 각 문항에 따라 녹음된 감상곡을 들려주고 교사가 문항에 따라 평가 문항을 제시하고 발문을 하며 그림 자료를 제시 • 면담형식으로 진행하여 검사시간은 1인당 15~20분 정도 소요
채점	리커트 4점 척도로 채점

〈해당 문헌〉

이민정(2004). 다감적 음악감상활동이 유아의 음악감상능력에 미치는 효과에 관한 연구. 미래유아교육학회지, 11(4), 23-49.

(2) 음악적성

① PMMA 음악적성(Gordon)

설명	Gordon(1979)이 개발한 PMMA(Primary Measure of Music Audiation)
구성	• 각 문항은 짧은 음악 프레이즈로 구성 • 음감과 리듬감을 구별하기 위한 각 40개의 문항: 총 80문항
방법	음악을 듣고 제시되는 두 패턴의 같고 다름을 구별하는 방식의 검사
채점	정답일 경우 각 문항별로 1점을 부여

〈해당 문헌〉

이헬렌(2004). 음악 오디에이션의 초급측정과 중급측정. 서울: IEC Music English 출판부.

〈관련 문헌〉

강보라(2012). 그림책을 활용한 창의적 유아음악교육 프로그램 개발 및 효과. 성신여자대학교 대학원 박사학위논문.

방은영(2008). 유아음악성 계발을 위한 프로그램 구성 및 적용 효과. 중앙대학교 대학원 박사학위논문.

② 유아음악적성(현경실)

설명	• 현경실(2016)이 개발하여 표준화한 Kid's Music Aptitude Test(Kid's MAT) 사용 • 만 5세에서 7세의 유아를 대상으로 음악적 잠재력을 측정하기 위한 음악적성 검사도구
구성	가락과 리듬의 두 가지 영역으로 구성(각 검사는 3개의 영역으로 나누어짐) • 가락검사: 장조, 단조 조의 개념과 화음의 개념을 포함 ✓ 동물노래, 맑은 날과 흐린 날, 호랑이와 친구들의 노래의 3개 하위영역 ✓ 총 20문항 • 리듬검사: 박자, 빠르기, 음의 장단, 강약, 악센트 등의 개념을 포함 ✓ 동물의 소리, 걷기와 춤추기, 토끼와 친구들의 노래의 3개 하위영역 ✓ 총 20문항

방법	검사 안내와 방법이 모두 녹음되어 있으며, 녹음의 지시사항에 따라 그림으로 그려진 검사지에 유아가 반응을 직접 기록한다.
채점	• 0~1점 • 점수범위 0~40점

〈해당 문헌〉

현경실(2016). Kid's MAT 유아음악적성검사. 서울: 인싸이트.

〈관련 문헌〉

김동환(2018). 클래식 음악감상활동이 유아의 음악적성에 미치는 효과. 한양대학교 교육대학원 석사학위논문.

심재연(2017). 정서 기반 유아음률 프로그램 개발 및 효과. 중앙대학교 대학원 박사학위논문.

③ 유아음악적성(한국가이던스)

설명	한국가이던스(2000). 유아음악적성 검사도구(Musical Talent Test) • 음악적 개념에 대한 4~7세 유아의 인지적 수준과 음악에 대한 포괄적인 이해 능력을 측정하는 도구
구성	• 6개의 하위영역(강약, 리듬, 고저, 음색, 화음, 감상)으로 구성 –강약 ✓ 연습문제: 같은 선율의 나팔 소리의 강약 구분하는 문제 ✓ 실전문제: 큰북의 리듬, 실로폰 선율, 피리 선율, 오르간 선율로 구성 –리듬 ✓ 연습문제를 포함한 4문제 모두 2/4박자이며 4분음표, 8분음표, 16분음표 그리고 4분 쉼표 리듬이 조합되어 구성됨 –고저 ✓ 고저A: 연습문제인 장 3도 아래부터 실전문제는 완전 4도 아래, 단 3도 위, 장 2도 위 그리고 단 2도 아래로 구성 ✓ 고저B: 연습문제인 3도 위 선율 전위부터 실전문제는 5도 위, 4도 아래, 2도 위 그리고 2도 아래 선율 전위로 구성

구성	–음색 ✓ 연습문제: 트럼펫과 피아노와 플룻으로 구성 ✓ 실전문제: 트럼펫과 플룻과 스네어 드럼, 큰북과 탬버린과 실로폰, 바이올린과 트럼펫과 플룻, 하모니카와 플룻과 바이올린 그리고 클라리넷과 바이올린과 트럼펫 각각 3개의 악기그림으로 구성 –화음 ✓ 화음A: 연습문제는 장 3화음 기본위치로 구성되고, 실전문제는 장 3화음 기본위치와 단 3화음 첫째자리바꿈, 장 3화음 둘째자리바꿈, 장 3화음 첫째자리바꿈, 그리고 장 3화음 기본위치와 단 3화음 기본위치로 구성 ✓ 화음B: 연습문제를 포함한 4문제 모두 2/4박자이며 C장조(다장조)로 연습문제인 I–V7–I와 I–V– ♭IV5♭ 진행부터 실전문제는 I–V7–I와 I–IV–V, I–IV–I와 I–ii6–III# 그리고 vi–III#–vi와 vi–iii–vi의 화음 진행으로 구성 –감상 ✓ 연습문제: 제시되지 않음 ✓ 실전문제: 2/4박자, 3/4박자, 4/4박자, 6/8박자, 2/4박자 그리고 4/4박자 곡으로 구성 • 그림을 보고 들려오는 음악을 판단하는 검사용지와 테이프로 구성
방법	• 강약: 2개의 음악(선율 또는 리듬)을 비교해 듣고 어느 쪽이 강한지 판단하는 문제로, 강한 쪽의 악기를 연주하는 동물 쪽을 찾아 네모 안에 '○'표 한다. • 리듬: 큰북으로 연주되는 2개의 리듬이 같은지 다른지를 판단하는 문제로 네모 안에 같으면 '○'표, 다르면 '×'표 하도록 한다. • 고저 ✓ 고저A: 피리로 연주되는 2개의 음을 듣고 비교하여 높은 음쪽 그림의 네모 안에 '○'표를 하도록 한다. ✓ 고저B: 같은 모양의 2개의 피아노 선율을 듣고 비교하여 높은 선율(음정만을 전위하여 더 높은 선율) 그림의 네모 안에 '○'표 하도록 한다. • 음색: 선율의 음색을 듣고 그 악기를 맞추는 문제로, 제시된 3개의 악기를 연주하는 그림에서 해당 그림의 네모 안에 '○'표 하도록 한다. • 화음 ✓ 화음A: 2개의 화음(3화음)을 듣고 같은지 다른지 판단하는 문제로 네모 안에 같으면 '○'표, 다르면 '×'표 하도록 한다. ✓ 화음B: 2개 화음의 연결(화음 진행)을 듣고 같은지 다른지를 판단하는 문제로 네모 안에 같으면 '○'표, 다르면 '×'표 하도록 한다. • 감상: 여러 가지 음악의 곡상을 판단하는 문제로, 느낌을 나타내는 2개의 그림을 보고 들려오는 음악의 느낌에 더 적합한 쪽의 해당 그림 네모 안에 유아가 '○'표 하도록 한다.

채점	총 35문항에 최고 점수 24점(원점수를 환산 점수화하여 사용) • 강약: 4문항에 최고 점수 4점(한 문항당 1점) • 리듬: 4문항에 최고 점수 4점(한 문항당 1점) • 고저: 고저A와 고저B 모두 각각 4문항으로, 총 8문항에 최고 점수 4점(맞은 수를 더한 합계를 다시 1/2로 곱하여 환산 점수화함) • 음색: 5문항에 최고 점수 4점(맞은 수를 다시 4/5로 곱하여 환산 점수화함) • 화음: 화음A와 화음B 모두 각각 4문항으로, 총 8문항에 최고 점수 4점(맞은 수를 더한 합계를 다시 1/2로 곱하여 환산 점수화함) • 감상 6문항에 최고 점수 4점(맞은 수를 다시 2/3로 곱하여 환산 점수화함)

〈관련 문헌〉

박은영(2007). 유아의 음악적 능력과 지적능력 및 운동능력 간의 관계. 전남대학교 대학원 석사학위 청구논문.

④ 유아 국악음악성(고해경)

설명	고해경(2009). 유아 국악음악성
구성	장단과 가락에 대한 내용을 중심으로 한 25문항(장단 15문항과 가락 10문항) • 이해영역: 듣고 구별하기(장단 6문항과 가락 4문항: 총 10문항) • 활동영역 ✓ 듣고 따라하기(장단 4문항과 가락 4문항: 총 8문항) ✓ 듣고 표현하기(장단 3문항) ✓ 듣고 창작하기(장단 2문항과 가락 2문항: 총 4문항)
방법	• 이해영역(듣고 구별하기): '같다'와 '다르다'의 구분을 하는 문항 • 표현영역: 활동 수준에 따라 배점이 나뉜다.
채점	총점은 최대 55점까지 배점 가능 • 이해영역: 0~1점으로 총 10점 배점 • 활동영역: 0~3점으로 총 15문항에 최대 45점까지 배점 가능 ✓ 0점: 전혀 못한다. ✓ 1점: 1/3 정도 따라 할 수 있다. ✓ 2점: 절반 이상 따라 할 수 있다. ✓ 3점: 2/3이상 따라 할 수 있다.

〈해당 문헌〉

고해경(2009). 유아의 발달단계별 국악음악성 검사도구 개발 연구. 중앙대학교 대학원 석사학위논문.

(3) 음악개념

① 음악개념(김춘희)

설명	김춘희(1994). 음악개념 검사도구
구성	• 일상소리변별 6문항 • 소리기억변별 18문항
방법	유아 1:1 개별검사
채점	• 맞으면 1, 틀리면 0 • 점수범위 0~24

〈해당 문헌〉

김춘희(1994). 포괄적 음악 교육 접근이 5세 유아의 음악감상 능력에 미치는 영향. 중앙대학교 대학원 석사학위논문.

② 음악개념(최우수)

설명	• 최우수(2020). 음악개념 검사도구 • 만 3~5세 유아의 음악적 개념 발달 양상을 측정하기 위해 개발
구성	• 총 48문항 ✓ 음색(6문항) ✓ 박자(6문항) ✓ 리듬(6문항) ✓ 빠르기(6문항) ✓ 셈여림(6문항) ✓ 음높이(6문항) ✓ 가락(6문항) ✓ 화음(6문항)

방법	• 유아와 1:1로 개별검사 • 유아에게 각 문항에 해당하는 음원을 들려주고 '같다' 혹은 '다르다'로 대답할 수 있도록 하거나 그림카드를 고르도록 한 후 유아의 응답을 채점지에 기록 • 음악적 개념의 특성과 관련된 과제를 제시하여 직접 수행할 수 있도록 하여 유아의 이해력과 과제수행력을 살펴본 후 채점지에 기록
채점	• 평가 관점 ① 유아가 검사에 사용되는 음원에 집중하여 소리를 듣는지 살펴보기 ② 유아가 정답을 맞히는지 오답을 선택하는지 살펴보기 • 평정 기준 (총 0~48점) ☞ 정답을 맞히거나 1회에 한해 음원 다시 들려 달라고 한 후 정답을 맞힐 경우 1점 ☞ 오답을 선택하거나 모른다고 대답할 경우, 여러 차례 정답을 바꾸거나 2회 이상 음원을 다시 들려 달라고 할 경우 0점

〈해당 문헌〉

최우수(2020). 유아 음악적 개념 검사도구 개발. 한국교원대학교 대학원 박사학위논문.

③ 유아 음악적 개념(강신영과 한희승 도구를 곽영숙이 보완)

설명	• 강신영(2008)과 한희승(2010)이 제시하고 있는 검사도구를 기초하여, 곽영숙(2010)이 수정 • 유아의 음악적 개념을 측정하는 도구
구성	• 음고, 셈여림, 리듬, 속도, 선율, 음색, 화음의 7가지로 구성 • 각 개념별로 3문항씩 총 21문항으로 구성
방법	청각을 통한 평가: 녹음된 각 문항을 듣고 두 예가 서로 같고 다른지를 '예/아니오'로 답하면 검사자에 의해 개인별로 평가되는 방식
채점	• 한 번에 맞추면 2점, 두 번에 1점, 못함은 0점 • 총점 42점

〈관련 문헌〉

곽영숙(2010). 통합적 음악감상활동이 유아의 음악적 개념에 미치는 영향. 이화여자대학교 교육대학원 석사학위논문.

④ 악기음색(Regelski)

설명	Regelski(1981)가 제작한 악기음색 검사
구성	• 4영역: 건반악기(2문항), 현악기(4문항), 관악기(7문항), 타악기(4문항) • 총 17개 문항
방법	• 유아가 직접 체크
채점	• 한 문항당 정답일 경우 1점, 오답일 경우 0점 • 점수범위: 0~17점

〈해당 문헌〉

Regelski, T. A. (1981). *Teaching general music: Action learning for middle and secondary schools*. NY: Schirmer Books.

〈관련 문헌〉

한송이(2016a). 고전음악을 활용한 유아 음악극 프로그램 개발 및 효과. 성신여자대학교 일반대학원 박사학위논문.

2) 음악적 표현능력

① 음악기록기술 발달(Lorton & Walley)

설명	Lorton & Walley (1979). Recording Skill Development in Music
구성	듣기 14/ 리듬경험 12/ 가락 9/ 악기연주 14/ 노래부르기 26/ 창작하기 15/ 사회성 10
방법	유아 1:1 개별검사
채점	3점 평정 점수범위 0~200점

〈해당 문헌〉

Lorton, John W. and Wally, Bertha L. (1979). *Introduction to early childhood education*. New York: D. Van Nostrand Company.

② 음악적 표현능력(김광자)

설명	최영숙(1982)이 Lorton과 Walley의 음악기록기술 발달(Recording Skill Development in Music)에서 제시한 항목을 선정하여 사용한 것을 김광자(2004a)가 선정·보완한 도구
구성	총 20문항 • 유아의 노래를 통한 표현(5문항) • 신체를 통한 표현(5문항) • 악기를 통한 표현(5문항) • 음악 만들기에 대한 구별 능력(5문항)
방법	교사가 지시하는 지시문(예를 들어, 자기가 좋아하는 노래를 선택한 뒤 교사와 함께 이어서 불러 보세요)을 듣고 유아가 반응을 하면 반응을 관찰하여 검사자가 가하도록 되어 있다.
채점	• 검사자가 지시하는 지시문의 내용을 유아가 정확하게 이해하고 반응하면 2점, 유아가 모호한 이해의 반응을 보이면 1점, 전혀 이해하지 못하고 반응하면 0점으로 채점 • 점수범위 0~40점

〈해당 문헌〉

김광자(2004a). 포괄적 음악교육에 기초한 유아의 음악적 능력 증진 프로그램 개발 및 효과검증. 서울여자대학교 대학원 박사학위논문.

〈관련 문헌〉

김권일, 김영옥(2016). 조옮김을 활용한 유아음악교육 프로그램 개발 및 효과. 유아교육연구, 36(4), 289-312.

김연주(2008). 노래동화를 활용한 통합적 유아음악교육 프로그램 개발 및 효과. 경희대학교 대학원 석사학위논문.

김혜영(2015). 오르프 교수법에 기초한 통합유아음악교육 프로그램 개발 및 적용 효과. 가천대학교 대학원 박사학위논문.

장정애(2011). 자연의 소리를 활용한 통합적 유아음악교육 프로그램 구성 및 효과. 중앙대학교 대학원 박사학위논문.

하정희, 김유정(2015). 누리과정에 기초한 통합 유아음악교육 프로그램의 효과. 유아교육보육복지학회, 19(4), 247-275.

③ 노래 음정정확도(Rutkowski)

설명	Rutkowski (1984). Singing Voice Development Measure
구성	유아동의 노래하는 목소리로 음정정확도를 측정
방법	• 개별 유아단위로 측정 • 유아가 음악 패턴(4마디)을 부르면 1~5점 사이에 단계를 측정
채점	5점 기술척도로 채점

〈해당 문헌〉

Rutkowski, J. (1984). Development of a rating scale to assess individual children's use of the vocal instrument. Unpublished manuscript, State University of New York at Buffalo, Buffalo, NY.

④ 유아 노래 따라 부르기(하연희)

설명	하연희(2013). 유아 노래 따라 부르기 검사도구
구성	노래 따라 부르기 검사 도구 음원 파일, 검사도구의 활용방법 및 지침서
방법	〈보기〉의 선율(다장조 상행 계명 부르기 음원)을 들려주고(1회 혹은 2회만), 유아의 노래를 녹음한다. 검사자가 "자 노래를 한 곡 들려줄 거예요. 들려주는 노래를 똑같이 따라 해야 하는데 똑같이 따라 할 수 있겠어요?"라고 하고, 유아가 할 수 있다고 대답하면 "노래를 들려줄 때 끝까지 듣고, 노래가 끝나면 똑같이 따라 하는 거예요."라고 이야기를 한 후, 선율을 들려준다. 유아가 따라 부르는 노래를 녹음한 후 유아의 이름을 연속하여 같이 녹음한다. 녹음한 자료를 MP3 파일로 변환 후(녹음파일 이름은 유아 이름으로 저장), Cubase 5.0 프로그램으로 분석한다.
채점	Cubase 5.0 프로그램 활용하여 음정과 리듬 측정하는 법 • 음원을 mp3파일로 변환 • 음정분석 • 리듬분석

〈해당 문헌〉

하연희(2013). 노래 따라 부르기 검사 도구에 나타난 유아의 음정 및 리듬감 분석 연구. 고신대학교 대학원 박사학위논문.

⑤ 자발적 음악행동목록(황인주)

설명	황인주(2008)의 자발적 음악행동목록
구성	• 5가지로 구성: 노래부르기, 악기 다루기, 움직이기, 듣기, 기타 • 노래부르기: 자발적인 발성, 자발적인 노래 • 악기 다루기: 악기 관심, 소리 및 악기탐색과 연주 • 움직이기: 전(pre) 음악적 움직이기, 음악적 움직이기(dance-like, music-like) • 듣기: 듣기만 일어나는 경우, 다른 행동과 동시에 일어나는 경우 • 기타: 음악행동과 관련 없는 행동
방법	• 10초 간격의 시간표집법으로 관찰 • 2명의 관찰자가 14명의 영아를 관찰: 첫 번째 관찰자가 1번에서부터 시작하고, 두 번째 관찰자가 8번에서부터 관찰을 시작하는 방법을 사용하여 관찰의 간격을 좀 더 빈번하게 함. • 음악 관련 자발적 행동유형 관찰을 위해 음률영역에 악기를 비치함.

〈해당 문헌〉

황인주(2008). 만2세 영아반에 적절한 음악경험이 음악적성 및 태도에 미치는 영향. 이화여자대학교 대학원 박사학위논문.

3) 음악적 창의성

① MCSM 음악적 창의성(Wang)

설명	Wang(1985)의 MCSM(Measures of Creativity in Sound and Music)
구성	유창성, 상상력, 독창성의 세 가지 하위영역으로 구성 • 유창성(2문항) • 상상력(12문항) • 독창성(2문항)

방법	유아 1:1 개별검사
채점	총 점수범위 14~72점 • 음악적 유창성 2~10점 • 음악적 상상력 12~60점 • 음악적 독창성 0~2점

〈해당 문헌〉

Wang, C. (1985). Measures of creativity in sound and music. Unpublished manuscript.

② MCSM 음악적 창의성 번안(정나영)

설명	Wang(1985)이 개발한 음악적 창의성 검사도구인 MCSM(Measures of Creativity in Sound and Music)을 정나영(2010)이 번안
구성	3~8세 유아들의 음악적 유창성(2문항), 음악적 상상력(12문항), 음악적 독창성(2문항)의 세 가지 하위척도의 득점 정도를 평가하기 위한 4개의 활동으로 구성
방법	유아 1:1 개별검사
채점	• 6점평정(0~5) • 점수범위 0~20

〈해당 문헌〉

정나영(2010). 유아의 창의성과 음악 능력이 유아의 음악적 창의성에 미치는 영향. 대구가톨릭대학교 대학원 석사학위논문.

〈관련 문헌〉

강보라(2012). 그림책을 활용한 창의적 유아음악교육 프로그램 개발 및 효과. 성신여자대학교 대학원 박사학위논문.

박옥희(2010). 통합적 음악감상활동이 유아의 음악적 창의성 및 정서능력에 미치는 효과. 전남대학교 교육대학원 석사학위논문.

방은영(2008). 유아 음악성 계발을 위한 프로그램 구성 및 적용 효과. 중앙대학교 대학원 박사학위논문.
이상미(2012). 미술감상을 통한 포괄적 유아음악교육 프로그램 구성 및 적용 효과. 중앙대학교 대학원 박사학위논문.
이순오(2014). 난타활동이 유아의 리듬감 및 음악적 창의성에 미치는 효과. 전남대학교 교육대학원 석사학위논문.
허순희(1996). 유아의 창의성 증진을 위한 놀이중심 음악교육 프로그램의 개발과 효과. 계명대학교 대학원 박사학위논문.

③ MCTM－Ⅱ **음악 창의성**(Webster)

설명	Webster(1994)가 제작한 음악 창의성 측정도구(MCTM－II: Musical Creative Thinking in Music II)
구성	• 4개의 하위영역 ✓ 음악 지속성(musical extensiveness): 과제에 대해 얼마나 오래 음악적으로 반응하는가(반응 시간을 초 단위로 총 6개 문항 측정) ✓ 음악 유연성(musical flexibility): 음악적 개념인 높낮이, 빠르기, 셈여림 개념이 유아 반응에 얼마나 나타났는가(10문항) ✓ 음악 독창성(musical originality): 유아의 반응이 얼마나 특별하고 독창적인지 측정(4점 척도의 6개 문항) ✓ 음악 논리성(musical syntax): 유아 반응이 음악적인 논리성을 가진 기승전결을 갖고 있는가(4점 척도 3개 문항)
방법	• 사전 검사 전에 악기 사용법의 탐색 단계를 통해 악기 다루는 방법에 익숙해지면 10개의 과제를 수행하도록 설계되어 있다. • 세 가지의 악기 세팅이 필요함. ✓ 피아노 건반을 연주하기 위한 직경 6인치 정도의 둥근 스펀지 공 ✓ 피아노 위에 올려 놓은 마이크로폰 ✓ 서로 다른 음의 높이를 만들어내는 템플 블록 세트 • 평가의 준거에 따라 평가 ✓ 음악적 유창성: 빠름/느림(템포), 높은/낮은(음높이), 큰/작은(셈여림)의 음악적 변화가 다루어진 범위 ✓ 음악적 지속성: 창의적 과제를 지속한 시간의 합 ✓ 음악적 독창성: 음악적으로 또 연주 방법적으로 특이한 반응의 독특한 정도

	✓ 음악적 구성력: 반응이 논리적이며 음악적으로 타당한 정도 • 유아와 검사자가 1:1로 따로 분리된 공간에 앉아 놀이하듯 이야기하며, 유아가 10개 과제를 표현하는 것을 비디오카메라로 녹화
채점	• 녹화 자료를 보며 동료들과 채점하여 평균점수를 내는 방식으로 측정 • 채점지에 평가 준거에 따라서 해당하는 칸에 '○'표 한다. • '○'표 1개는 1점으로 환산 ✓ 음악적 유창성(ME): 반응한 초 단위로 ✓ 음악적 지속성(MF): 최고점 83 ✓ 음악적 독창성(MO): 최고점 120 ✓ 음악적 구성력 (MS): 최고점 76

〈해당 문헌〉

Webster, P. (1994). *Measure of creative thinking in music-II (MCTM-II): Administrative guidelines.* Evanston, IL: Northwestern University.

〈관련 문헌〉

서영민(2017). 패턴중심 음악만들기 프로그램이 유아의 수학패턴인지 및 음악창의성에 미치는 효과. 서울대학교 대학원 박사학위논문.

안명옥(2019). 만 5세반 유아의 그림책을 활용한 음악만들기 프로그램 개발 및 효과. 명지대학교 대학원 박사학위논문.

④ 유아창의성(정현영)

설명	노영희, 김경철, 김호(2006)가 개발한 교사용 유아창의성 평정척도를 참고하여 연구자가 연구에 맞도록 재구성함
구성	확산적 사고(5문항), 호기심(5문항), 몰입(5문항), 탈 규범성(5문항), 독립성(3문항)으로 구성
방법	교사체크리스트
채점	• 5점척도 • 점수범위 23~115

〈해당 문헌〉

정현영(2012). 표현활동중심의 유아음악교육 프로그램 구성 및 적용 효과. 동국대학교 대학원 박사학위논문.

〈관련 문헌〉

노영희, 김경철, 김호(2006). 유아교사의 자기 평정용 창의성 검사 도구 개발. 유아교육연구, 26(2), 93-121.

⑤ 음악적 창의성(김미영)

설명	김미영(2010). 음악적 창의성 검사도구
구성	활동 • 활동1: 노래와 악기연주하기 10문항 • 활동2: 음악만들기 5문항 • 활동3: 음악감상하기 5문항 음악적 창의성 측정 하위요소 • 음악적 유창성 • 융통성 • 독창성 • 정교성 활동별로 4개의 하위요소 모두 측정되므로 각각 20문항씩 총 80문항 구성
방법	• 일대일 활동으로 실시 • 여러 종류의 악기와 빈 공간의 그림 악보, 그림악보카드, 색연필, 음악 곡 CD 등의 도구 사용 ✓ 활동1: 여러 종류 악기를 각 문항의 진행 순서에 따라 구분하여 순서대로 제시 ✓ 활동2: 그림악보카드와 빈 공간의 그림악보, 색연필을 제시 ✓ 활동3; 다양한 음악곡과 빈 공간의 그림악보 제시 • 검사자는 검사가 시작되기 전 예비문항으로 유아의 적응을 돕고, 본 문항활동에서는 준비활동과 시범활동, 지시문지침을 읽어 주고 시연해 주어 유아가 명확하게 이해할 수 있도록 한다. • 유아를 주의 깊게 관찰하여 유아의 반응에 대한 평가를 음악적 창의성 각 하위요소의 측정준거에 따라 채점표에 기록

채점	각 문항별로 0~3점 배점(총 0~240점의 분포, 하위요인별로는 0~60점 분포) • 음악적 유창성 ✓ 활동1: 주저하지 않고 많은 수의 아이디어를 표현하는 여부에 따라 배점 ✓ 활동2: 만들어 낸 음악적 아이디어의 확실한 재현 정도에 따라 배점 ✓ 활동3: 곡의 느낌과 분위기에 대한 명확한 음악적 표현 정도에 따라 배점 • 음악적 융통성 ✓ 활동1, 2, 3에서 음악적 표현의 각 유형을 나누어 생각하여 제시되거나 만들어 낸 유형과 다른 종합적인 다양성에 대해 평가. 음악적 요소가 달라짐이 없거나 반응이 없으면 0점, 5~6가지 정도 달라지는 종합적 다양성에 대해서는 최고 3점 부여 • 음악적 독창성 ✓ 활동1, 2, 3에서 전체적으로 표현의 독특함에 관해 평가하며, 독특함이 없거나 거의 반응이 없으면 최저 0점, 기존의 방식에서 벗어나 매우 독특하게 표현하면 최고 3점 부여 • 음악적 정교성 ✓ 활동1, 2, 3에서 음악적 요소들이 장식적이고 공들여 잘 다듬어진 범위에 대해 측정되며, 반응이 없거나 음악적 아이디어의 확장과 발전이 없으면 최저 0점, 전체적으로 음악적 아이디어의 확장과 발전이 분명하면 최고 3점 부여

〈해당 문헌〉

김미영(2010). 유아 음악적 창의성 검사도구의 개발 및 타당화. 전남대학교 대학원 박사학위논문.

4) 음악적 태도

① 교사용 음악적 태도(박은영)

설명	박은영(2011)이 개발한 교사용 유아 음악적 태도 검사도구 • 음악활동인 듣기, 음악감상하기, 노래부르기, 악기 연주하기, 음악 만들기, 신체표현하기, 일과 속에서 보이는 음악에 대한 유아의 행동과 반응을 평정하는 도구

구성	• 하위영역 여섯 가지 (각 5문항) ✓ 개방성 ✓ 적극성 ✓ 주의집중 ✓ 표현력 ✓ 호기심 ✓ 흥미 • 각 하위영역별로 듣기와 음악감상하기, 노래부르기, 악기 연주하기, 음악 만들기, 신체표현하기와 관련된 5개의 문항씩 총 30문항으로 구성
방법	교사가 유아의 음악활동과 일과를 관찰하고 그 결과에 기초하여 유아의 행동 및 반응과 일치되는 정도를 측정
채점	리커트 5점 척도로 평정(점수범위 30~150)

〈관련 문헌〉

박은영, 최미숙(2012). 반응적 상호작용에 기초한 유아음악교육 프로그램 개발 및 효과. 유아교육연구, 32(1), 181-208.

하정희, 김유정(2015). 누리과정에 기초한 통합 유아음악교육 프로그램의 효과. 유아교육보육복지학회, 19(4), 247-275.

〈해당 문헌〉

박은영(2011). 반응적 상호작용에 기초한 유아음악교육 프로그램 개발 및 효과. 전남대학교 대학원 박사학위논문.

② 음악적 태도(안재신, 한애향)

설명	안재신, 한애향(1999)이 제작한 음악적 태도 검사도구
구성	정서(5문항), 표현(22문항), 감상(11문항)의 영역으로 구분
방법	교사 체크리스트
채점	• 3점 척도 • 점수범위 38~114

〈관련 문헌〉

강보라(2012). 그림책을 활용한 창의적 유아음악교육 프로그램 개발 및 효과. 성신여자대학교 대학원 박사학위논문.

김미경(2018). 동요를 활용한 통합적 유아음악교육 프로그램 개발 및 적용. 성신여자대학교 대학원 박사학위논문.

이상미(2012). 미술감상을 통한 포괄적 유아음악교육 프로그램 구성 및 적용 효과. 중앙대학교 대학원 박사학위논문.

정해영(2006). 오르프 교수법에 의한 전통음악교육이 유아의 음악적 태도와 리듬감 발달에 미치는 영향. 경성대학교 교육대학원 석사학위논문.

〈해당 문헌〉

안재신, 한애향(1999). 전래동요를 활용한 통합적 음악수업이 유아의 음악적 태도 변화에 미치는 영향. **음악교육연구**. 18, 1-49.

③ 초등학생의 음악적 태도(김효진)

설명	김효진(2000)이 제작한 초등학생의 음악적 태도에 관한 검사 도구
구성	세 가지의 구성요소(각 10문항 총 30문항) • 음악에 대한 흥미: 음악적 표현 및 향수의 욕구, 음악의 만족 상태에 관한 문항으로 구성 • 음악 애호심: 음악 애호의 정도 및 참여의 욕구에 대한 문항으로 구성 • 음악의 가치 내면화: 음악에 대한 가치 존중, 내면화의 정도를 알아보기 위한 문항
방법	학생 체크
채점	• 리커트 5점 척도 • 점수범위 30~150

〈해당 문헌〉

김효진(2000). 구성주의적 교수-학습이 음악적 태도 변화에 미치는 효과. 부산교육대학교 교육대학원 석사학위논문.

5) 음악적 성향

① 유아 음악적 성향(방은영)

설명	방은영(2008). 유아 음악적 성향
구성	네 가지의 하위요소(총 21문항) • 음악적 흥미(5문항) • 음악적 유능(7문항) • 음악적 가치(3문항) • 음악적 의지(6문항)
방법	교사가 해당 유아를 관찰한 후 평정
채점	리커트 5점 척도: 음악적 흥미 5~25, 음악적 유능 7~35, 음악적 가치 3~15, 음악적 의지 6~30

〈해당 문헌〉

방은영(2008). 유아 음악성 계발을 위한 프로그램 구성 및 적용 효과. 중앙대학교 대학원 박사학위논문.

② 유아 음악적 성향(방은영) 보완(변혜정)

설명	• 변혜정(2012)의 검사 도구를 사용: 방은영(2008)의 원도구 수정보완 • 유아의 음악 성향을 조기에 발견할 수 있는 교사 평정용 검사 도구
구성	내용 구성(5점 평정척도) • 음악에 흥미를 지니고 즐겁게 참여하기(음악적 흥미 5문항) • 음악에 소질을 보이며 자신감 지니기(음악적 유능 7문항) • 음악에 대한 의지와 기대감 지니기(음악적 의지 4문항)
방법	담임교사가 평정
채점	점수범위: 음악적 흥미 5~25, 음악적 유능 7~35, 음악적 의지 4~20

〈해당 문헌〉

변혜정(2012). 음악개념 중심의 통합적 음악활동이 영아의 음악성에 미치는 효과. 대구가톨릭학교 대학원 박사학위논문.

6) 음악적 흥미

① 음악적 흥미 측정(김향숙)

설명	• 김향숙(2016)이 개발한 음악적 흥미 측정도구 사용 • 유아의 음악적 흥미를 측정하는 도구
구성	• 하위요인 5개(활동영역별로 각 5문항) ✓ 음악적 즐거움, 음악적 호감도, 음악적 주의, 지속적 참여, 적극적 참여 • 활동영역(총 25문항, 5점척도) ✓ 노래부르기(5문항) ✓ 음악감상(5문항) ✓ 음악 관련 신체표현(5문항) ✓ 악기연주(5문항) ✓ 음악 만들기(5문항)
방법	교사가 유아를 관찰하고 평정
채점	5점 척도, 점수범위 25~125

〈해당 문헌〉

김향숙(2016). 유아의 음악적 흥미 검사도구 개발 및 타당화 연구. 덕성여자대학교 대학원 박사학위논문.

② 국악흥미도(양희윤)

설명	• 양희윤(2009). 국악흥미도 검사 • 김효진(2000)이 제작한 '초등학생의 음악적 태도에 관한 검사 도구'를 유아에게 맞게 수정한 정애경(2003)의 도구를 사용
구성	• 흥미와 태도 38문항 중 흥미 10문항에서 음악환경 조사와 관련된 3문항을 제외한 7문항만 사용 • 전래동요와 국악 각 1곡을 듣고 느낌에 대한 2문항, 국악에 대한 흥미 5문항으로 구성 • 노래부르기, 춤추기, 악기연주, 음률영역에서의 활동에 대한 내용으로 구성
방법 및 채점	질문 내용을 듣고 흥미에 따라 리커트 5점 척도(얼굴모양 답지)로 평정(7~35점 분포) • 가장 웃는 얼굴 5점 • 가장 찡그린 얼굴 1점

〈해당 논문〉

양희윤(2009). 전래동화와 국악에 기초한 음악극이 유아의 국악 능력 및 흥미에 미치는 효과. 신라대학교 교육대학원 석사학위논문.

③ 음악적 흥미(황옥경)

설명	김효진(2000)이 제작한 '초등학생의 음악적 태도에 관한 검사 도구' 중 음악적 흥미에 관한 내용만 황옥경(2016)이 발췌하여 본 연구의 목적에 맞게 연구자가 수정 사용
구성	• 총 9문항(5점 척도) • 누리과정에 수록된 동요 1곡을 감상 후 기분이 좋은지, 일반적으로 노래부르는 것을 좋아하는지 등의 노래부르기에 관한 흥미도를 질문함. • 음악적 흥미 검사를 측정하기 위해 사전검사에서 사용된 노래는 누리과정에 수록된 동요임. ✓ 만 3세: 오늘의 간식, 털기 체조, 정리하는 손 ✓ 만 4세: 친구하고 마주보고, 모두가 행복해지는 법 ✓ 만 5세: 선생님이 좋아서, ○○○옆에 누가 있나요, 내 친구
방법	유아가 질문 내용을 듣고 흥미에 따라 얼굴 모양의 답지에 직접 표시 • 가장 웃는 얼굴 5점 • 가장 찡그린 얼굴 1점

〈해당 문헌〉

황옥경(2016). 창작 동요를 활용한 유아음악교육 프로그램 개발 및 적용. 공주대학교 대학원 박사학위논문.

〈관련 문헌〉

김효진(2000). 구성주의적 교수-학습이 음악적 태도 변화에 미치는 효과. 부산교육대학교 교육대학원 석사학위논문.

7) 음악강점

① 유아음악강점(서유진)

설명	• 서유진(2016). 유아음악강점 평가도구 • 만 5세 유아를 대상으로 개발된 도구
구성	3가지 영역으로 구성(30문항) • 개인적 음악강점(10문항) • 학습적 음악강점(10문항) • 사회적 음악강점(10문항)
방법	교사 체크리스트
채점	• 5점 척도 • 점수범위 30~150

〈해당 문헌〉

서유진(2016). 유아음악강점 평가도구 개발 기초 연구. 부산대학교 대학원 석사학위논문.

8) 음악교수 도구

① 음악교수를 위한 도구(Lorton과 Walley)

설명	Lorton과 Walley(1979)의 음악교수를 위한 도구(Recording Skill Development in Music)
구성	• 총 100문항 ✓ 듣기(14문항) ✓ 리듬형성(12문항) ✓ 가락(9문항) ✓ 악기연주(14문항) ✓ 노래부르기(26문항) ✓ 창작하기(15문항) ✓ 사회성(10문항) • 유아 1:1 개별검사

채점	• 3점 척도(0, 1, 2) • 점수범위 0~200

〈해당 문헌〉

Greenberg, M. (2004). 유아음악교육 [Your children need music]. (이기숙, 김영주 역). 경기: 교문사.

2. 최근 개발된 국외 도구

과거 음악성을 특별한 사람에게 지닌 재능으로 취급되던 통념에서 모든 사람은 음악적 잠재력을 가지고 태어남을 강조한 미국의 Gordon은 음악적성 검사도구를 개발하였다. 이 도구는 성인용, 청소년용, 아동용으로 개발되어 우리나라를 포함한 세계 여러 나라에서 가장 많이 보편적으로 활용되고 있는 도구 중 하나이다. 두 개의 음을 들려주고 음정이 같고 다른지, 리듬이 같고 다른지를 체크하는 검사로서 모든 유아에게 적용할 수 있고 비교적 검사가 간편하다는 면에서 세계 여러 나라에서 현재까지도 널리 사용되고 있다. 그런데 이 도구에 대한 많은 비판들도 있어 왔는데, 음악적성을 측정한다기보다 단기 기억력을 측정하는 것이라는 비판과 함께, 같은 음정이나 리듬도 두 번의 연주는 공기의 저항이나 연주의 차이 등 미세하지만 어떠한 형태로든 같지 않을 가능성이 있기 때문이다. 그 이후 PMMA를 보완하거나 변형한 도구들이 개발되었다.

그런데 이러한 도구들 역시 음악적 능력의 단편적인 면만을 측정하려고 했다는 지적이 있어 왔고(Rutkowski & Kooistra, 2016), 보다 역동적이고 다면적으로 유아의 음악적 발달을 살펴보아야 한다는 필요성이 제기되어, 단편적 음악성을 측정하는 도구들을 극복하려는 시도가 최근 이루어지고 있다. Rutkowski와 Kooistra(2016)는 음악적 이해를 다면적 차원에서 살펴보려고 하였는데, 관련되지 않은, 관련된, 유사한, 모방하는, 통합적인, 통찰적인 음악적 이해의 차원으로 나누어 살펴보려고 하였다.

이보다 조금 앞서 Sound of Intent(SoI)라는 도구가 영국에서 Welch, Ockelford,

Carter, Zimmermann과 Himonides(2009)에 의해 개발되었다. 이 도구는 음악적 능력이 한 가지 차원에서 이해되고 측정되었던 기존의 도구들에 반대하며 다면적 차원에서 음악적 행동이 이루어지는 것을 이해할 수 있도록 고안되었다. SoI 프로젝트는 2001년에 시작되었는데 장애를 가진 특수아를 대상으로 음악적 참여와 발달을 탐구하려는 목적으로 고안된 도구로서 영국의 광범위한 지역에서 적용되고 체계화되었다. 이 프로젝트의 주 대상은 심각한 학습장애(Severe learing difficulties: SLD)와 자폐증과 학습장애를 동시에 가지고 있는 등의 심각한 중복 장애를 가진 아동(Profound and multiple learning difficulties, PMLD)이었다. SoI는 장애아동의 음악적 능력에 대해 이해할 뿐 아니라 교사나 치료사에게 유아의 음악적 경험을 넓힐 수 있고 발전시킬 수 있는 아이디어를 제공하였다.

SoI 원도구의 이론적 근간이 되는 Zygonic theory(Ockelford, 2006)는 어떻게 음악이 이해되는지, 음악의 구조적 이해를 밝힌 이론으로 음악 분석(music analysis)에 기초한 이론이다. 'Zygon'이란 그리스어로 영어의 'yoke'를 의미하며 두 개의 같은 것의 그룹, 즉 한 쌍을 의미한다. 이 이론의 가장 핵심이 되는 내용은 모든 음악 내에서 음과 음의 구조, 리듬 등은 하나의 음을 모방하거나 반복한다는 것이다. 예를 들어, 작은별 – 도도솔솔라라솔(A)/파파미미레레도(B1)/솔솔파파미미레(B2)/솔솔파파미미레(B2)/도도솔솔라라솔(A)/파파미미레레도(B1) – 노래의 각 프레이즈를 알파벳으로 표시하면 AB1B2B2AB1으로 표시할 수 있는데, A와 B1은 리듬의 반복이 이루어지고 B1과 B2는 음정간격과 리듬의 반복이 이루어지며, AB1과 마지막 단에 다시 나오는 AB1도 음정간격과 리듬의 반복이 이루어진다. 또한 각 음은 '도, 레, 미, 파, 솔, 라'가 반복하여 나오는데, 첫 번째 음을 기초로 두 번째 음이 반복하여 나오고, 네 번째 음은 세 번째 음을 모방하여 나오면서 언제나 따라 나오는 음은 그 이전에 나온 첫 번째 음에 의해 발생된다는 것이다. 이는 우리가 듣기에 소리가 비슷하다거나 소리가 닮았다라고 느끼게 되는 것이며, 이러한 두 번째가 첫 번째에 의해 영향을 받는 현상은 단지 음뿐 아니라 셈여림, 음색, 음간격 등에 모두 적용된다고 볼 수 있다. Zygonic 이론에서는 각 음과 음의 단위를 숫자로 표시한 후 분석하여 음악적 영역을 심리학적 기억의 영역, 그리고 수학적 영역과 연결하여 음의 관계들을 밝혀내었다.

이러한 이론에 기초한 SoI 도구는 모방이 매우 중요한 발달 단계 중 하나의 요소이다. SoI 도구는 유아의 음악적 행동을 세 가지 차원에서 발생하는 것으로 개념화하였는데, 그 내용으로는 반응적인(reactive), 상호작용적인(interactive), 그리고 적극적인(proactive) 참여로 보았다(http://soundofintent.org). 첫째, '반응적인'이란 유아가 소리와 음악에 반응하는 것을 의미하고, '상호작용적인'이란 소리와 음악을 통해서 다른 사람과 상호작용하는 것이며, '적극적인 참여'란 유아가 스스로 소리와 음악을 만들어 내는 것을 의미한다. 이 세 가지 영역 안에 1~6까지 6단계의 발달 레벨로 구성되어 있다.

이 세 가지 영역과 6개의 레벨은 학습장애를 가진 유아들의 수백 개의 비디오 분석 과정을 통해서 형성되었다. 이러한 영유아의 음악적 발달에 관한 관찰은 음악적 발달이 다차원적 과정이라는 것을 시사하였는데, 이는 유아들이 음악을 듣고 소리에 반응하며, 음악을 만들거나 조절할 뿐 아니라 다른 사람과 함께 음악을 만드는 과정을 거친다고 보았으며 이러한 내용을 바탕으로 세 가지 영역이 개념화된 것이다.

한편, SoI 도구를 바탕으로 장애아와 마찬가지로 음악적 발달이 성숙되지 않은 영유아를 대상으로 SoI-EY 프로젝트가 시작되었다(Voyuiay & Ockleford, 2016). Sound of Intent in Early Years(SoI-EY) 프로젝트는 출생부터 만 5세까지 유아들의 음악적 발달을 탐구하기 위해 시작된 프로젝트이다. 이 프로젝트는 학습장애를 가진 유아와 청소년이 음악적 능력과 참여를 발달시키는지 살펴보았던 SoI 연구의 확장된 연구이다. 두 프로젝트의 중심은 이론과 연구의 근간이 되는 음악적 발달의 추정적 프레임이며, 현장에서 일하고 있는 교사들에게 적절하고 접근 가능하도록 계획되었다. SoI-EY framework는 일반 유아의 음악적 발달의 맥락에서 잠재적 가능성을 탐구하여 그들을 효과적으로 지원하기 위하여 고안되었다.

SoI-EY framework를 적용하여 6개월 동안 생후 10주부터 5세까지 58명 영유아의 음악적 참여행동을 관찰한 125개의 비디오 분석을 보고한 선행연구에 의하면, 음악적 발달단계가 각각 분리된 단계나 하나의 영역으로 독립되어 나타나기보다는 잠재적으로 맞아떨어지지 않는 영역이 있거나 이전 단계에서 다음 단계로의 전이가 중첩되는 모호한 음악적 발달단계들이 관찰되었다고 보고한 바 있다(Voyajolu & Ockelford, 2016)[그림 7-1].

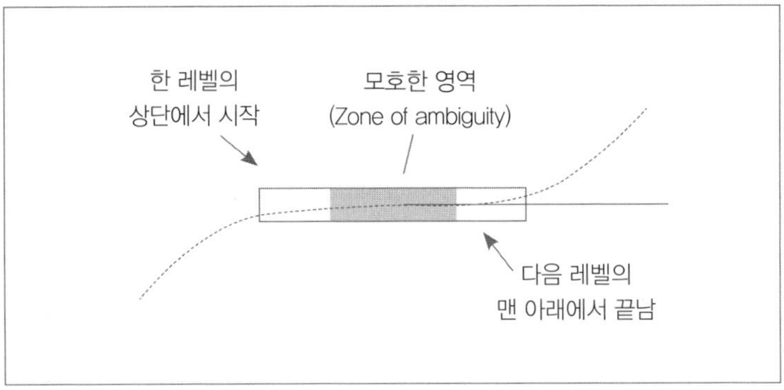

[그림 7-1] 4단계와 5단계로의 전환에서 보이는 모호성(Zone of ambiguity)

출처: Voyajolu & Ockelford (2016), p 12.

앞서 언급한 바와 같이 음악이 더 이상 음악적 소질을 가진 소수의 사람들의 전유물이 아니고 모든 유아들이 가지고 있는 능력이며 발달 가능한 부분이라는 점에서 영유아의 음악적 발달 단계는 계속적인 연구관심으로 이어지리라 예측된다. 선행연구들은 영유아를 위한 음악적 도구의 부재를 지적해 온 바 있고(김향숙, 2016; 박은영a, 2012; 방은영, 2009a; 윤지영, 2014) 단편적인 음악적 능력을 측정하는 것이 아닌 유아의 일상경험과 맥락을 고려한 음악적 발달단계를 이해할 수 있는 포괄적 도구가 요구되고 있다(Rutkowski & Kooistra, 2016). SoI-EY framework은 과거의 제한적 음악능력 측정 도구를 보완하여 다면적으로 음악적 발달을 이해하기 위한 영국에서 최근 개발된 도구이다. 특히 영아의 경우 일반적인 놀이나 생활에서 관찰되는 자연스러운 모습으로 행동을 평가하는 것이 중요함(김은혜, 배지희, 2016)을 고려할 때, 자연스러운 놀이상황에서 다양한 영역을 평정할 수 있는 SoI를 일반 영유아에게 적용하는 것은 교사와 부모에게 다양한 정보를 제공할 수 있다는 장점이 있다.

다음 [그림 7-2]는 SoI-EY framework 도구를 활용한 영유아의 음악적 발달단계이다.

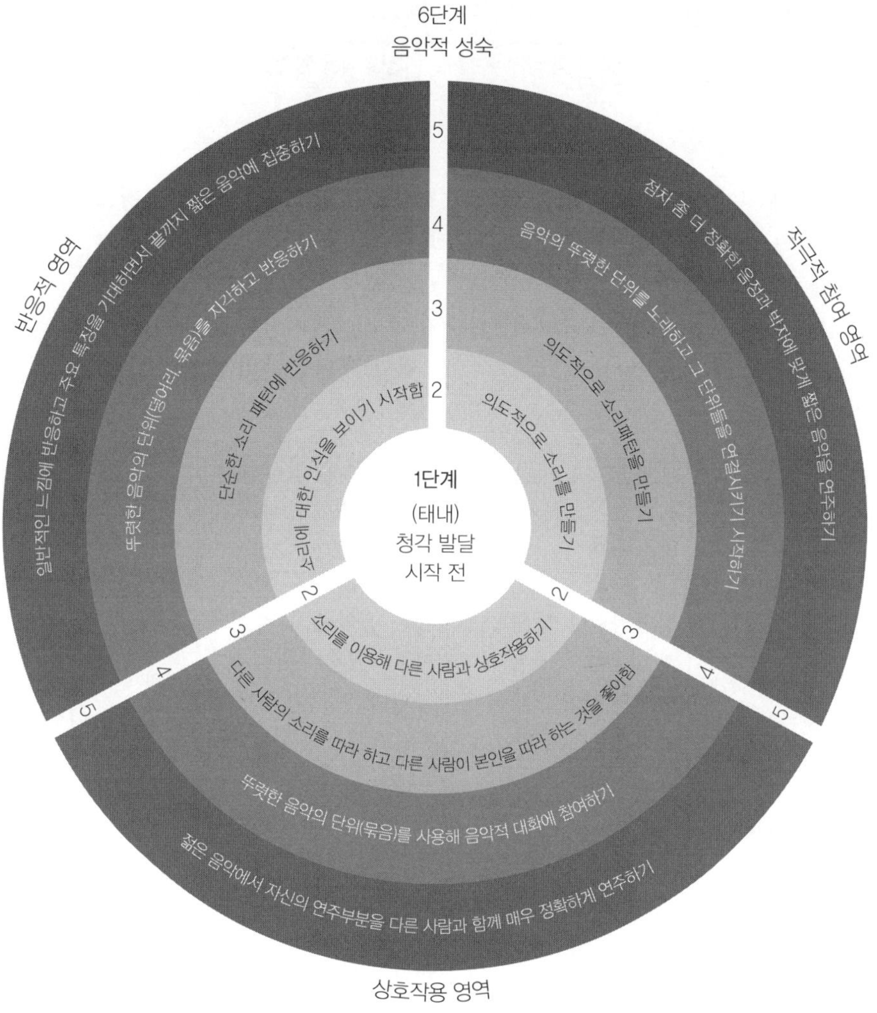

1단계: 청각 발달 시작 전 2단계: 소리에 흥미 가지기 3단계: 모방하기
4단계: 짧은 노래 부분 5단계: 음정, 박자에 맞게 전체 노래를 부르기 6단계: 음악적 성숙

[그림 7-2] Sol-EY Framework

〈표 7-1〉 Sol-EY의 구성

단계	반응적 영역(R)	상호작용 영역(P)	적극적 참여 영역(I)
1단계(태내) 청각발달 시작 전	–	–	–
2단계 소리에 흥미 가지기	소리에 대한 인식을 보이기 시작함.	소리를 이용해 다른 사람과 상호작용하기	의도적으로 소리를 만들기
3단계 모방하기	단순한 소리 패턴에 반응하기	다른 사람의 소리를 따라 하고 다른 사람이 본인을 따라 하는 것을 좋아함.	의도적으로 소리패턴을 만들기
4단계 짧은 노래 부분	뚜렷한 음악의 단위(덩어리, 묶음)를 지각하고 반응하기	뚜렷한 음악의 단위(묶음)를 사용해 음악적 대화에 참여하기	음악의 뚜렷한 단위를 노래하고 그 단위들을 연결시키기 시작하기
5단계 음정, 박자에 맞게 전체 노래부르기	일반적인 느낌에 반응하고 주요 특징을 기대하면서 끝까지 짧은 음악에 집중하기	짧은 음악에서 자신의 연주부분을 다른 사람과 함께 매우 정확하게 연주하기	점차 좀 더 정확한 음정과 박자에 맞게 짧은 음악을 연주하기
6단계 음악적 성숙	–	–	–

08

세계 유아음악교육과정 분석

세계 여러 나라의 각 교과영역은 교육과정 혹은 핵심 표준(기준) 같은 교육과정을 통해 학교교육현장에서 핵심적으로 알아야 할 혹은 최소한으로 알아야할 교육내용을 제공하고 있다. 초중등교육에 비해 교사의 융통성과 자율성이 높고 독립된 교과가 아닌 통합적 교육이 이루어지는 유아교육에 있어 음악교육영역은 보통 예술교육과정으로 통합되어 포함되는 형태도 있고, 음악교육과정이 분리되어 제시되는 형태도 있다. 또한 예술교육과정 내에서 세분화되어 제시되는 경우도 있지만, 때로는 창의적 융합교육내용으로 포괄적으로 제시된 경우들도 있다. 〈표 8-1〉은 세계 유아음악교육과정(이영애, 2015)에 제시된 국가들 중 주요 국가를 중심으로 유아음악교육에 해당되는 내용들을 발췌한 내용이다. 더 많은 국가의 세계 유아음악교육과정에 대한 보다 자세한 내용은 세계 유아음아교육과정(이영애, 2015)을 참조하기 바란다.

〈표 8-1〉 여러 국가의 유아음악교육과정

	미국	영국(잉글랜드)	호주	핀란드	일본	한국
교육과정 내 영역	국가 공통 핵심예술 표준(PreK~8학년)에서 '핵심음악표준'(유아기)	'표현적 예술과 디자인' 영역	'예술' 영역에서 '음악'	• 음악교육에 대한 부분이 별도로 없음 –유아교육 · 보육과정 지도서에서 '예술적 경험과 자기 표현' –국가 핵심 취학 전 교육과정에서 '예술과 문화' 영역	'표현'(Expression)	'예술경험'
교육목표 및 내용	• **창작하기(Creating)** –상상하기(Imagine) –계획하기와 고안하기(Plan and make) –평가하고 개선하기(Evaluate and Refine) –보여 주기(Present) • **연주하기(Performing)** –선택하기(Select) –분석하기(Analyze) –해석하기(Interpret) –연습하고, 평가하고, 개선하기(Rehearse, Evaluate and Refine) –보여 주기(Present)	• **매체와 자료 탐색하기와 사용하기**: 유아는 노래를 부르고 음악과 춤을 만들고 그것들을 변화시키는 방법으로 실험한다. 다양한 자료, 도구와 기법, 색, 디자인, 질감, 형태, 기능 실험하기를 안전하게 이용하고 탐색한다.	• **호주 음악교육의 목표** –창의적인, 독창적인, 사려 깊은, 능숙한, 그리고 알려진 음악가가 될 자신감 –의도와 목적을 가지고 작곡하고 연주하고 즉흥 연주하고 반응하고 듣기 위한 기술 –전 세계적 공동체, 문화, 음악적 전통을 아우르는 심미적 지식과 존중 그리고 실제 –독립적 음악 학습자가 되기 위한 기량을 습득하는 동안 청각예술 형식으로서 음악을 이해	• **'예술적 경험과 자기 표현'의 교육과정 내용에 기초하는 여섯 가지 경험 중 '심미적 경험'영역** –유아에게 개인적 감수성, 감정, 아름다움, 조화, 멜로디, 리듬, 스타일, 흥분, 기쁨뿐만 아니라 대조적 감정을 경험하게 만든다. –인간됨과 인간성의 발달과 같은 자아 정체성 과정을 거친다.	• **목표** –다양한 것의 아름다움과 다른 특성에 대한 깊은 감각을 발달시키기 –자기 자신의 방식으로 느낌과 생각 표현하는 것을 즐기기 –풍부한 상상력을 이용하여 하루 일과 중에 다양한 방법의 자기 표현을 즐기기	• **목표** –자연과 생활 및 예술에서 아름다움을 느낀다. –예술을 통해 창의적으로 표현하는 과정을 즐긴다. –다양한 예술 표현을 존중한다. • **내용 범주는 크게 세 가지로 구분** –아름다움 찾아보기 –창의적으로 표현하기 –예술 감상하기

교육목표 및 내용	• **반응하기(Responding)** –선택하기(Select) –분석하기(Analyze) –해석하기(Interpret) –평가하기(Evaluate) • **연결하기(Connecting, 연계하기, 관련짓기)**	• **창의적이기(Being imaginative)**: 유아는 매체와 자료의 사용 목적과 방법에 대해 생각하면서 그들이 배워 왔던 원래 방법으로 매체와 자료를 사용한다. 자신의 아이디어와 생각, 느낌을 디자인과 과학 기술, 예술, 음악, 움직임, 역할극과 이야기를 통해 표현한다.	• **기초단계부터 2학년까지의 음악교육 내용** –목소리, 움직임과 신체, 타악기를 이용해서 소리, 음높이, 리듬 패턴을 탐색하고 모방하여 청각 기술 발달시키기 –즉흥 연주, 찬트와 노래 그리고 라임의 레퍼토리를 연습하기 위해 노래하고 악기 연주하기 –청중과 아이디어를 소통하기 위해 작품 창작하고 연주하기 –호주 원주민과 토러스 해협 섬사람들의 음악을 포함한 호주 음악에서 시작하여 음악에 반응하고 사람들이 어디에서 그리고 왜 음악을 만들었는지 고려하기	• **예술과 문화** –예술적 경험을 통해 유아의 정서적 · 실제적(practical) · 인지적 · 창의성 발달을 도모한다. –예술적 경험과 즐거움을 느끼고, 이와 관련된 토론의 기회도 갖는다. –예술 활동을 통해 자신과 주위 세계의 현상에 대한 정보를 발견한다. –예술을 통해 자기 표현의 기회를 갖는다. –자연, 인공 환경, 물질적 환경의 미적 가치와 문화적 가치를 감상하고 소중히 여기도록 배운다.	• **음악에 대한 교육내용** –하루 일과 중에 다양한 음, 색, 형태, 질감, 동작을 느끼고 인식하는 것을 즐기기 –소리를 이용해서 느낌과 생각 표현하기 –음악과 친숙해지고, 노래부르기를 즐기고, 간단한 리듬악기 등을 사용하기 –표현하기, 공연하기를 즐기고 말과 동작을 통해서 자신이 만든 이미지를 가지고 연주하기를 즐기기	▶ 음악 영역은 '창의적으로 표현하기' 부분에서 제시되어 있다. –노래를 즐겨 부른다. –신체, 사물, 악기로 간단한 소리와 리듬을 만들어 본다. ▶ '예술 감상하기' 부분에서도 제시되어 있다. ★자신과 또래의 작품, 음악, 춤, 미술작품, 극, 건축물 등을 감상할 때, –다양한 예술을 감상하며 상상하기를 즐긴다. –서로 다른 예술 표현을 존중한다. –우리나라 전통 예술에 관심을 갖고 친숙해진다.

〈표 8-2〉 여러 국가의 유아음악교육 종합

미국	영국	호주	핀란드	일본	한국
• 유아기부터 중 · 고등 과정까지 동일한 내용 체계 아래에서 연계됨. • 음악영역에서 습득해야 할 개념, 기술, 태도, 가치 등을 구체적으로 진술함.	• 음악적 기술이나 요소보다는 예술경험을 통한 유아의 아이디어를 창의적으로 발전시키는 데 집중함.	• 음악교육에 대한 근거와 목표, 음악 학습, 활동 내용, 음악의 지식과 기술에 대한 내용 및 예시, 교육 내용과 행동지침, 음악활동 및 포함할 음악 요소 등이 구체적으로 제시됨. • 다른 영역과 통합하는 내용(특히 토착문화) 제시함. • 평가를 위한 구체적 내용 제시로 현장 적용이 용이함.	• 음악만 별도로 제시하지 않고 포괄적으로 예술 영역으로서 제시함. • 예술경험을 통한 반응이나 정체성 형성, 문화 정체성 등을 강조함.	• 예술에 관해 포괄적으로 제시함. • 음악적인 부분은 매우 간단함. • 목표와 내용, 지도 시 고려 사항으로 나누어 제시하는데, 예술을 즐기고, 표현하고, 활용하는 내용으로 구성됨. • 연령별이나 수준별로 교육 내용이나 목표를 구체적으로 제시하지 않음.	• 음악적 요소의 구체적인 제시나 음악교육의 성취 기준이나 평가 내용 등 세부 내용은 구체적으로 제시되지 않음. • 예술에 대하여 포괄적이고 통합적인 방식으로 제시함.

09

유아음악교육 프로그램 분석

1970년부터 시작된 국내 유아음악교육 관련 연구들은 교육대학원 학위논문을 중심으로 이루어졌다. 대부분의 현장 교사인 교육대학원 연구자들은 현장 적용 관련 연구들을 많이 시행하였는데, 대표적인 연구주제가 음악 프로그램의 현장 적용 효과를 보는 것이었다. 유아음악교육 관련 프로그램 연구들은 그 양적으로 매우 방대한데, 음악영역 내 통합활동으로 구성된 유아음악교육 프로그램 연구들이 가장 많이 수행되었다. 이러한 연구들은 유아음악교육 프로그램을 통해 유아 발달을 향상시키고자 한 연구들이 대부분이다. 각 연구들에서 효과를 살펴본 발달영역들 중 사회성 발달이 가장 빈번한 것으로 나타났으며, 정서발달, 창의성발달, 신체·언어발달, 인지발달 순으로 나타났다(이영애, 이경연, 2018). 특히 인지발달을 종속변인으로 한 연구는 부족하였는데, 이는 유아의 인지검사를 하는 것이 많은 시간과 에너지를 소요하기 때문으로 추측된다. 메타분석을 통해 음악교육 프로그램의 효과크기를 살펴본 선행연구(이영애, 이경연, 2018; 이혜원, 2015)에 따르면, 음악교육 프로그램 효과가 유아의 정서발달에 가장 큰 것으로 나타났으며, 신체발달, 사회성발달, 창의성발달, 언어발달의 순이었다.

1. 프로그램 개발 요소 및 절차

프로그램을 개발하는 데에는 여러 가지 방식이 있다. 가령 바텀업(botton-up) 방식과 탑다운(top-down) 방식이 있는데, 기존에 있던 활동내용을 다시 재구성하여 프로그램 개발 절차에 따라 점검하고 재구성하는 방식과, 이론적 배경으로부터 내용을 선정하고 프로그램의 목표에 따라 교육활동을 계획하는 방식이 있다. 그런데 두 가지 경우 모두 해당 프로그램을 왜 개발해야 하는지에 대한 문제제기, 즉 프로그램의 목적을 설정하는 것이 어떠한 방식에서든 최우선으로 생각해야 할 부분이다. 본 프로그램이 유아들의 사회성 발달을 위한 것인지, 유아들에게 최대한 다양한 장르의 음악을 많이 접하게 하는 것인지, 음 개념 학습을 위한 것인지 등 목적이 수립되어야 한다. 이러한 프로그램 개발 목적이 수립되면 프로그램 계획 수립에 들어가야 하는데, 프로그램 계획은 마치 제안서를 쓰거나 논문 프로포절을 하듯이 계획할 수도 있지만, 시작단계에는 한눈에 들어올 수 있는 간단한 맵[그림, 플로차트(flowchart) 등]을 그려서 프로그램 개발 계획을 할 수 있다. 프로그램 개발 계획이 수립되었으면 기존에 비슷한 프로그램 관련 연구들이 있는지 선행연구를 검색하여 분석하고, 본 프로그램의 목적에 맞는 이론적 개념에 대한 문헌들을 고찰하여 정리하는 것이 필요하다. 선행연구를 통해 기존 연구들의 프로그램 개발과정들을 검토하고, 개발과정의 차이점은 무엇인지, 타당도와 적합성은 어떻게 검증하였는지도 살펴볼 수 있다. 대부분의 연구들은 자세히 개발 과정을 제시하고는 있으나, 논문에는 제시되어 있지 않은 정보가 필요할 수 있으므로 필요에 따라서는 연구자를 컨택 해서 추가 정보를 조사할 수 있다. 문헌을 통해 얻은 정보들 외에 설문조사나 델파이 조사를 통해서 현장의 요구들을 살펴볼 수 있다. 특히 교사교육 프로그램 등은 교사가 현재 필요한 현장의 요구가 반영되어야 개발된 프로그램이 현장에 실질적인 도움을 줄 수 있기 때문이다. 이러한 선행연구 및 문헌고찰, 설문조사나 델파이조사 등을 통해 프로그램에 필요한 구성 개념을 추출하고 본 프로그램 목적에 맞게 추출된 개념을 조직한다. 이 부분까지가 프로그램 시안 구성 전 단계라고 할 수 있다.

본격적인 프로그램 시안 구성을 시작할 때 프로그램의 목적과 목표를 설정한다.

목적은 프로그램의 방향성을 포괄적 수준에서 제시한다면, 목표는 주로 학습자의 성취목표 중심으로 구체적인 수준에서 설정한다. 프로그램의 목적과 목표를 설정한 후 이전 단계에서 선행연구와 문헌, 설문조사 등을 중심으로 프로그램 시안에 필요한 내용영역과 내용요소를 선정한다. 교육내용을 선정한 후 교수-학습방법을 설정한다. 교수-학습방법 구성과정은 어떠한 교수-학습원리에 따라 활동을 조직할 것인지 교수-학습원리를 이론적 배경과 목표에 맞추어 선정하고, 교수-학습원리를 실행하는 데에 필요한 교수-학습전략을 수립한다. 또한 어떠한 단계에 따라 제시할 것인지 교수-학습 단계를 구성하고, 이에 따른 교수-학습활동을 구성하며, 각 단계별 교사의 역할을 고려하여 구안한다. 교육목표에 따른 내용을 선정하고 교수-학습 방법을 구성하였다면, 본 활동을 구성한다. 활동 구성은 이론적 고찰을 통해 추출한 내용요소와 연결하여 주차별로 구성하며, 구성된 활동 내용은 전문가 및 현장교사로부터 내용타당도 검증을 받는다. 내용타당도 검증을 통해 시안이 정리되면, 프로그램을 적용하여 교육의 성취정도와 적절성을 파악하고 교수-학습 과정에서 나타나는 학습자의 반응을 평가할 수 있는 평가 방법을 구안한다. 프로그램을 적용하고 관찰을 통한 질적 평가를 할 수도 있고, 프로그램 시행 전후 검사를 통해 프로그램의 적절성을 양적으로 평가할 수도 있다. 또한 프로그램을 실행한 교사평가, 참여유아평가, 프로그램 개발자 평가로 나누어 평가할 수도 있다. 이러한 과정을 통해서 프로그램 평가가 분석된 후, 프로그램의 최종안을 마무리 짓는다. 프로그램은 시안구성을 완벽히 하고 평가 후 최종안 개발을 하는 경우가 대부분이나, 최근에는 기본 내용요소와 개발 방향만을 정한 후, 참여자들의 반응과 제안을 반영하여 지속적으로 교육내용을 재구성하면서 프로그램 개발과 시행이 역동적으로 변형되면서 이루어지는 경우도 있다. 예를 들어, 김윤덕(2018)의 연구는 부모교육 프로그램으로, 기본 목적과 목표를 설정하고 내용 요소를 선정하여 프로그램 시안을 구성한 후 소그룹 부모교육 워크숍을 통해 부모의 제안과 반응을 반영하여, 부모교육 내용을 지속적으로 재구성하여 이루어지는 부모교육 프로그램을 개발 및 시행하였다.

프로그램 개발 절차와 시안 구성 절차를 요약하면 [그림 9-1], [그림 9-2]와 같다.

[그림 9-1] 프로그램 개발 절차

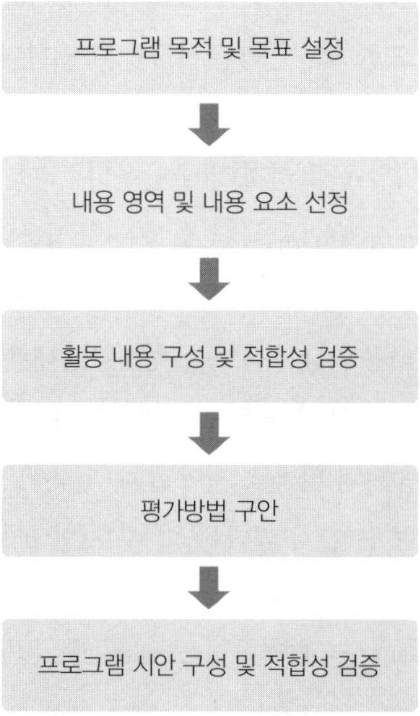

[그림 9-2] 프로그램 시안 구성 절차

국내 유아음악 프로그램 관련 논문 목록은 〈표 9-1〉과 같다.

〈표 9-1〉 음악 프로그램 (학위논문)—유아대상

	저자	논문 제목	종속변인/효과
1	박명숙(2000) 박사	유아의 음악 듣기교육 프로그램 연구	음악능력발달 이론을 토대로 교육방법 구안, 제시
2	정원경(2003) 석사	취학 전 아동의 국악 프로그램 개발 연구	국악적 음악개념, 음악능력, 전인발달
3	김미란(2003) 석사	유아전통음악교육 프로그램의 효과	전통음악능력, 리듬감

4	황성숙(2004) 박사	유아의 언어발달을 촉진하는 음악교육 프로그램 개발	언어발달
5	김광자(2004a) 박사	포괄적 음악교육에 기초한 유아의 음악적 능력 증진 프로그램 개발 및 효과검증	음악적 능력
6	이경미(2005) 석사	영어노래를 통한 음악활동 프로그램의 개발과 유아의 영어획득 효과 분석	프로그램 개발 및 적용
7	신지선(2005) 석사	Gardner의 음악지능이론에 기초한 음악프로그램 개발과 효과 검증	음악적 소질
8	이은주(2005) 박사	한국전래 노래의 다문화적 음악교육을 위한 교사교육프로그램의 개발과 적용	프로그램 개발 활용방안 모색
9	최영미(2006) 석사	통합적인 음악학습 프로그램에 관한 연구: 유아음악 교육을 중심으로	프로그램 연구, 기초자료제공
10	이은지(2006) 석사	생태유아음악교육 프로그램 개발을 위한 기초 연구: 영가무도(詠歌舞蹈)를 중심으로	생태유아음악교육을 위한 기초 연구
11	김혜진(2006) 석사	유아들을 위한 통합적 국악교육활동 프로그램 연구	유아학습 동기 유발과 학습 성취 극대화할 수 있는 지도안 개발
12	조윤희(2006) 석사	유아를 위한 리듬교육 프로그램 연구: Orff-Schulwerk 접근법을 중심으로	리듬능력
13	전은숙(2006) 석사	영어노래를 통한 음악활동 프로그램의 개발과 유아의 영어획득 효과 분석	프로그램 개발 및 적용
14	강신영(2007) 박사	음악개념 중심의 통합적 유아 음악감상과 표현활동의 적용 효과	음악개념, 음악적 표현력
15	장은희(2007) 박사	동화에 기초한 유아음악극 프로그램 구성 및 효과 연구	이야기 이해능력
16	허수정(2008) 석사	Arts Propel을 적용한 유아음악 프로그램의 효과	음악적 지능향상, 전인발달
17	방은영(2008) 박사	유아음악성 계발을 위한 프로그램 구성 및 적용 효과	음악성
18	임은애(2008b) 박사	통합 음악교육 프로그램이 유아의 음악적 능력 향상에 미치는 효과	음악적 능력
19	이정선(2008) 석사	창의성 발달을 위한 유아음악교육 프로그램에 관한 연구	창의성
20	홍정효(2008) 석사	기타(Guitar)를 활용한 유아음악교육 프로그램 개발 기초 연구	프로그램 개발 및 적용

21	김연주(2008) 박사	노래동화를 활용한 통합적 유아음악교육 프로그램 개발 및 효과	언어표현능력, 음악표현능력, 창의성
22	전귀례(2009) 석사	생태유아교육과정에 의한 전래동요 프로그램 개발 연구	프로그램 개발, 적용
23	김도진(2009) 박사	동화와 음악활동 중심의 유아용 창의성프로그램의 창의성 증진 효과	창의성
24	김법순(2009) 박사	유아의 음악능력 증진을 위한 포괄적 음악교육 프로그램 개발	음악능력
25	김은경(2010) 석사	만 2~3세 유아의 음악적 개념 이해를 위한 피아노 학습 프로그램 개발	음악적 개념
26	조숙진(2010) 박사	영아-교사의 애착 증진을 위한 음률활동 프로그램 개발 및 효과	애착증진
27	이수민(2010) 박사	수학개념에 기초한 유아 음악프로그램의 구성 및 적용	음악성, 수학개념, 창의성
28	곽봉애(2010) 석사	통합적 리듬악기 지도 프로그램이 유아의 음악 능력 및 음악적 창의성에 미치는 영향	음악능력, 음악적 창의성
29	박은영(2011) 박사	반응적 상호작용에 기초한 유아음악교육 프로그램 개발 및 효과	음악적 소양, 정서적 성장
30	장정애(2011) 박사	자연의 소리를 활용한 통합적 유아음악교육 프로그램 구성 및 효과	음악능력, 환경 친화적 소양
31	김성민(2011) 석사	심미적 접근을 통한 유아음악교육 프로그램 개발 연구	교사들에게 교육적 자료 제공
32	김한나(2011) 석사	영아국악놀이 프로그램 개발 연구	영아의 음악성 발달, 보호자들에게 국악에 대한 이해도 높임
33	류은미(2011) 박사	영아의 사회정서 발달을 위한 음악활동 프로그램 개발 및 효과 연구	사회정서
34	김미정(2011) 박사	사회 · 정서 통합에 기초한 영아 음악프로그램의 개발 및 적용 효과	사회정서
35	정현영(2012) 박사	표현활동중심의 유아음악교육 프로그램 구성 및 적용 효과	창의성, 음악적 태도, 음악적 인지와 감성지능, 자아개념
36	박지은(2012) 박사	유아의 정서조절을 위한 음악활동 프로그램 개발 연구	정서조절

37	이상미(2012) 박사	미술감상을 통한 포괄적 유아음악교육 프로그램 구성 및 적용 효과	음악적 창의성, 음악적 태도, 미술감상 능력
38	전혜미(2012) 석사	통합유아음악교육 프로그램에 대한 비교·분석 연구	유아음악의 육성과 발전에 기여
39	강보라(2012) 박사	그림책을 활용한 창의적 유아음악교육 프로그램 개발 및 효과	창의성
40	김민채(2012) 박사	다문화 유아음악교육 프로그램 개발 및 효과	반편견, 친사회적 행동
41	정인선(2013) 석사	저소득층 영아와 어머니를 위한 그림책 활용 음악프로그램 개발 및 적용 효과	긍정적 상호작용, 영아의 정서지능
42	윤혜자(2013) 박사	국악장단중심 유아음악교육 프로그램 개발 및 효과	리듬감
43	유혜자(2013) 박사	풍물놀이 중심의 유아 국악교육 프로그램 구성 및 적용 효과	국악교육 프로그램 구성 및 적용효과
44	김혜숙(2013) 박사	클래식 음악을 활용한 유아동요 노랫말 분석 및 음악활동 프로그램 연구	교육현장용의 활동 프로그램을 구성, 적용함으로써 클래식 음악 활용결과 분석
45	이한내(2015) 석사	이야기를 활용한 통합적 음악감상 프로그램 구성 및 적용 효과: 만 5세 유아의 음악 표현 능력을 중심으로	음악표현력
46	강소희(2015) 석사	인성 함양을 위한 국악교육 프로그램의 개발 연구: 영·유아 중심으로	인성
47	조민아(2015) 석사	음악 기반 감각통합놀이 프로그램이 유아의 창의성에 미치는 효과	창의성
48	김지은(2015) 석사	음악 기반 감각통합놀이 프로그램이 유아의 자아개념과 기본생활습관 향상에 미치는 효과	자아개념, 기본생활습관
49	김혜영(2015) 박사	오르프 교수법에 기초한 통합유아음악교육 프로그램 개발 및 효과 검증	현장에서 활용할 수 있는 음악 프로그램을 제공
50	김명정(2015) 박사	스토리텔링에 기반한 유아 과학음악극 프로그램 개발 및 적용 효과	창의성, 과학적 탐구능력, 음악적 표현능력
51	고승현(2016) 석사	음악 기반 감각통합놀이 프로그램이 유아의 자아개념과 친사회적 행동에 미치는 영향	자아개념, 친사회적 행동
52	정선영(2015) 박사	음악활동을 통한 인성교육프로그램 개발 및 적용	인성

53	정가희(2015) 석사	누리과정에 기초한 유아 주도적 음악극 놀이 프로그램 모형 개발	유아 주도적 음악극 놀이 프로그램 개발
54	한송이(2016a) 박사	고전음악을 활용한 유아음악극 프로그램 개발 및 효과	음악적 능력, 공감능력
55	권미성(2016) 석사	음률영역 활성화 프로그램이 영아의 음악적 능력과 신체표현능력에 미치는 영향	음악적 능력, 신체표현능력
56	김성신(2016) 석사	통합적 음악요소 중심의 음악활동 프로그램이 유아의 음악적 능력 향상에 미치는 영향	음악적 능력
57	정재희(2016) 석사	음악 기반 감각통합놀이 프로그램이 유아의 언어능력과 자기조절력 향상에 미치는 영향	언어, 자기조절력
58	우은주(2016) 박사	유아의 자기조절능력 증진을 위한 음악극 프로그램 개발 및 적용 효과	자기조절력
59	김권일(2016) 박사	조옮김을 활용한 유아음악교육 프로그램 개발 및 효과	음악적 표현능력, 음악적 창의성
60	황옥경(2016) 박사	창작 동요를 활용한 유아음악교육 프로그램 개발 및 적용	음악적 흥미도, 음악적성
61	유은숙(2016) 박사	누리과정과 연계한 리듬중심 음악교육 프로그램 개발 및 적용가능성 탐색-만 5세 유아를 중심으로	리듬능력
62	김현(2016) 박사	음악개념에 기초한 유아음악교육 프로그램 개발 및 효과	음악적 인지능력, 음악적 표현능력
63	김민희(2016) 석사	일상의 소리를 활용한 유아음악교육 프로그램 개발 및 적용	심미적 반응, 음악적 표현능력
64	정윤희(2016) 박사	프로젝트 스펙트럼에 기초한 유아음악교육 프로그램 개발 및 효과	음악적 능력
65	서영민(2017) 박사	패턴중심 음악만들기 프로그램이 유아의 수학패턴인지 및 음악창의성에 미치는 효과	패턴인지, 창의성
66	권종애(2017) 박사	동양의 마음이론에 기초한 유아음악감상교육 프로그램 개발 및 적용 연구	음악적 태도, 개념, 표현능력, 정서와 친사회적
67	정진화(2017) 박사	노래를 활용한 유아극놀이 프로그램 개발 및 효과	공감능력, 언어능력, 작업기억능력, 음악능력을 통합적으로 함양시킬 수 있는 교수학습방법을 제공

68	권오선(2017) 박사	음개념에 기초한 유아 새노래 교육 프로그램의 개발	음악적성, 음악적 창의성
69	심재연(2017) 박사	정서 기반 유아음률 프로그램 개발 및 효과	정서
70	김수경(2017) 석사	정서함양을 위한 유아음악교육 프로그램에 대한 질적 연구	정서
71	김미경(2018) 박사	동요를 활용한 통합적 유아음악교육 프로그램 개발 및 적용	음악적 태도, 음악 적성 및 정서지능
72	안명옥(2019) 박사	만 5세반 유아의 그림책을 활용한 음악만들기 프로그램 개발 및 효과	음악적성, 음악창의성
73	박수연(2018) 박사	성교육 그림책을 활용한 음악극 프로그램 구성 및 적용 효과	유아 성교육 프로그램 구성과 실행의 기초 자료를 제공
74	박선영(2018) 박사	유아 정서능력 증진을 위한 배경음악 활용 동화듣기 프로그램 개발 및 적용	정서
75	황지선(2018) 박사	음악중심 유아 STEAM 프로그램 개발 및 효과	유아의 음악적 인지능력, 음악적 창의성
76	김보라(2018) 박사	전래동화를 활용한 유아극놀이 프로그램 개발 및 효과	프로그램 개발 및 타당성 검증
77	김미옥(2019) 박사	유아를 위한 창의·인성교육 프로그램의 개발 및 효과 검증: 음악활동을 중심으로	창의성, 인성
78	이경혜(2019) 박사	유아예술통합교육 프로그램 개발 및 효과 연구	창의성 증진에 효과
79	안혜정(2019) 박사	클래식음악을 활용한 유아음악극 프로그램 개발 및 효과	현장교사들의 클래식 음악을 통합적으로 활용할 수 있는 방법 제시, 유아의 음악적 창의성 증진
80	김미정(2019) 석사	영아기 자녀와 부/모 간 상호작용 증진을 위한 음악 프로그램 연구	프로그램 적용, 효과검증
81	주수미(2019) 박사	음악만들기 중심 유아음악교육 프로그램 개발 및 효과	음악적 태도, 음악적 표현력
82	권미현(2019) 석사	전래놀이를 융합한 유아 타악 교육연구: 사회성과 주의집중력을 중심으로	사회성, 주의집중력
83	차영아(2020) 박사	선곡활동 및 가사 만들어 부르기를 통한 유아 행복감 증진 프로그램의 효과	행복감

84	이은숙(2020) 박사	전래동요에 기초한 유아인성교육 프로그램 개발 및 효과 분석	인성, 사회적 유능감, 국악능력 및 국악흥미도
85	김세정(2020) 박사	마당극을 활용한 역사체험 중심 유아 전통문화교육 프로그램의 개발 및 효과	유아전통문화교육 프로그램 개발과 현장 적용 타당성 및 효과 검증

〈표 9-2〉 음악 프로그램 (학술지)—유아대상

	저자	제목	종속변인/효과
1	김지언(2020)	음악적 요소 관련 유아예술경험 프로그램 개발 기초 연구	프로그램 개발
2	이연승, 안혜정 (2020)	클래식음악을 활용한 유아음악극 프로그램이 유아의 음악적 창의성에 미치는 영향	음악적 창의성
3	서미란, 이미나 (2019)	신체표현을 활용한 유아음악놀이 프로그램 효과 연구	자아존중감, 정서지능
4	김미경, 권정윤 (2019)	동요를 활용한 통합적 유아음악교육 프로그램 개발 및 적용	음악적 태도, 음악적성, 정서지능
5	이경혜, 김미애 (2019)	유아예술통합교육 프로그램 개발 및 효과 연구	창의성 증진
6	박수연, 김수향 (2018)	성교육 그림책을 활용한 유아음악극 프로그램 구성 및 적용 효과	유아의 성 관련 이야기 이해력에 미치는 효과
7	황지선, 박창현 (2018)	음악중심 유아 STEAM 프로그램이 유아의 음악적 창의성에 미치는 영향	음악적 창의성
8	서영민, 이순형 (2018)	패턴중심 음악만들기 프로그램이 유아의 수학패턴인지 및 음악창의성에 미치는 효과	수학패턴인지, 음악창의성
9	권오선, 김영연, 양옥승(2018)	음개념에 기초한 유아 새노래 교육 프로그램의 개발	음악적성과 음악적 창의성
10	권종애, 문미옥 (2017)	동양의 마음이론에 기초한 유아음악감상교육 프로그램 개발 연구	프로그램 개발, 기초자료 제공
11	권미성, 백지혜 (2017)	음률영역 활성화 프로그램이 영아의 음악적 능력과 신체표현능력에 미치는 효과	음악적 능력, 신체표현능력
12	정진화(2017)	노래를 활용한 유아극놀이 프로그램 개발 및 효과	공감능력 언어능력 작업기억능력

13	이진실, 정가윤(2017)	창작국악을 도입한 유아국악교육 프로그램 적용 효과	국악 음악성, 국악 선호도
14	김권일, 김영옥(2016)	조옮김을 활용한 유아음악교육 프로그램 개발 및 효과	음악적 표현능력, 음악적 창의성
15	한송이(2016b)	음악가의 작품과 삶에 기초한 유아음악극 프로그램 개발	음악적 능력, 공감능력
16	김혜영(2016)	오르프 교수법에 기초한 통합유아음악교육 프로그램 개발 및 효과 검증	정서지능
17	정영선, 김영연, 홍순옥(2016)	음악활동을 통한 유아인성교육 프로그램 적용 효과	도덕성, 사회성, 감성 영역
18	김선희(2015)	통합적 유아음악교육 프로그램 모형 개발	음악성, 전인발달
19	김명정(2015)	스토리텔링에 기반한 유아 과학음악극 프로그램 개발 및 적용 효과	창의성, 과학적 탐구능력, 음악적 표현능력 향상
20	하정희(2015)	누리과정에 기초한 통합 유아음악교육 프로그램의 효과	음악적 능력, 음악적 태도
21	한송이(2015)	스토리텔링 기반 음악교육 프로그램의 적용 및 효과	스토리텔링을 활용한 운지법 교육이 유아들의 음악 실기능력 향상에 도움
22	박형신(2014)	국악요소에 기초한 유아국악교육 프로그램 개발 및 효과 검증	유아의 장단과 가락에 대한 이해 및 표현능력에 긍정적
23	고정리(2014)	음악감상을 통한 동작활동 프로그램이 유아의 자기효능감 및 자기조절능력에 미치는 효과	자기효능감, 자기조절능력
24	권은경(2013)	음악교수법 연구: 음악활동을 통한 유아의 창의성 계발 프로그램 연구	창의성
25	윤혜자(2013)	국악장단을 리듬패턴으로 활용한 유아음악 프로그램의 적용 효과	음악적 인지능력, 음악적 창의성, 장단이해능력
26	김연주, 조복희(2012)	노래동화를 활용한 통합적 유아음악교육 프로그램 개발 및 효과성에 관한 연구	음악표현능력, 언어표현능력 및 창의성
27	박지은, 최병철(2012)	유아의 정서조절능력 증진을 위한 음악활동 프로그램 개발 연구	정서조절능력
28	박은영, 최미숙(2012)	반응적 상호작용에 기초한 유아음악교육 프로그램 개발 및 효과	정서지능

29	윤영배(2012)	오르프 접근법에 의한 유아음악교육 프로그램이 창의성 증진에 미치는 효과	창의성
30	강보라(2012)	그림책을 활용한 창의적 유아음악교육 프로그램 개발 및 효과	창의성
31	이미혜(2011)	유아의 창의력 증진을 위한 사차원적 '음악하기' 교수전략 및 통합음악 프로그램 개발	창의성
32	김도진(2011)	동화와 음악을 활용한 창의성 프로그램이 유아의 창의성 증진에 미치는 효과	창의성
33	김미정, 이숙희(2011)	사회 · 정서 통합에 기초한 영아음악 프로그램의 개발 및 적용 효과	영아의 음악정서 증진과 사회 · 정서 긍정행동 증진, 사회 · 정서 부정행동 감소
34	안경숙(2011)	유아예술교육 활동과 연계된 창의적 극놀이 프로그램 개발 및 효과	창의성
35	서은주(2009)	통합적 유아음악 프로그램에 관한 연구	음악성 발달
36	방은영(2009a)	유아의 음악성 계발을 위한 프로그램 구성 및 적용	음악성
37	윤수진, 한석실(2009)	음악극 프로그램 개발 및 적용 효과	감성지능
38	홍정효, 황해익(2008)	기타(Guitar)를 활용한 유아음악교육 프로그램 개발 기초 연구	유아음악교육에 기타를 활용하는 것에 기초 제공
39	윤은미(2007)	Gordon의 음악학습이론에 기초한 유아 음악과 동작의 통합활동 프로그램 구성 및 적용 효과	음감, 리듬감, 음악표현력, 신체표현력
40	김미정, 이숙희(2008)	통합적 음악감상활동에 기초한 유아의 정서지능 증진 프로그램 개발 및 효과	정서지능
41	김광자, 강문희(2005)	포괄적 음악교육에 기초한 유아의 음악적 능력 증진 프로그램 개발 및 효과	음악적 능력
42	김광자(2004b)	MMCP에 기초한 유아의 음악적 능력 증진 프로그램 개발 및 효과	음악적 능력
43	안재신(2003)	다중지능이론에 기초한 유아음악교육 프로그램 모형 개발 연구	프로그램 모형 개발
44	임은애(2001)	유아의 음악적 이해 형성을 돕기 위한 통합 프로그램 개발	음악적 이해 (음악과 동작 통합활동에 대한 흥미 높음)

〈표 9-3〉 음악 프로그램 (학술지)-교사대상

	저자	논문 제목	종속변인
1	장은주(2008)	현직교사를 위한 유아음악교육 프로그램 모형 개발	프로그램 모형 개발
2	백지혜(2017)	예비유아교사를 위한 강점에 기초한 행복증진 유아음악교육 프로그램 개발 연구	프로그램 개발

〈표 9-4〉 음악 프로그램 (학위논문)-교사대상

	저자	논문 제목	종속변인
1	장은주(2007) 박사	현직교사를 위한 유아음악교육 프로그램 모형 개발	프로그램 모형 개발
2	김지운(2015) 박사	유아음악교육을 위한 액션러닝 기반의 현직교사교육 프로그램 모형 개발	현장에서 유아음악교육을 보다 활성화할 수 있도록 하기 위한 현직교사교육에 활용
3	김민희(2016) 석사	일상의 소리를 활용한 유아음악교육 프로그램 개발 및 적용	'음악적 요소 탐색하기'의 활동을 보완함으로써 현장교사의 다양한 음악활동 개선
4	곽윤경(2018) 박사	예비 유아교사를 위한 플립러닝 음악수업 교수안 개발 및 적용	플립러닝을 통한 음악수업의 효과 및 예비유아교사의 음악적 지식, 인식, 교수효능감
5	김정희(2020) 석사	유아 국악교육을 위한 활성화 지도 방안 연구: 서울시 송파구 유치원 어린이집을 중심으로	국악교육활성화를 위한 지도방안 제시
6	김지혜(2020) 석사	영아반 교사의 음악교육활동 운영실태와 '영아보육프로그램'의 음악교육활동에 대한 활용 어려움과 개선방안	교사용 지도사의 음악교육활동 개발 방향과 현직교육 방향제시

10

논문작성

1. 마인드맵을 활용한 연구주제 브레인스토밍

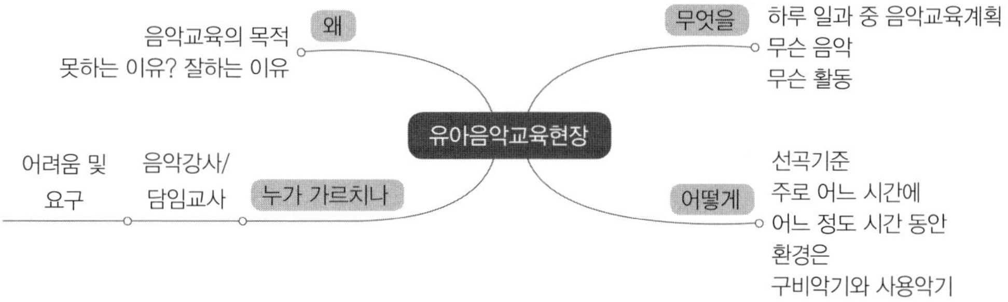

1장에서 작성한 자신의 현 상황과 연구관심에 대한 체크리스트를 통해 주제를 두세 개 잡아보고 마인드맵을 짜 보는 것도 최종 주제를 정하는 데 도움이 된다. 혹은 최종 주제가 추려졌더라도, 그 주제에 관한 브레인스토밍을 통해 주제를 시각화해 보면, 주제를 구체적으로 어떠한 내용을 포함하여 어느 범위까지 어떻게 연구할 것인지 기본 밑그림을 그릴 수 있다. 최근에는 다양한 컴퓨터 애플리케이션을 통해 쉽

게 마인드맵을 그릴 수 있지만, 컴퓨터로 그리지 않더라도 연필과 종이만 가지면 쉽게 주제 관련 마인드맵을 그려 볼 수 있다. 앞의 그림 예시는 연구자의 관심이 유아음악교육현장 즉 유아교육기관에서 음악교육이 어떻게 이루어지고 있는지 살펴보고 싶은 마음에서 출발한 주제이다. 주로 유치원(어린이집) 음악교육 실태나 인식에 관한 연구로 이루어진다. 유아음악교육 현장이라는 주제에는 누가, 무엇을, 어떻게 왜, 언제, 어디서 이루어지는지 살펴볼 수가 있다. 먼저, 유아음악교육 현장의 음악교육에 있어, 음악교육을 왜 하는지 즉 음악교육의 목적과 목표에 대해 살펴볼 수 있다. 이는 음악교육의 철학적 관점이나 발달적 관점 등 현장의 음악교육 방향을 살펴볼 수 있는 부분이다. 한편, 구체적인 음악교육 실태를 살펴봄에 있어 누가 음악을 가르치는지 즉 교수 주체에 대해서도 살펴볼 수 있는데, 특별활동 강사에 의해 음악수업이 주로 이루어지는지, 담임교사에 의해 이루어지는지, 둘 다 이루어지는지 살펴볼 필요가 있고 이 둘의 차이와 특성, 장단점, 어려움과 요구는 무엇인지 살펴볼 수 있다. 또한 음악수업에서 무엇을 가르치고 있는지 즉 교육내용적 측면을 살펴볼 수 있는데, 어떤 교육과정 하에 음악교육이 계획되며, 주로 무슨 음악과 어떤 활동이 이루어지는지 살펴볼 수 있다.

그리고 음악수업이 어떻게 이루어지는지, 즉 구체적인 교수학습방법에 대해 살펴볼 수 있는데, 음악의 선곡기준, 활동 선정기준, 음악환경 유무, 구비 악기와 사용악기, 하루일과 중 주로 어느 시간대에 어느 정도 시간 동안 음악교육이 이루어지는지 살펴볼 수 있다.

유아음악교육 현장 주제에 관한 국내 선행연구들은 〈표 10-1〉과 같다.

〈표 10-1〉 유아음악교육 현장 관련 연구주제 선행연구 목록

<table>
<tr><th>대분류</th><th colspan="2">소분류</th><th>선행연구</th></tr>
<tr><td rowspan="15">무엇을</td><td rowspan="8">유아음악교육 활동</td><td>교수법 기반</td><td>임영옥, 조광순(2006). 발달장애유아를 위한 오르프 음악활동중심 교육프로그램의 개발 및 적용 효과</td></tr>
<tr><td>통합</td><td>안경숙, 이옥주(2003). 소리에 대한 음악과 과학교육 통합 활동이 유아의 음악적 개념에 미치는 영향</td></tr>
<tr><td>감상</td><td>권종애, 문미옥(2017). 동양의 마음이론에 기초한 유아 음악감상교육 프로그램 적용 및 효과 분석</td></tr>
<tr><td>음악개념</td><td>서현, 김현(2016). 음악개념에 기초한 유아음악교육 프로그램이 유아의 음악적 인지능력과 음악적 표현능력에 미치는 영향</td></tr>
<tr><td>음악극</td><td>전인옥(2016). 다문화 그림책을 활용한 음악극 활동이 유아의 음악표현능력과 창의성에 미치는 영향</td></tr>
<tr><td>악기활용</td><td>서현, 김현, 박미자(2013). 타악기를 활용한 음악활동이 유아의 음악적 창의성과 정서지능에 미치는 영향</td></tr>
<tr><td>노래부르기</td><td>박형신, 조은정(2013). 민요 형식을 활용한 창의적 노래부르기 활동이 유아의 음악창의성과 국악선호도에 미치는 영향</td></tr>
<tr><td>만들기</td><td>김자희, 최연철(2017). 만 5세 유아와 함께한 음악만들기 실행연구</td></tr>
<tr><td colspan="2" rowspan="4">활동자료 분석</td><td>양지애, 이영애(2011). 유치원 교육활동 지도서의 음악 관련 활동 분석: 음악적 개념, 행동, 태도를 중심으로</td></tr>
<tr><td>정선영, 김영연(2008). 유아교육기관에서 활용하는 창작동요제 입상곡 악곡분석</td></tr>
<tr><td>손미이(2019). 누리과정의 유아기 음악교육 내용 범위와 계열 분석</td></tr>
<tr><td>안경숙(2012). 5세 누리과정 교사용 지도서의 음악 관련 활동 분석: 교육과정 요소를 중심으로</td></tr>
<tr><td colspan="2" rowspan="2">실태</td><td>김민채, 김영연(2012). 다문화유아음악교육의 운영 실태와 유치원 교사의 인식</td></tr>
<tr><td>김동환, 지성애(2018). 유아음악교육에 대한 실태와 교사의 인식 분석</td></tr>
</table>

왜	유아음악교육의 의미	고영자(2010). 유아의 리듬악기 활동을 통한 통합적 음악교육의 의미 고찰
		김영연(2017). 예술의 본질과 소통에 기반을 둔 유아음악교육에 대한 의미탐색
		안세정, 김은주(2015). 혜강(嵇康)의 『성무애락론(聲無哀樂論)』에서 찾은 생태적 유아음악교육 의미 탐색
	필요성	김유미(2000). 유아음악교육의 두뇌생리학적 근거와 적용
	중요성	정나영(2016). 교육사상가들의 유아음악교육의 중요성에 대한 고찰 및 현대 유아음악교육에의 함의(含意)
어떻게	환경 및 운영방안	이재경, 김미애(2016). 가정과 유아교육기관의 음악교육활동 및 환경에 관한 실태조사
		김인실(1997). 유아의 음악환경과 음악교육과의 관계에 관한 연구
		김영연(2010). 한국과 미국에서의 다문화 유아음악교육 비교연구
		김민정(2011). 전통 음악을 통한 유아기 다문화 음악교육의 운영 방안 모색
		박은영, 최미숙(2012). 수업 관찰과 면담을 통해 살펴본 유아음악활동 실태 및 개선점
		황은영, 장혜성, 장혜원(2008). 통합보육기관에서 시행되는 음악활동의 실태와 교사 지원 요구조사
	교수방법	마송희(2015). 유아음악과 언어의 통합교육에 대한 이론 및 교수방법에 관한 문헌 연구
		김소향, 안경숙(2009). 음악 교육내용 영역에 따른 유아교사의 교수방법 실제에 대한 연구
		김영연(1995). 유아음악교육의 이론과 실제: 유아의 음정지도를 위한 효과적인 교수 전략
		백지혜(2020). 들뢰즈 철학에 기초한 대안적 유아음악교육의 방향 탐색: 발명악보 활동을 중심으로

누가	교사인식	이효숙, 심성경(2001). 유아음악극에 대한 교사의 인식과 지도실태
		유영의, 권혜진, 송선화(2012). 유아음악교육 운영 실태 분석 및 음악환경에 대한 보육교사의 인식 연구
		방은영(2009c). 음악교육 전문가의 멘토링을 통한 유아교사의 음악 교수실제의 변화과정 탐색
		김혜경(2015). 예비유아교사의 음악에 대한 신념과 교육실습경험과의 관계
	교사역량	김지언(2017). 유아교사의 음악적 경험에 따른 음악적 개념 교육 실제의 차이 연구
		안경숙, 김소향(2011b). '악기' 프로젝트 과정에서 나타난 유아와 교사의 태도 및 역할이 유아음악교육에 주는 의미
		윤지영, 권오선(2012). 유아교사의 음악전문성 향상을 위한 방안 모색: 대학 유아음악 교육과정 분석 및 현직 교사 인식 조사
		김은정(2015). 교사의 음악교육에 대한 지식과 음악교육에 대한 태도의 수준 및 유아의 음악적 성향 간의 관계
	교사갈등	방은영(2016). 유아음악 강사들의 갈등경험에 대한 탐색

2. 목차 정하기

주제를 마인드맵을 통하여 시각화하였다면, 그 내용을 바탕으로 전체 목차를 정한다. 연구의 기본 목차는 '서론 – 이론적 배경 – 연구방법 – 결과 – 논의 및 결론– 참고문헌'의 순서이지만, 내용적인 순서는 왜 이 내용이 필요한지, 무엇을 어떻게 살펴볼 것인지에 대한 구체적인 내용을 목차로 정리해 볼 수 있다. 무엇보다 서론과 이론적 배경쓰기는 연구자들에게 매우 어려운 부분 중 하나이고, 특히 유아음악교육 관련 선행연구나 이론적 배경을 정리하는 것은 쉽지 않다. 주로 제목에 나타난 변인을 중심으로 이론적 배경을 고찰하게 되는데, 이론적 배경을 고찰하기 위해 변인을 키워드로 검색하여 국내외 선행연구와 문헌을 조사한다. 이론적 배경을 위한 선행연구는 제2부에서 살펴본 주요 국내외 사이트와 저널을 통해 검색할 수 있다.

3. 내용 흐름도를 통한 논리적 맥 잡기

논문을 처음 쓰기 시작할 때 서론부터 쓰려고 하지만, 사실 서론은 연구물의 핵심 화두를 던지는 키(key)이자, 가장 어려운 부분 중에 하나이다. 서론에서 독자에게 이 연구가 왜 필요한지 충분히 설득하지 못한다면 이후의 연구 전개는 사실상 무의미해지기 때문이다. 글을 쓰는 것은 누구에게나 부담스러운 일이고, 아무리 글에 소질이 있는 사람도 글짓기를 하는 것과 논리적 글쓰기는 매우 다른 성격을 띄기 때문에 논리적 맥을 잡아가는 것은 매우 중요하다. 이러한 논리적 맥을 잡는 것의 첫걸음으로 서론의 흐름도를 그려 보면 가시적으로 내용의 흐름이 보이므로 내용을 논리적으로 조직하기 쉽다. 작은 종이를 꺼내어, 흐름도를 한번 그려 보자. 이 논문의 주제가 왜 필요한지, 그림을 그리듯이 한 문장의 박스를 통해 그 맥을 잡고 재조직해 보면서 전체적인 흐름을 잡고, 그 이후 각 문장 박스를 한 단락으로 하여 근거가 될 문헌들과 선행연구를 포함하여 살을 붙여 나가면 쉽게 서론을 완성할 수 있다. 다음 [그림10-1]은 서론의 흐름도 예시이다.

유아의 삶에서 음악은 매우 중요하다.

↓

음악적 민감기인 이 시기에 다양한 장르의 음악적 노출이 중요하다.

↓

음악선호도란 어떤 특정한 것을 지지하는 정서적 반응인데,
유아기는 음악적 발달뿐 아니라 음악선호도가 결정될 수 있는 시기이다.

↓

선행연구들은 매우 이른 시기부터 소리에 대한 선호도가 발견됨을 보고한 바 있다.
일정 기간 노출을 통해 선호도가 변화 혹은 제한되므로
어린 시기에 다양한 장르의 음악을 제시할 필요가 있다.

↓

현재 유아들의 음악 장르 선호도를 파악한다면,
현장에서 음악감상 교육계획 시 선곡에 대한 정보를 제공할 수 있고,
기존 사용하던 음악감상 교수방법에 대한 평가에 의미 있는 정보를 제시할 것이다.

↓

유아들의 음악 장르에 관한 선호도를 이해하고
연령별 차이를 알아보는 데 그 목적이 있다.

[그림 10-1] 유아들의 음악 장르 선호도 주제의 서론 흐름도 예시

11

연구윤리

1. 연구윤리의 정의와 내용

서양문화권에 비해 우리나라의 연구윤리가 정착된 역사는 오래되지 않았으나, 최근에는 국내 연구기관에서도 연구윤리가 강화되고 있다. 연구윤리란 연구자가 연구를 수행하는 전 과정(제안, 계획, 수행, 보고, 검토, 확산 등)에서 인지하고 실천해야 하는 가치 및 규범을 말한다(이효빈, 조진호, 엄창섭, 이인재, 2019[1]).

연구윤리정보센터(https://www.cre.or.kr)에서 제공하는 각 대학별 연구윤리 지침 중 대표적으로 서울대학교 연구윤리 지침[2]에 대한 내용을 살펴보자면, 서울대학교에서는 연구자의 지적 호기심과 탐구를 충족할 수 있는 우호적 환경 조성과 연구할 자유에 대해 언급하고 있다. 그리고 이러한 자유에는 책임이 따른다고 명시하면서 연구윤리의 정의를 기술하고 연구윤리의 구체적인 내용을 제시하고 있다.

1) 이효빈, 조진호, 엄창섭, 이인재(2019). 신진연구자를 위한 가이드북. 한국연구재단.

2) 서울대학교 연구윤리 지침[시행 2010. 7. 16.] [서울대학교 학교지침 제-호, 2010. 7. 16., 일부개정.]

제1장은 연구자의 책임과 의무에 대한 내용으로서 학문의 자유와 사회적 책임(제1조), 지도자로서의 책임(제2조), 연구비 지원을 받을 때의 책임(제3조), 연구경력의 표현 시 지켜야 할 책임(제4조)으로 구분되어 있다. 서울대학교에서 연구하는 교수 혹은 연구원이 지켜야 하는 책임과 의무를 제시한 것이다. 제2장은 연구를 발표할 때 갖추어야 하는 진실성에 대한 내용이다. 연구결과를 허위나 왜곡 없이 정확하고 진실하게 서술하고 연구윤리지침을 위반한 경우 연구물을 철회해야 하며 대중매체에 과장 공개하지 않는 등의 원칙이 제시되어 있다. 또한 타인의 연구 성과를 사용하는 경우 그대로 혹은 다른 형태로 변형하여 자신의 연구 성과인 듯 사용해서는 안 되며, 정확한 출처표시와 인용표시를 해도 연구 독자성을 보장하지 못할 정도로 의존해서는 안 된다고 하였다. 이와 함께 자신의 연구 성과를 사용할 때에도 연구의 독자성을 해하지 않는 범위에서 기존 결과물을 부분적으로 활용할 수 있고, 새로운 연구물은 이전에 발표한 적 없는 결과물을 담아야 한다고 명시하고 있다. 이 외에도 중복게재에 대한 내용, 공동연구 수행 시 저자를 표시하는 내용, 연구의 부정행위 등이 포함되어 있다. 제3장에서는 연구자료 관리의 내용, 제4장에서는 이해상충이 발생했을 경우와 관련된 내용, 제5장에는 인간대상 연구윤리에 대한 내용, 제6장에는 동물대상 연구윤리 내용, 제7장 연구의 안전관리 내용, 제8장 연구윤리 교육에 관한 내용을 명시해 둔 바 있다. 서울대학교는 이처럼 총 8장과 32조의 내용으로 자세하게 연구윤리 지침을 제시하고 있다.

연구윤리는 연구자의 책임이 핵심이다. 이러한 책임 있는 연구출판을 수행함에 있어서 서울대학교에서 8장에 걸쳐 지침을 규정해 둔 것처럼 저자를 위한 국제 표준 규범이 있다. 그 내용은 다음과 같이 크게 아홉 가지로 구분된다(한국연구재단, 2019[3)]).

1. 건전성 및 신뢰성(soundness and reliability)
   1.1 보고된 연구는 윤리적이고 책임 있는 방식으로 수행되어야 하며, 모든 관련 법규를 준수해야 한다. [싱가포르 연구 진실성에 관한 성명서 www.singaporestatement.org]

3) 한국연구재단(2019). 윤리적인 연구 출판을 위한 국제 규범 [Guidelines for Publication Ethics] (번역서)

1.2 보고된 연구는 건전하고 신중하게 수행되어야 한다.

1.3 연구자는 적절한 데이터 분석 및 표현 방법을 사용해야 한다(그리고 필요한 경우 이에 대한 전문가의 조언을 구하고 따라야 한다).

1.4 저자는 자신의 연구와 출판물의 내용에 대해 공동 책임을 져야 한다. 연구자는 연구의 모든 단계를 주의 깊게 확인하여 방법과 결과가 정확하게 보고되도록 보장해야 한다. 저자는 계산, 데이터 제시, 초고/투고 원고 및 교정본을 주의 깊게 확인해야 한다.

2. 정직성(Honesty)

2.1 연구자는 결과를 명확하고 정직하게 그리고 위조, 변조 또는 부적절한 데이터 조작없이 제시해야 한다. 연구 이미지(예: 현미경 사진, 엑스레이, 전기영동 젤 사진)를 오도하는 방식으로 수정해서는 안 된다.

2.2 연구자는 연구 방법을 명확하고 모호하지 않게 기술하여 연구 결과가 다른 연구자들에 의해 확인될 수 있도록 노력해야 한다. 연구자는 해당하는 보고 지침을 따라야 한다. 논문에는 충분한 세부 사항을 제공하여 실험을 다른 연구자가 반복할 수 있도록 해야 한다.

2.3 연구 보고는 완전해야 한다. 부작용, 불일치 또는 설명할 수 없는 소견이나 저자 또는 연구비 지원자의 가설 또는 해석을 뒷받침하지 않는 결과를 생략해서는 안 된다.

2.4 연구비 지원자 및 후원자는 자신의 제품이나 입장을 지지하지 않는 조사 결과의 공개를 거부할 수 없어야 한다. 연구자는 연구 후원자가 결과의 공개를 거부하거나 통제할 수 있도록 허용하는 계약을 맺어서는 안 된다(예를 들어, 보안상의 이유로 인해 정부가 기밀로 처리한 예외적인 상황을 제외).

2.5 저자가 투고, 승인 또는 출판된 작업에서 오류를 발견한 경우 즉시 편집인에게 이를 알려야 한다. 저자는 편집인과 협력하여 필요한 경우 정정 또는 철회 기사를 게재해야 한다.

2.6 저자는 인용과 출처에서 다른 사람들의 저작물을 정확하게 표시해야 한다.

2.7 저자는 다른 출판물에 인용된 문헌을 읽지 않은 경우 해당 참고문헌을 그대로 복사해서는 안 된다.

3. 균형성(Balance)

3.1 새로운 연구 결과는 이전 연구의 맥락에서 제시되어야 한다. 타인의 작업은 공정하게 표현되어야 한다. 기존 연구의 학술적 검토 및 종합은 완전하고, 균형되어야 하며, 제안된 가설 또는 해석을 뒷받침하는지 여부와 관계없이 그 결과를 포함해야 한다. 단일한 견해나 논증을 제시하는 논설 혹은 의견은 학술적 종설과 명확하게 구별되어야 한다.

3.2 연구의 한계가 논문에 다루어져야 한다.

4. 독창성(Originality)

4.1 저자는 출판 요구 사항을 준수하여 투고된 작업이 독창적이며 다른 언어로 출판되지 않도록 해야 한다. 편집인이 공동 출판에 동의하지 않는 한, 하나의 논문을 하나 이상의 출판사에 동시에 투고해서는 안 된다. 논문이 공동 출판되면 이 사실을 독자에게 분명히 알려야 한다.

4.2 적용 가능한 저작권법 및 규약을 따라야 한다. 저작권 자료(예: 표, 그림 또는 광범위한 인용문)는 적절한 허가 및 승인을 받은 경우에만 복제해야 한다.

4.3 다른 연구자와 저자 본인의 관련 선행연구 및 출판물을 적절하게 인정하고 참조되어야 한다. 가능하다면 일차 문헌(primary literature)을 인용해야 한다.

4.4 다른 연구자에 의한 데이터, 텍스트, 그림 또는 개념은 적절하게 인정되어야 하며, 저자 자신의 것처럼 제시되어서는 안 된다. 다른 연구자의 출판물에서 직접 가져온 원문은 적절한 출처와 함께 인용 부호로 표시해야 한다.

4.5 저자는 이전에 연구 결과가 다른 곳에 게재되었거나 혹은 단일 데이터 세트에 대한 여러 보고 또는 분석을 다른 곳에서 발표하기 위해 고려 중인 경우 편집인에게 이를 알려야 한다. 저자는 관련 출판물 또는 다른 학술지에 투고된 원고의 사본을 제공해야 한다.

4.6 단일 연구 사업에서 발생한 여러 출판물은 명확하게 식별되어야 하며 일차 논문을 참조해야 한다. 번역 및 다른 독자층을 위한 각색은 명확하게 식별되어야 하며, 원출처를 인정해야 하며, 관련 저작권 협약 및 허가 요구 사항을 존중해야 한다. 확신이 서지 않을 경우 저작물을 재출판하기 전에 원본 출판사의 허가를 받아야 한다.

5. 투명성(Transparency)

5.1 직접 및 간접적 재정 지원, 장비 또는 기자재의 공급 및 기타 지원(예 : 전문가 통계 또는 작문 지원)을 포함한 모든 연구비 지원 출처가 공개되어야 한다.

5.2 저자는 연구 설계, 수행, 분석, 해석 및 보고에 대한 연구비 지원 기관(들) 또는 후원자(있는 경우)의 역할을 공개해야 한다.

5.3 저자는 연구 결과의 해석에 영향을 줄 가능성이 있을 것으로 생각되거나, 혹은 편집인, 심사자 또는 독자가 합리적으로 알고 싶어 할 것으로 생각되는 관련 재정적, 비재정적 이해 및 관계를 공개해야 한다. 여기에는 편집인이 자신의 학술지에 자신의 연구를 게시하는 경우와 같이 학술지에 대한 모든 관계도 포함된다. 또한, 저자는 사적인 이익 공개에 대한 학술지와 기관의 요구 사항을 따라야 한다.

6. 적절한 저자됨과 감사문(Appropriate authorship and acknowledgement)

6.1 연구 문헌은 어떠한 사실의 발견을 기록할 뿐만 아니라 발견한 사람이 누구인지도 기록한다. 따라서 연구 출판물의 저자됨은 연구와 보고에 대한 개인의 기여를 정확히 반영해야 한다.

6.2 주요한 기여자들을 저자로 기재하고, 연구나 출판에 대한 기여도가 낮거나 혹은 순수하게 기술적인 기여만 제공한 이들을 감사문에 기재하는 경우, 저자됨과 감사문의 기준을 연구 시작부터 합의해야 한다. 이상적으로는 특정 분야의 저자됨 기준에 연구 기관, 전문 학회 및 연구비 지원 기관이 동의하여 게시하고 일관되게 적용해야 한다. 학술지 편집인은 해당 분야에서 받아들이고 있는 적합한 저자 기준을 게시하고 홍보해야 하지만, 저자됨의 분쟁에서 판결을 제시할 것으로 기대해서는 안 된다. 저자됨의 정확한 귀속에 대한 책임은 소속 기관의 지침 하에 일하는 저자 자신들에게 있다. 연구 기관은 저자됨과 인정에 대한 공정하고 타당한 표준을 장려하고 지지해야 한다. 필요한 경우 기관은 저자됨의 분쟁을 판결해야 하며 정당한 절차를 따를 것을 보증해야 한다.

6.3 연구자는 오로지 저자됨의 기준을 충족하는(즉, 연구에 상당한 기여를 한) 개인에게만 저자됨을 수여할 수 있고, 저자됨의 자격이 있는 사람이 누락되지 않도록 해야 한다. 기관과 학술지 편집인은 손님, 선물 및 유령 저자를 방지하는 관례를 장려해야 한다.

6.4 모든 저자들은 저자 명단에 오를 것에 동의해야 하며 투고 및 승인된 출판물의 판본을 확인해야 한다. 저자 목록에 대한 변경 사항은 목록에서 삭제된 사람을 포함하여 모든 저자가 승인해야 한다. 교신저자는 편집인과 다른 저자들 간의 연락 지점 역할을 해야 하며, 공동 저자들에게 정보를 제공하고 이들을 출판물에 대한 주요 결정에 참여시켜야 한다(예: 심사자 의견에 대한 응답).

6.5 저자는 실제로 연구에 관여하지 않았거나 이를 지지한 적이 없는 개인이 연구에 기여하거나 이를 지지하는 것처럼 보이기 위해 오해의 소지가 있도록 감사문을 사용해서는 안 된다.

7. 책무와 책임(Accountability and responsibility)

7.1 모든 저자는 보고된 작업을 읽고 익숙해져 있어야 하며, 출판물이 이 지침에 명시된 원칙을 준수하는지 확인해야 한다. 대부분의 경우 저자들은 연구의 진실성과 보고에 대해 공동 책임을 질 것으로 기대된다. 그러나 만약 저자들이 연구와 보고의 특정 측면에 대해서만 책임을 진다면, 이는 출판물에 명시되어야 한다.

7.2 저자는 출판 후 오류나 누락을 발견한 경우 즉시 편집인과 이를 정정할 수 있도록 노력해야 한다.

7.3 저자는 재료, 시약, 소프트웨어 또는 데이터 세트를 요청하는 다른 연구자가 이를 이용할 수 있도록 관련 규약, 요구 사항 및 규정을 준수해야 한다. 연구자, 기관 및 연구비 지원기관은 이러한 요청을 처리하기 위한 명확한 정책을 가지고 있어야 한다. 또한 저자는 관련 학술지 표준을 따라야 한다. 이를 적절히 인정해 줄 것을 기대할 수 있으나, 연구자는 자료 공유를 조건으로 저자됨을 요구해서는 안 된다.

7.4 저자들은 출판 후 논평과 게재된 독자통신에 적절하게 응답해야 한다. 저자들은 독자의 질문에 대답하도록 노력해야 하며, 필요한 경우 해명이나 추가 정보를 제공해야 한다.

8. 전문가 심사 및 출판 규약 준수(Adherence to peer review and publication conventions)

8.1 저자들은 출판사의 요구 사항에 따라 하나의 원고를 하나 이상의 출판사에 동시에 제출해서는 안 된다.

8.2 저자들은 조건부 승인을 받은 뒤 원고의 심사를 취소하거나 심사자 의견에 응답하지 않기로 한 경우 이를 편집인에게 알려야 한다.

8.3 저자들은 전문적이며 시의적절하게 심사자의 의견에 응답해야 한다.

8.4 저자들은 출판사의 언론 보도 유예(press embargo) 요구를 존중해야 하며 학술지에 재가 승인된(하지만 아직 출판되지 않은) 경우 일반적으로 연구 결과가 언론에 보도되는 것을 허용해서는 안 된다. 저자들과 소속 기관은 출판물과 관련된 미디어 활동(보도 자료 및 기자 회견 등)을 조정하기 위해 출판사와 연락하고 협조해야 한다. 보도 자료는 연구 결과를 정확하게 반영해야 하며 연구 결과보다 더 나아간 진술을 포함해서는 안 된다.

9. 인간 또는 동물과 관련된 연구의 책임 있는 보고(Responsible reporting of research involving humans or animals)

9.1 연구가 시작되기 전에 적절한 승인, 허가 또는 등록이 이루어져야 하며, 보고서에 이에 대한 세부 사항이 제공되어야 한다(예: 기관 심의위원회, 연구 윤리위원회 승인, 동물 사용에 대한 국가 당국 허가).

9.2 편집인의 요청이 있는 경우 저자는 보고된 연구가 적절한 승인을 받았으며 윤리적으로 수행되었음을 입증해야 한다(예 : 승인서, 허가서, 연구대상자 동의서 사본).

9.3 일반적으로 연구자는 개인(또는 대리인)의 특별한 동의 없이 연구 과정에서 수집된 식별 가능한 개인 데이터를 게시하거나 공유해서는 안 된다. 연구자들은 현재 많은 학술지를 인터넷을 통해 자유롭게 이용할 수 있다는 것을 기억해야 하며, 따라서 의도하지 않은 독자에게 위험을 초래하거나 불쾌하게 할 우려가 있음에 주의를 기울여야 한다(예: 연구대상자 혹은 그 가족들이 사례, 설명, 이미지 또는 가계도에서 자신임을 인식한 경우).

9.4 적절한 통계 분석은 연구 시작 시점에 결정되어야 하며, 사전에 지정된 결과에 대한 데이터 분석 계획을 준비하고 준수해야 한다. 이차 또는 사후 분석은 일차 분석과 데이터 분석 계획에서 설정한 분석과 구별되어야 한다.

9.5 연구자는 이해에 기여할 수 있는 의미 있는 연구 결과를 모두 발표해야 한다. 특히 모든 임상시험 결과를 발표할 윤리적 책임이 있다. 성공하지 못한 연구 또는 가설을 부정한 실험의 발표는 다른 사람들이 유사한 연구에 시간과 자원을 낭비하는 것을 막을 수 있다. 만약 소규모 연구의 결과와 통계적으로 유의미한

결과에 도달하지 못한 연구 결과를 결합하여 보다 유용한 정보를 생성할 수 있다면(예: 메타 분석을 이용한) 해당 결과를 게재해야 한다.

9.6 저자는 요청 받은 경우 학술지 편집인에게 연구 계획을 제공하여(예: 임상실험에 대한) 심사자와 편집인이 연구 보고를 연구 계획과 비교하여 계획대로 수행되었는지 그리고 관련 세부 사항 중 누락된 것이 없는지 확인할 수 있도록 해야 한다. 연구자는 임상시험 등록을 위한 관련 요구 사항을 따라야 하며 임상시험에서 발생하는 모든 출판물에 임상시험 등록 번호를 포함해야 한다.

앞서 살펴본 지침에서도 알 수 있듯이, 연구윤리에서 연구자의 책임과 함께 진실성이 강조된다. 다음은 연구의 진실성[4)](National Academies of Sciences, Engineering, and Medicine, 2017; 엄창섭, 2019에서 재인용)에 대한 내용이다.

연구진실성의 핵심 가치

1. 객관성(objectivity): 특정한 동기가 연구자의 연구수행에 영향을 미치지 않도록 해야 함.
2. 정직성(honesty): 연구의 전 과정에서 연구자료와 데이터를 사실 그대로 활용하고 보고해야 함.
3. 개방성(openness): 연구수행을 통해 획득된 데이터와 결과를 투명하게 공개해야 함.
4. 공정성(fairness): 연구자원 배분, 연구업적 평가 등에서 친분이나 이해관계에 영향을 받지 않아야 함.
5. 책무성(accountability): 연구수행 과정과 연구결과의 타당성을 입증할 수 있어야 함.
6. 관리(stewardship): 연구의 가치가 잘 확산되고 연구자들의 활동이 진작될 수 있도록 연구공동체를 운영해야 함.

4) National Academies of Sciences, Engineering, and Medicine (2017). Fostering integrity in research. National Academies Press, pp. 23-30.

이러한 진실성과 반대되는 개념인 부정행위는 각 학문 분야의 연구를 수행할 때 지켜야 하는 범위를 심각하게 벗어난 행동이다. 다음은 서울대학교 윤리지침에서 명시하고 있는 부정행위 내용이다.

제11조(연구부정행위)

고의 또는 연구상 중대한 과실(연구자로서의 통상의 주의의무를 현저히 위반한 경우를 의미한다)로 연구의 제안 · 수행 · 보고 · 발표 등 전 과정에서 다음 각 호의 어느 하나에 해당하는 행위를 한 연구자는 연구부정행위의 책임을 진다.

1. 제6조 제1항을 위반하여 연구데이터 또는 연구자료를 허위로 만들거나 기록 또는 보고하는 행위
2. 제6조 제2항을 위반하여 연구데이터를 임의로 변경 · 추가 · 누락함으로써 연구자료를 조작하는 행위
3. 제7조 제2항 또는 제3항을 위반하여 타인의 연구성과, 연구아이디어, 연구데이터 및 문장을 마치 자신의 것처럼 사용하는 행위

제12조(연구부적절행위)

① 연구상 중대하지 아니한 과실로 인하여 연구의 제안 · 수행 · 보고 · 발표 등 전 과정에서 제11조 각 호의 어느 하나의 행위를 한 연구자는 연구부적절행위의 책임을 진다. ② 고의 또는 중대한 연구상 과실로 다음 각 호의 어느 하나의 행위를 한 연구자는 연구부적절행위의 책임을 진다.

1. 제6조 제3호를 위반하여 연구데이터를 과장, 축소 또는 왜곡하여 해석함으로써 진실하지 아니한 연구결과를 도출하는 행위
2. 제7조 제3항을 위반하여 타인의 연구 아이디어, 연구 데이터 및 문장을 정확한 출처표시 또는 인용표시 없이 사용하는 행위로서 제11조 제3호에 해당하지 않는 경우
3. 제7조 제4항을 위반하여 연구의 독자성을 해할 정도로 타인의 아이디어, 연구 데이터 및 문장에 의존하는 행위(출처표시 또는 인용표시 여부를 불문한다)
4. 제8조 제1항을 위반하여 이미 게재 · 출간된 자신의 연구 아이디어, 연구 데이터 및 문장을 마치 당해 연구에서 처음 발표하는 것처럼 사용하는 행위

5. 제8조 제2항을 위반하여 연구의 독자성을 해할 정도로 이미 게재 · 출간된 자신의 연구 아이디어, 연구 데이터 및 문장에 의존하는 행위(출처표시 또는 인용표시 여부를 불문한다)
6. 제9조를 위반하여 이미 게재 · 출간된 자신의 논문 · 저서 · 보고서의 전부 또는 일부를 정확한 출처표시 및 인용표시 없이 동일 언어 또는 다른 언어로 중복하여 게재 · 출간하는 행위
7. 제10조 제2항 또는 제5항에 위반하여 연구에 직접적으로 기여한 바가 없는 자를 공저자에 포함시키거나 직접적으로 기여한 자를 공저자에서 고의적으로 배제하는 행위
8. 제11조에서 규정하는 연구부정행위를 묵인, 방조 또는 은폐하는 행위

책임 있는 연구수행[5)]에 대한 내용은 한국연구재단(2014)에서 제시하고 있다. 연구를 수행함에 있어서 가장 지양해야 하는 부적절한 행동은 연구부정행위이다. 앞에서 살펴본 서울대학교 윤리지침에도 자세히 기재되어 있지만 일반적으로 위조, 변조, 표절 등의 논문 내용과 관련된 부정행위와 함께 부당한 저자 표기나 중복 게재 등의 부정행위도 포함된다. 연구부정행위는 아니지만 책임 있는 연구수행도 아닌 중간 지대에 있는 행위로는 연구부적절 행위와 의심스러운 연구수행이 있다. 연구부적절 행위에는 부실한 연구물을 학술지에 발표한다든지 부실한 학회 참석 등이 해당된다. 의심스러운 연구수행은 데이터나 연구결과를 적절하게 보관하거나 관리하지 못하거나 연구 결과 중요성을 높이기 위해 의도적으로 특정 통계 및 연구 방법을 사용하는 행위이다. 또한 데이터나 연구결과를 타당한 이유 없이 다른 연구자들에게 공개하지 않는 것도 의심스러운 연구수행에 해당되는 내용이다. 이러한

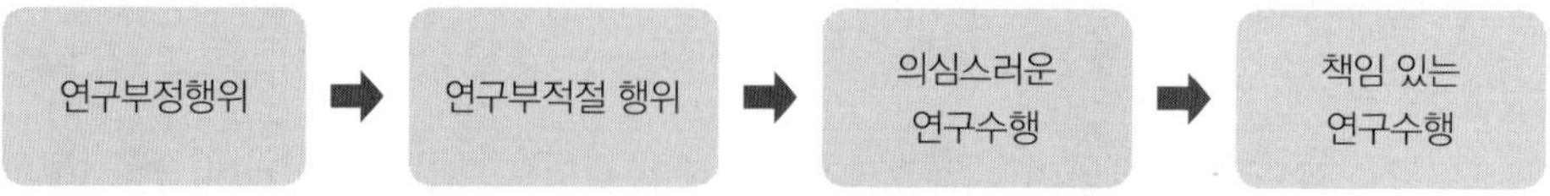

[그림 11-1] 연구수행 지향점

5) 한국연구재단(2014). 연구 부정행위 검증 및 처리 관련 연구윤리 실무 매뉴얼.

모든 부적절한 행위를 지양하고 도달하는 이상적인 지점이 책임 있는 연구수행인 것이다.

2. 기관생명윤리위원회(Institutional Review Board: IRB)

IRB는 1974년에 「국가연구에 관한 법률(National Research Act)」으로서 미국에서 가장 먼저 법제화되었다. 미국 연방정부는 1932년에서 1972년까지 40년간 '터스키기 매독연구(Tuskegee study)'를 수행하면서 비윤리적 인간대상 연구를 진행했다. 그러한 부적절한 관행을 개선하기 위해 도입된 것이 IRB이다. 이처럼 IRB는 연구대상자의 권리와 복지, 그리고 잠재적 위험으로부터의 안전을 보호하고 보장하기 위해 제정된 것이기 때문에 연구 수행 그 자체는 일차적인 목적이 아니다.

IRB는 연구계획서를 심의하여 연구대상자의 안전과 권익이 보호되지 않는 경우 연구계획을 수정하도록 요구한다. 심의 대상이 되는 하나의 연구계획에 대하여 '승인(approval)' 혹은 '부결(disapproval)'의 결정을 내리는데, 효율적인 운영을 위하여 '시정승인(conditional approval)' '보완(modification required to its approval)' '면제(exemption)' 등으로 결정할 수 있다(최병인, 2013[6]).

이러한 심의제도는 학문의 자유와 발전을 목표로 하는 학계 관행과 상반되는 과정으로 연구에 제약이 발생하는 것이 사실이지만, 인간의 안전과 권익 보장이라는 윤리적 가치를 배제하고 연구의 중요성을 논할 수는 없기 때문에 필요한 제도라고 할 수 있다.

IRB의 심의 대상이 되는 인간대상 연구는 「생명윤리법」 제2조 제1호에 의거하여 아래의 내용 중 한 가지에 해당되는 연구이다.

1) 사람을 대상으로 물리적으로 개입하는 연구: 연구대상자를 침습적 행위 등 물리적 개입을 통해 연구대상자를 직접 조작을 하거나, 연구대상자의 환경을 조작하여 얻은 자료(data)를 이용하는 연구

6) 최병인(2013). 사회행동과학 연구와 IRB. https://www.cre.or.kr/bbs/board.php?bo_table=1500&wr_id=1383323&page=2

2) 의사소통, 대인접촉 등의 상호작용을 통하여 수행하는 연구: 연구대상자 대면을 통한 설문조사나, 행동관찰 등 의사소통이나 대인접촉 등의 상호작용을 통해 얻은 자료(data)를 이용하는 연구
3) 개인을 식별할 수 있는 정보를 이용하는 연구: 연구대상자를 직접 또는 간접적으로 식별할 수 있는 정보를 포함하고 있는 정보(information)를 이용하는 연구

그리고 「생명윤리법」 상에 인간대상 연구에 포함되지 않는 경우는 시행규칙 제2조 제2항에 의해 다음의 내용 중 한 가지라도 해당되는 연구이다.

1) 국가나 지방자치단체가 공공복리나 서비스 프로그램을 검토 · 평가하기 위해 직접 또는 위탁하여 수행하는 연구
2) 「초 · 중등교육법」 제2조 및 「고등교육법」 제2조에 따른 학교와 보건복지부장관이 정하여 고시하는 교육기관에서 통상적인 교육실무와 관련하여 하는 연구, 즉 1과 2 모두에 해당하는 연구는 이 법의 적용을 받지 않습니다. 단, 1)은 국가나 지방자치단체에, 2)는 해당 교육기관의 장에 의한 공식적인 판단이 필요합니다.

인간대상 연구에는 다양한 유형이 있는데, 그 유형들은 〈표 11-1〉[7]과 같다.

〈표 11-1〉 인간대상 연구유형

연구의 종류	내용
임상시험	인간을 직접 대상으로 하는 모든 실험적 연구
조직 및 혈액 연구	조직, 혈액 등을 연구목적으로 전향적으로 수집하는 연구
보관된 검체 연구	진단 및 치료 과정 중에 수집된 조직, 혈액 등을 연구목적으로 이용하는 연구
환자군 연구	특정 질환군을 대상으로 과거로부터 축적되어 있는 정보를 이용하여 분석하는 관찰적 연구
단면조사 연구	지역주민을 대상으로 유병률을 추정하고, 특정 질병의 위험 요인을 파악하고자 설문, 인터뷰 등을 통하여 자료를 수집하여 분석하는 관찰적 연구

7) 김옥주(2009). 연구자를 위한 연구윤리 핸드북 초안-IRB, IACUC, IBC를 중심으로. 서울대학병원 임상의학연구소, pp. 9-11. 엄창섭(2019)이 변형함.

환자 · 대조군 연구	특정 질병 발생의 위험요인을 확인하기 위하여, 환자군과 대조군을 설정하여 자료를 수집하고 분석하는 관찰적 연구
시료은행	치료 이외 목적으로 혈액, 타액, 조직 등을 수집하고자 하는 경우
배아 연구	잔여 배아를 이용한 연구
유전자 연구	유전자 검사를 이용한 연구
기타	이 밖에도 심리학, 아동학, 사회학, 사회복지학, 인류학, 경영학, 행정학, 교육학, 체육학, 식품의류학, 화장품학 등 다양한 인문사회학 분야의 연구

출처: 엄창섭(2019).[8)]

대부분 의학 및 보건 분야에서 인간을 대상으로 임상연구를 많이 진행하지만, 21세기에 들어서는 '기타'에서 제시하고 있듯이 다양한 인문사회과학 분야에서도 인간을 대상으로 한 연구가 많이 진행되고 있다. 따라서 해당 분야도 인간을 대상으로 연구할 때 IRB 심의를 거쳐야 할 의무가 있다. 서울대학교의 윤리지침에서도 인간대상 연구의 윤리와 관련된 내용을 제5장에서 제시하고 있다.

제5장 인간대상 연구의 윤리

제20조(원칙)

① 인간을 대상으로 하는 연구(임상시험, 의생명과학, 행동과학 등을 포함한다)의 연구자는 연구대상자의 인권과 건강 및 복지를 최대한 존중하여야 한다.

② 연구대상자에게 연구의 목적 및 절차, 예상되는 위험 등에 대하여 충분히 설명한 후 연구대상자의 자발적인 동의를 얻어야 한다. 다만, 서울대학교 생명윤리심의위원회 등 공인된 기구의 사전 허가를 받은 경우에는 예외로 할 수 있다.

③ 연구대상자에게 미치는 위험을 최소화하여야 하고, 연구대상자의 건강과 복지를 중대하게 침해하는 연구를 수행해서는 아니 된다.

④ 취약한 계층에 속하는 연구대상자는 동의 과정이나 위험 등과 관련하여 특별히 배려하여야 한다.

⑤ 연구대상자의 사생활의 비밀을 보장하고 개인정보를 보호하여야 한다.

8) 엄창섭(2019). 건전한 연구문화 확립을 위한 가이드북 제작을 위한 콘텐츠 개발 연구. 한국연구재단.

제21조(생명윤리심의위원회의 심의)

① 인간대상 연구는 서울대학교 생명윤리심의위원회에 연구계획서를 제출하여 승인을 받은 후 시작하여야 한다.

② 서울대학교 소속 교원, 직원 및 학생을 대상으로 하는 연구의 경우에도 제1항의 규정과 같다.

③ 서울대학교 생명윤리심의위원회는 적절한 절차에 따라 독립적으로 심의하고 연구과정을 감독하여야 한다.

제22조(관계법령의 준수)

그 밖의 사항에 관하여는「생명윤리 및 안전에 관한 법률」등 관계 법령을 준수하여야 한다.

최근에는 IRB 신청을 온라인으로 한다. 대략 어떠한 형식으로 연구계획서를 작성해야 하는지를 소개하기 위해 2013년에 기관생명윤리위원회 정보포털(https://irb.or.kr)에서 제공한 IRB 연구계획서 서식을 아래에 실었다.

1. 연구배경

- 선행연구 등 연구배경과 연구의 정당성에 대한 분명한 설명
- 연구에서 제기된 윤리적 문제나 고려사항에 대한 연구자의 관점, 그리고 적절한 경우에 그 문제나 고려사항을 어떻게 다룰지에 대한 제안
- 연구의 안전하고 적절한 수행을 위한 기능의 적절성에 대한 정보를 포함하여 연구가 수행되는 장소에 대한 간단한 기술 및 해당 나라나 지역에 대한 관련된 인구통계학적 및 역학 정보 등을 기술함

2. 연구목적

- 연구의 목적을 기술

3. 연구 실시 기관명 및 주소

- 실제 연구가 수행되는 기관의 기관명 및 주소를 기술

4. 연구 지원기관

- 연구비 또는 물품 등 경제적 이익을 제공하거나, 인력 등의 지원을 받은 경우에만 기술

5. 연구책임자, 공동연구자, 담당자의 성명과 직명

- 본 연구에 실제 참여하는 연구진 기술

6. 연구기간

- 연구 소요 예상 기간(승인일로부터~○○년 ○○월 ○○일 또는 ○○년 ○○개월)

7. 연구대상자

- 연구대상자를 직접 모집하는 경우, 선정기준과 제외기준 반드시 명시
- 잠재적인 연구대상자의 선정 또는 제외기준에 대한 범위 및 나이, 성별, 사회적 또는 경제적 요인의 기초 하에 모든 군의 제외에 대한 정당성 또는 기타 이유에 대한 정당성
- 연구 계획에 대한 구체적인 기술과 대조군이 있는 연구의 경우, 각 군에 대한 배정 방법(무작위, 이중맹검 등) 및 필요성 등에 대해 구체적으로 기술
- 동의를 하기에 제한적인 능력을 가진 사람들이나 취약한 사람들을 연구 대상자로 포함시키는 것에 대한 정당성과 이러한 연구대상자에 대한 위험 및 불편함을 최소화하는 특정 수단에 대한 기술

8. 예상 연구대상자 수와 산출 근거

- 직접 모집하는 경우, 반드시 명시
- 연구에 필요한 연구대상자 수를 선행연구, 통계학적 평가방법에 근거하여 제시
- 예상 연구대상자 수는 절대적이 아니며, 계획된 연구에서 필요한 결과를 얻을 수 있는 최소한 이상의 연구대상자 수이어야 함

9. 연구대상자 모집

- 모집 과정(예: 광고), 모집하는 동안 개인의 사생활 보호와 비밀 유지를 위하여 취해야 할 단계 등을 기술(해당하는 경우)

10. 연구대상자 동의

- 연구대상자의 서면 동의를 얻기 위하여 제안된 방법 및 예상 연구대상자들에게 정보를 전달하기 위해 계획된 절차

• 서면동의 면제를 요하는 경우, 동의면제사유 반드시 기록(별도의 서면동의면제 신청서 제출)

11. 연구방법

• 모든 시술 또는 처치, 행위 등에 관한 구체적인 사항(연구를 위해 연구대상자가 해야 할 일과 소요시간 등)을 기술
• 계획과 절차, 그리고 연구에서 지속되는 연구대상자의 자발성에 영향을 끼칠 수 있으며 해당 연구로부터 또는 같은 주제를 가진 다른 연구로부터 생겨날 수 있는 정보(예를 들어, 손상 또는 이익)를 전달할 책임이 있는 사람들 등에 대해 기술

12. 관찰 항목

• 연구를 통해 얻고자 하는 정보 또는 자료의 내용을 구체적으로 나열하고 기술

13. 효과 평가 기준 및 방법

• 연구의 효과성을 평가하는 기준 및 방법을 기술

14. 안전성 평가 기준 및 평가 방법

• 연구의 안전성을 평가하는 기준 및 방법을 기술

15. 자료분석과 통계적 방법

• 연구를 통해 수집된 자료 또는 정보의 이용하는 방법(통계적 방법 포함) 기술

16. 예측 부작용 및 주의사항과 조치

• 본 연구에서 나타날 수 있는 이상반응과 중대한 이상반응을 기술
• 중대한 이상반응 정의 및 보고 절차 기술
• 연구대상자를 연구에서 제외시킬 수 있거나, (다기관 연구에서) 기관을 중지시킬 수 있거나 또는 연구를 종결하도록 할 수 있는 규정 또는 범위
• 임부를 대상으로 하는 연구의 경우, 여성과 아기의 건강에 대한 장·단기적 영향 등에 관하여 임신의 결과를 모니터링하는 등의 계획
• 연구의 목적을 위해 적용되는 의약품 또는 기타 시술의 지속적인 안전성을 모니터링하는 계획과 적절한 경우에 이런 목적의 독립적인 자료 모니터링(자료 및 안전성 모니터링) 위원회의 지정 등을 기술

17. 중지 및 탈락기준
- 연구자에 의해서 연구대상자의 연구 참여가 제한되는 경우 기술

18. 연구대상자의 위험과 이익
- 연구 참여로 인해 연구대상자에게 발생할 수 있는 위험이나 불편 기술
- 연구에 참여함으로써 어떤 시술 또는 처치, 행위가 예상치 못하는 위험을 수반할 수 있다는 사실
- 연구에 참여함으로써 연구대상자에게 기대되는 이익 기술

19. 연구대상자 안전대책 및 개인정보보호대책
- 연구대상자를 안전하게 보호하기 위한 대책을 마련하고 연구와 관련된 손상이 발생하였을 경우 보상/배상이나 치료방법 등을 구체적으로 기술
- 신체적 손상의 최소한의 위험 이상을 수반하는 연구에 대하여 치료비 등 상해에 대한 치료를 제공하고 연구와 관련된 장애나 사망에 대한 보상을 제공하는 보험 보증 등의 계획을 구체적으로 기술
- 연구대상자의 개인정보를 수집하는 경우, 수집하는 개인정보의 항목 및 항목, 그 정보의 보관과 폐기 방법 등에 관한 기술

20. 참고문헌

3. 아동 · 청소년 대상 연구윤리

여러 연구 분야에서 아동 및 청소년을 대상으로 한 연구가 종종 진행된다. 특히 교육학과 심리학에서는 교육 및 치료를 위한 연구를 수행하면서 아동과 청소년을 대상으로 연구가 많이 이루어진다. 교육 분야에서는 주로 교육 프로그램을 개발하여 그 효과를 보거나 집단 간에 어떠한 차이를 살펴볼 때 아동 및 청소년을 대상으로 연구가 진행되는 경우가 많다. 그러나 연구를 수행하는 과정에서 아동과 청소년의 인권이 침해되는 경우가 종종 발생하고 연구윤리를 위반하는 사례들이 발견된다. 성인과 달리 성장단계에 있는 아동 및 청소년인 만큼 잘못된 연구로 인해 부정적인 영향을 더 크게 받을 수 있으므로 신중하게 연구를 진행할 필요가 있다(배상률,

2014[9]). 특히 취약계층의 아동 및 청소년의 경우 더욱 신중해야 한다. 국내외에서 인권의식이 높아지고 있는 만큼 이러한 취약점을 지닌 아동 및 청소년을 위한 연구 윤리 규정이 필요하다.

2013년 UN 산하기구인 UNICEF의 주도로 18세 미만의 아동 및 청소년을 대상으로 연구를 진행할 경우 연구자가 준수해야 하는 윤리지침을 제시한 ERIC(Ethical Research Involving Children)이 발간되었다. 다음은 ERIC 헌장의 내용이다(UNICEF, 2013[10]: 배상률, 2014에서 재인용)

국제 ERIC 헌장 7대 조항

1. 아동을 대상으로 하는 연구의 윤리는 모두의 책임이다.
2. 아동의 존엄성 존중은 윤리적 연구의 핵심이다.
3. 아동을 대상으로 하는 연구는 정당하고 공평해야 한다.
4. 윤리적 연구는 아동에게 득이 되어야 한다.
5. 연구에 참여하는 아동은 결코 위해 상황에 처하지 않아야 한다.
6. 연구는 반드시 아동의 사전 동의와 지속적인 동의를 구해야 한다.
7. 윤리적 연구는 지속적인 성찰을 요한다.

이처럼 연구에 참여하는 아동의 안전과 권익을 보호하는 일은 연구자의 책임이기도 하다. 다음은 아동을 대상으로 연구에 착수할 때 체크할 필요가 있는 목록들이다(배상률, 2014, pp. 46-47). 연구를 계획하고 수행하면서 참고하여 아동의 안전과 권익을 보호하는 데 기여할 수 있다.

9) 배상률(2014). 아동 · 청소년 대상 연구윤리 가이드라인 개발 연구. 한국청소년정책연구원.

10) UNICEF (2013). Ethical Research Involving Children. UNICEF.

[연구 착수를 위한 체크리스트]

■ 계획 및 준비: 이 연구를 수행해야 하는가?

〈아동〉

1.1 이 연구가 아동에게 중요한가?

1.2 이 연구에 아동을 어떻게 포함시킬 것인가?

1.3 연구 진행 중에 아동의 안전을 어떻게 확보할 것인가?

1.4 아동의 참여 동의에 필요한 정보는 무엇인가?

〈연구자〉

1.5 연구에서 자신의 역할을 검토했는가?

1.6 아동을 대상으로 하는 연구를 수행함에 있어 연구자인 자신은 얼마나 준비가 되어 있는가?

1.7 아동의 연구 참여를 그 외 누구와 협의해야 하는가?

1.8 연구에서 부모(또는 보호자)의 역할을 검토했는가?

1.9 연구에 관한 공동체 및 이해관계자의 우려는 무엇인가?

1.10 참여 아동을 어떻게 모집할 것인가?

1.11 윤리 승인

■ 연구 설계 및 방법

〈아동〉

2.1 아동이 연구 설계에 참여하는가?

2.2 데이터 수집을 비롯한 연구방법론에 모든 아동이 포함되어 있는가?

2.3 연구 방법이 아동에게 적절한가?

〈연구자〉

2.4 모든 관련 직원이 연구수행에 필수적인 기술과 전문지식을 보유하고 있는가?

■ 데이터 수집

3.1 아동의 참여를 어떻게 지원할 것인가?

3.2 어떤 식으로 아동의 참여를 인정하고 금전적으로 지원할 것인가?

3.3 아동의 프라이버시와 기밀유지 권리를 어떻게 존중할 것인가?

3.4 연구 과정에서 야기되는 아동의 안전에 관한 우려에 어떤 식으로 주의를 기울일 것인가?
3.5 아동의 기여에 추가 지원이 필요한가?

〈연구자〉
3.6 아동의 동의 능력을 어떻게 평가할 것인가?
3.7 아동이 고충을 받거나 동요될 경우 어떻게 대처할 것인가?
3.8 자신의 정서적 · 신체적 안전을 어떻게 지킬 것인가?

▣ 분석, 저술 및 전달
4.1 아동이 데이터 분석에 참여하는가?
4.2 연구 조사결과를 어떤 식으로 아동, 여타 이해관계자 및 보다 광범위한 대상에게 전달할 것인가?
4.3 어떤 방법으로 연구 조사결과를 안전하게 전달할 것인가?

〈연구자〉
4.4 연구가 아동에게 영향을 미칠 것인가?
4.5 어떤 방법으로 데이터의 반환, 안전한 저장 및 파기를 보장할 것인가?

참고문헌

강경희(2002). 포괄적 음악감상활동이 유아의 음악적 창의성에 미치는 영향. 동국대학교 교육대학원 석사학위논문.

강미희, 이민경(2011). 생활용품으로 만든 악기의 음악활동 활용 및 음률영역 비치가 유아의 음악성 발달과 음률영역 참여도에 미치는 영향. **열린유아교육연구, 16**(6), 69-92.

강보라(2012). 그림책을 활용한 창의적 유아음악교육 프로그램 개발 및 효과. **한국육아지원학회 학술대회지, 2012**(4), 75-80.

강소희(2015). 인성 함양을 위한 국악교육 프로그램의 개발 연구: 영 · 유아 중심으로. 공주대학교 교육대학원 석사학위논문.

강신영(2007). 음악개념 중심의 통합적 유아 음악감상과 표현활동의 적용 효과. 원광대학교 대학원 박사학위논문.

강신영, 김규수(2011). 음악개념 중심의 통합적 유아 음악감상과 표현활동이 유아의 음악개념 및 음악적 표현력에 미치는 영향. **생태유아교육연구, 10**(3), 147-169.

강연홍(2007). 그림책을 통한 동작활동이 유아의 창의적 신체표현 및 다중지능에 미치는 영향. 광주여자대학교 대학원 석사학위논문.

강운숙(2016). 그림책을 활용한 음악활동이 영아의 음악 표현력과 사회 정서 발달에 미치는 영향. 군산대학교 대학원 석사학위논문.

강은덕(2017). 유아의 음악적 체험에 관한 현상학적 연구. **열린유아교육연구, 22**(1), 479-503.

강은덕, 신지혜(2016). 유아음악교육의 연구동향 분석: 1985−2015. **한국보육지원학회지, 12**(1), 83-101.

강정자(2012). 유리드믹스 음악활동이 유아의 공격성에 미치는 영향. 아주대학교 대학원 석사학위논문.

강지은(2015). 음악동화를 활용한 음악교육 활동이 유아의 음악 인지능력과 정서 지능에 미치는 영향. 원광대학교 교육대학원 석사학위논문.

강지은, 송화진(2016). 음악동화를 활용한 음악교육 활동이 유아의 음악 인지능력과 정서지능에 미치는 영향. **한국육아지원학회 학술대회지, 2016**(94), 178-180.

강지희(2006). 감상 중심의 통합적 국악교육활동이 유아의 국악선호도 및 음악성에 미치는 영향. 서울여자대학교 대학원 석사학위논문.

고승현(2016). 음악기반 감각통합 놀이 프로그램이 유아의 자아개념과 친사회적 행동에 미치는 영향. 숭실대학교 교육대학원 석사학위논문.

고영자(2010). 유아의 리듬악기 활동을 통한 통합적 음악교육의 의미 고찰. 열린유아교육연구, 15(6), 273-293.

고영자, 김민정(2012a). 노래부르기 중심의 통합적 음악 교육 접근이 유아의 음악 능력에 미치는 효과. 한국영유아보육학, 72, 63-86.

고영자, 김민정(2012b). 가정의 음악 환경과 부모의 음악 관심도, 유아의 노래 흥미도 및 노래 이해도의 관계. 음악교육연구, 41(2), 41-66.

고은영, 김은정, 신은수(2013). 리듬과 멜로디를 게임으로 적용한 음악적 놀이가 유아의 놀이성 및 음악적 능력에 미치는 영향. 미래유아교육학회지, 20(3), 23-44.

고재심(2009). 가정의 음악환경이 유아의 정서지능에 미치는 영향. 목포대학교 교육대학원 석사학위논문.

고정리(2014). 음악 감상을 통한 동작활동 프로그램이 유아의 자기효능감 및 자기조절능력에 미치는 효과. 학습자중심교과교육연구, 14(11), 173-198.

고정수(2010). 유리드믹스 활동이 유아의 사회 · 정서 발달에 미치는 영향. 종합예술과 음악학회지, 4(1), 23-41.

고해경(2009). 유아의 발달단계별 국악음악성 검사도구 개발 연구. 중앙대학교 대학원 석사학위논문.

공미라(2012). 타악기 중심의 난타활동이 유아 정서 지능에 미치는 영향. 광주교육대학교 대학원 석사학위논문.

공미자, 변길회, 심성경(2008). 유아 창작음악극 활동이 유아의 창의성과 또래갈등해결 전략에 미치는 영향. 육아지원연구, 3(2), 117-144.

공요은(2012). 음악감상을 활용한 통합적 활동이 유아의 정서지능 및 친사회적 행동에 미치는 영향. 성신여자대학교 대학원 석사학위논문.

공종숙(2008). 동요를 활용한 노랫말 바꾸기 활동이 유아의 어휘력 및 이야기 구성력에 미치는 영향. 경남대학교 교육대학원 석사학위논문.

곽봉애(2010). 통합적 리듬악기 지도 프로그램이 유아의 음악 능력 및 음악적 창의성에 미치는 영향. 전남대학교 교육대학원 석사학위논문.

곽영숙(2010). 통합적 음악감상 활동이 유아의 음악적 개념에 미치는 영향. 이화여자대학교 교육대학원 석사학위논문.

곽윤경(2018). 예비 유아교사를 위한 플립러닝 음악수업 교수안 개발 및 적용. 총신대학교 대학원 박사학위논문.

곽윤경, 김미경(2019). 플립러닝을 적용한 예비유아교사의 유아음악교육 수업개선 실행연구. 미래음악교육연구, 4(3), 21-44.

곽진이(2008). 유아들의 자발적인 음악적 행동에 대한 문화기술적 연구. 이화여자대학교 대학원 석사학위논문.

구기은(2018). 그림책을 활용한 음악활동이 영아의 사회 · 정서적 행동과 자발적 음악행동에 미치는 영향. 침례신학대학교 대학원 석사학위논문.

구서연(2009). 음악 감상에 기초한 이야기 꾸미기 활동이 유아의 언어능력과 언어창의성에 미치는 영향. 명지대학교 대학원 석사학위논문.

권덕원, 석문주, 최은식, 함희주(2019). **음악교육의 기초**. 경기: 교육과학사.

권미란(2001). 음악감상활동에서 신체표현이 유아의 창의력 향상에 미치는 영향. **아동교육, 10**(1), 45-54.

권미성(2016). 음률영역 활성화 프로그램이 영아의 음악적 능력과 신체표현능력에 미치는 영향. 계명대학교 대학원 석사학위논문.

권미성, 백지혜(2017). 음률영역 활성화 프로그램이 영아의 음악적 능력과 신체표현능력에 미치는 효과. **유아교육 · 보육복지연구, 21**(4), 481-509.

권미현(2019). MMCP 이론을 적용한 음악수업이 유아의 음악개념 이해에 미치는 영향. 경인교육대학교 교육전문대학원 석사학위논문.

권미현(2019). 전래놀이를 융합한 유아 타악 교육연구: 사회성과 주의집중력을 중심으로. 중앙대학교 교육대학원 석사학위논문.

권세미(2009). 유아의 자기표현능력 증진을 위한 오르프 음악활동의 적용. 이화여자대학교 교육대학원 석사학위논문.

권오선(2011). Orff 접근법에 의한 음악활동이 유아의 음악표현 능력에 미치는 영향. 덕성여자대학교 대학원 석사학위논문.

권오선(2017). 음개념에 기초한 유아 새노래 교육 프로그램의 개발. 덕성여자대학교 대학원 박사학위논문.

권오선, 김영연, 양옥승(2018). 음개념에 기초한 유아 새노래 교육 프로그램의 개발. **음악교육연구, 47**(1), 1-35.

권은경(2013). 음악교수법연구: 음악활동을 통한 유아의 창의성 계발 프로그램 연구. **음악교수법연구, 12**, 1-21.

권은경(2020). 음악전공자 관점에서 바라본 유아교사의 음악교수 형성과정에 관한 내러티브 탐구. 명지대학교 대학원 박사학위논문.

권정혜, 우채영(2015). 전래동요를 활용한 신체놀이가 유아의 음악적 태도변화와 음악능력에 미치는 영향. **어린이미디어연구, 14**(2), 251-274.

권종애(2017). 동양의 마음이론에 기초한 유아음악 감상교육프로그램 개발 및 적용 연구. 서울여자대학교 대학원 박사학위논문.

권종애, 문미옥(2017). 동양의 마음이론에 기초한 유아음악 감상교육프로그램 개발 연구. **유아교육연구, 37**(5), 453-476.

권효숙(2010). **다문화사회 문화적 학습양식의 이해**. 서울: 강현출판사.

김경옥(2006). 유아 음악극 활동이 유아의 정서지능에 미치는 영향. 전북대학교 대학원 석사학위논문.

김경은(2011). 리듬 타악기 및 음악감상활동이 영아의 사회 · 정서적 행동에 미치는 영향. 경성대학교 교육대학원 석사학위논문.

김경은(2016). ADHD 영재아동과 ADHD 아동의 인지 · 정서행동 · 양육특성 차이에 관한 혼합연구. 순천향대학교 대학원 박사학위논문.

김광자(2004a). 포괄적 음악교육에 기초한 유아의 음악적 능력 증진 프로그램 개발 및 효과검증. 서울여자대학교 대학원 박사학위논문.

김광자(2004b). MMCP에 기초한 유아의 음악적 능력 증진 프로그램 개발 및 효과. **아동연구**, 10, 7-27. 25-45.

김광자, 강문희(2005). 포괄적 음악교육에 기초한 유아의 음악적 능력 증진 프로그램 개발 및 효과, **유아교육연구**, 25(1), 25-46.

김권일(2016). 조옮김을 활용한 유아음악교육 프로그램 개발 및 효과. 전남대학교 대학원 박사학위논문.

김권일(2017). 빠르기 변화 동요활동이 유아의 음악적 흥미와 음악적 표현능력에 미치는 영향. **열린유아교육연구**, 22(1), 505-524.

김권일, 김영옥(2015). 조 바꾸기를 활용한 음악활동이 유아의 음악적 흥미와 음악 인지능력에 미치는 영향. **한국영유아보육학**, (92), 41-66.

김권일, 김영옥(2016). 조옮김을 활용한 유아음악교육 프로그램 개발 및 효과. **유아교육연구**, 36(4), 289-312.

김도진(2009). 동화와 음악활동 중심의 유아용 창의성 프로그램의 창의성 증진 효과. 계명대학교 대학원 박사학위논문.

김도진(2011). 동화와 음악을 활용한 창의성 프로그램이 유아의 창의성 증진에 미치는 효과. **아동교육**, 20(1), 293-316.

김동은(2013). 난타 음악활동이 유아의 스트레스와 자아효능감에 미치는 영향. 한국방송통신대학교 대학원 석사학위논문.

김동은, 전인옥(2014). 난타 음악활동이 유아의 스트레스와 자아효능감에 미치는 영향. **음악교육연구**, 43(4), 57-75.

김동환(2018). 클래식 음악 감상활동이 유아의 음악적성에 미치는 효과. 한양대학교 대학원 석사학위논문.

김동환, 지성애(2018). 유아음악교육에 대한 실태와 교사의 인식 분석. **한국유아교육연구**, 20(4), 67-92.

김말숙, 백지혜(2019). 동작을 활용한 음악 수학 통합 활동이 유아의 음악적성 및 수학개념에 미치는 영향. **열린부모교육연구**, 11(1), 113-134.

김명례(2020). 스토리텔링을 활용한 만 5세 유아 음악활동이 음악적 흥미와 정서지능에 미치는 효과. 공주대학교 일반대학원 석사학위논문.

김명옥(2003). Carl Orff 음악교수법을 적용한 음악활동 프로그램이 유아의 창의성에 미치는 효과. 경성대학교 교육대학원 석사학위논문.

김명정(2010). 음악극 경험과정에서 나타나는 유아들의 음악적 반응 변화. 중앙대학교 대학원 석사학위논문.

김명정(2015). 스토리텔링에 기반한 유아 과학음악극 프로그램 개발 및 적용효과. 중앙대학교 대학원 박사학위논문.

김명정, 조형숙(2011). 음악극 경험을 통해 나타나는 유아들의 음악적 반응변화. 한국교육문제연구, 29(2), 257-283.

김명정, 조형숙(2016). 스토리텔링에 기반한 유아 과학음악극 프로그램이 유아의 창의성, 과학적 탐구능력, 음악적 표현능력에 미치는 영향. 유아교육연구, 36(1), 183-212.

김미경(2018). 동요를 활용한 통합적 유아음악교육 프로그램 개발 및 적용. 성신여자대학교 대학원 박사학위논문.

김미경, 권정윤(2019). 동요를 활용한 통합적 유아음악교육 프로그램 개발 및 적용. 교육연구, 76, 135-165.

김미란(2003). 유아전통음악교육 프로그램의 효과. 신라대학교 교육대학원 석사학위논문.

김미래(2015). 교사관련 국내 유아음악교육 연구동향 분석. 유아교육학논집, 19(3), 387-415.

김미량(2010). 통합적 음악교육이 유아기의 인격 형성에 미치는 영향: 유아음악교육 프로그램 중심으로. 영남대학교 교육대학원 석사학위논문.

김미류, 이영애(2014). 유아교육기관에서 음률영역 활용실태. 한국음악교육학회, 2014년 여름 학술대회, 339-342.

김미숙(2000). 체험적 음악감상 활동이 유아의 정서지능에 미치는 영향. 숭실대학교 교육대학원 석사학위논문.

김미숙(2007). 동화를 활용한 음악극 활동이 유아의 정서지능에 미치는 영향. 전북대학교 교육대학원 석사학위논문.

김미영(2007). 신체움직임을 통한 음악 감상활동이 유아의 음악적성과 음악적 창의성에 미치는 효과. 전남대학교 대학원 석사학위논문.

김미영(2009). 오르프 음악교육이 유아의 자기조절력에 미치는 효과. 한성대학교 교육대학원 석사학위논문.

김미영(2010). 유아 음악적 창의성 검사도구의 개발 및 타당화. 전남대학교 대학원 박사학위논문.

김미옥(2007). 통합적 음악 감상 활동유형이 유아의 창의성에 미치는 영향. 인제대학교 대학원 석사학위논문.

김미옥(2019). 유아를 위한 창의 · 인성 교육 프로그램의 개발 및 효과 검증: 음악활동을 중심으로. 수원대학교 대학원 박사학위논문.

김미자(2016). 감각통합 음악 감상활동이 만 2세반 영아의 자발적 음악행동과 사회정서발달에 미치는 효과. 총신대학교 교육대학원 석사학위논문.

김미정(2011). 사회 · 정서 통합에 기초한 영아 음악프로그램의 개발 및 적용 효과. 중앙대학교 대학원 박사학위논문.

김미정(2019). 영아기 자녀와 부/모 간 상호작용 증진을 위한 음악 프로그램 연구. 이화여자대학교 교육대학원 석사학위논문.

김미정, 김희태(2012). 음악적 개념에 기초한 음악활동이 유아의 음악적 태도와 사회 · 정서 발달에 미치는 영향. 열린교육연구, 20(1), 65-88.

김미정, 이숙희(2008). 통합적 음악감상 활동에 기초한 유아의 정서지능 증진 프로그램 개발 및 효과. 미래유아교육학회지, 14(4), 443-467.

김미정, 이숙희(2011). 사회 · 정서 통합에 기초한 영아 음악프로그램의 개발 및 적용 효과. **유아교육학논집**, 15(5), 359-382.

김미진(2003). Dalcroze의 음악교육이 유아의 음악청취력 및 음악적 창의성에 미치는 영향: 유리드믹스 프로그램을 중심으로. 성신여자대학교 교육대학원 석사학위논문.

김민정(2000). 한여울 유치원의 유아음악교육에 대한 문화기술적 연구. 이화여자대학교 대학원 석사학위논문.

김민정(2005). 장구장단 놀이가 유아의 음감 리듬감 향상에 미치는 영향. 전북대학교 교육대학원 석사학위논문.

김민정(2011). 전통 음악을 통한 유아기 다문화 음악 교육의 운영 방안 모색. **음악교육연구**, 40(3), 323-348.

김민정(2020). 유아 공감능력과 행복감 증진을 위한 스토리텔링 음악감상활동의 효과성 연구. 한양대학교 교육대학원 석사학위논문.

김민주(2015). 전래동요와 연계한 미술활동이 유아의 그리기표상능력, 언어능력, 음악표현능력에 미치는 영향. 중앙대학교 대학원 석사학위논문.

김민주, 장슬하, 김채연(2015). 전래동요와 연계한 미술활동이 유아의 그리기표상능력, 언어능력, 음악표현능력에 미치는 영향. **한국교육문제연구**, 33(1), 127-150.

김민채(2012). 다문화 유아음악교육 프로그램 개발 및 효과. 신라대학교 대학원 박사학위논문.

김민채, 김영연(2012). 다문화유아음악교육의 운영 실태와 유치원 교사의 인식. **음악교육연구**, 41(1), 167-191.

김민희(2013). 한국과 영국 중학교 음악과 교육과정 비교 분석. 상명대학교 교육대학원 석사학위논문.

김민희(2016). 일상의 소리를 활용한 유아음악교육 프로그램 개발 및 적용. 부산대학교 대학원 석사학위논문.

김법순(2009). 유아의 음악능력 증진을 위한 포괄적 음악교육 프로그램 개발. 조선대학교 대학원 박사학위논문.

김보라(2018). 전래동화를 활용한 유아 극놀이 프로그램 개발 및 효과. 중앙대학교 대학원 박사학위논문.

김봉아(2015). 음악 감상을 통한 신체활동이 유아의 일상적 스트레스 해소 및 정서지능에 미치는 영향. 숭실대학교 교육대학원 석사학위논문.

김빛나라(2015). 5음계 동요를 활용한 음악활동이 만 5세 유아의 음감청취력에 미치는 영향. 예원예술대학교 문화예술대학원 석사학위논문.

김선미(2015). 말 리듬을 활용한 음악 활동이 유아의 리듬감 발달에 미치는 영향. 예원예술대학교 문화예술대학원 석사학위논문.

김선아(2007). 요소중심의 탐색적 음악활동이 유아의 음악능력과 언어능력에 미치는 효과. 전남대학교 교육대학원 석사학위논문.

김선애(2019). 음악요소 중심의 새노래 부르기 활동이 유아의 음악적 태도와 정서지능에 미치는 영향. 창원대학교 대학원 석사학위논문.

김선애, 윤지영(2019). 음악요소 중심의 새노래 부르기 활동이 유아의 음악적 태도와 정서지능에 미치는 효과. **예술교육연구**, 17(4), 221-240.

김선의(2009). 주제와 통합된 Dalcroze 유리드믹스 음악활동이 유아의 음악능력과 창의성에 미치는 효과. **변형영유아교육연구**, 3(2), 5-26.

김선정(2016). 코다이 교수법 기반 집단음악활동이 유아의 창의성과 사회성에 미치는 효과. 서남대학교 대학원 박사학위논문.

김선정(2016). 코다이 교수법 기반 집단음악활동이 유아의 창의성과 사회성에 미치는 효과. **복지상담교육연구**, 5(2), 91-117.

김선희(2008). 유아교사양성대학의 음악교과 교육과정 모형 개발. 서울여자대학교 대학원 박사학위논문.

김선희(2015). 통합적 유아음악교육 프로그램 모형 개발. **예술인문사회융합멀티미디어논문지**, 5(6), 281-291.

김선희(2016). 오르프 교수법에 의한 음악활동이 유아의 음악적 창의성에 미치는 영향. 광주교육대학교 교육대학원 석사학위논문.

김선희(2019). 동화에 기초한 노랫말 바꾸기 활동이 유아의 창의성과 음악적 태도에 미치는 영향. 원광대학교 대학원 석사학위논문.

김선희, 심성경(2019). 동화에 기초한 노랫말 바꾸기 활동이 유아의 창의성과 음악적 태도에 미치는 효과. **교육논총**, 39(3), 225-248.

김성미(2014). 동요를 활용한 통합적 인성교육활동이 유아의 정서지능과 공감능력에 미치는 영향. 경남대학교 교육대학원 석사학위논문.

김성미, 김현주(2015). 동요를 활용한 통합적 인성교육활동이 유아의 정서지능과 공감능력에 미치는 영향. **한국보육지원학회지**, 11(2), 239-260.

김성민(2011). 심미적 접근을 통한 유아음악교육 프로그램 개발 연구. 부산대학교 대학원 석사학위논문.

김성신(2016). 통합적 음악요소 중심의 음악활동 프로그램이 유아의 음악적 능력 향상에 미치는 영향. 서울신학대학교 대학원 석사학위논문.

김성은(2003). 상상놀이 중심의 음악활동이 유아의 창의성 향상에 미치는 영향. 숙명여자대학교 음악치료대학원 석사학위논문.

김세정(2020). 마당극을 활용한 역사체험 중심 유아 전통문화교육 프로그램의 개발 및 효과. 중앙대학교 대학원 박사학위논문.

김소연(2011). 영아그림책을 활용한 음악활동이 영아의 친사회적 행동에 미치는 영향. 인천대학교 교육대학원 석사학위논문.

김소향, 안경숙(2006). 학습주기와 놀이가 연계된 통합적 음악활동의 개발 및 유아의 음악적 개념과 태도에 미치는 효과. **교육과학연구**, 37(3), 189-213.

김수경(2017). 정서함양을 위한 유아음악교육프로그램에 대한 질적 연구. 성균관대학교 대학원 석사학위논문.

김순란(2018). 동요를 활용한 협력적 신체활동이 만 5세 유아의 음악적 표현능력과 친사회적 행동에 미치는 영향. 총신대학교 일반대학원 석사학위논문.
김순정(2014). 음악감상을 통한 이야기 꾸미기 활동이 유아의 창의성과 언어 능력에 미치는 영향. 숭실대학교 교육대학원 석사학위논문.
김순희(2014). 타악기 리듬활동이 유아의 음악적 정서에 미치는 영향: 만 4~5세 유아를 중심으로. 부산대학교 대학원 석사학위논문.
김애옥, 홍지명(2014). 그림악보를 활용한 노래부르기 활동이 유아의 음악 능력 및 음악적 창의성에 미치는 효과. **아동교육**, 23(1), 119-135.
김연주(2008). 노래동화를 활용한 통합적 유아음악교육 프로그램 개발 및 효과. 경희대학교 대학원 석사학위논문.
김연주, 조복희(2012). 노래동화를 활용한 통합적 유아음악교육 프로그램 개발 및 효과성에 관한 연구. **한국보육지원학회지**, 8(2), 27-61.
김영림(2019). 인성그림책을 활용한 말 리듬 놀이가 영아의 놀이성과 사회 · 정서 발달에 미치는 효과. 총신대학교 교육대학원 석사학위논문.
김영신(2005). 달크로즈 교수법에 따른 음악활동이 유아의 음악적 창의성에 미치는 영향. 동국대학교 교육대학원 석사학위논문.
김영연(1995). 유아 음악교육의 이론과 실제: 유아의 음정지도를 위한 효과적인 교수 전략. **음악교육연구**, 14, 91-104.
김영연(2010). 한국과 미국에서의 다문화 유아음악교육 비교연구. **열린유아교육연구**, 15(2), 301-321.
김영연(2017). 예술의 본질과 소통에 기반을 둔 유아음악교육에 대한 의미탐색. **음악교육공학**, 32, 59-71.
김영연(2020). 한국 영유아 음악교육의 역사적 회고. **음악교육연구**, 49(1), 001-026.
김영천(2018). **질적 연구방법론 II: Methods**. 아카데미프레스.
김영철(1999). 질적 연구에 있어서의 글쓰기. **교육인류학연구**, 2(2), 71-96.
김영희(1982). 유아의 기초적 음악능력 발달에 관한 연구. 이화여자대학교 교육대학원 석사학위논문.
김영희(2001). 음악청취력 향상 프로그램이 유아의 음악능력에 미치는 효과. 대구가톨릭대학교 교육대학원 석사학위논문.
김옥자(2004). 포괄적 음악 감상 교육이 영 · 유아들에게 미치는 영향. 조선대학교 교육대학원 석사학위논문.
김옥주(2009). **연구자를 위한 연구윤리 핸드북 초안-IRB, IACUC, IBC를 중심으로**. 서울대학병원 임상의학연구소.
김유미(2000). 유아음악교육의 두뇌생리학적 근거와 적용. **열린유아교육연구**, 5(2), 45-70.
김윤경(2004). 어머니의 양육태도와 가정의 음악적 환경과의 관계. 가톨릭대학교 교육대학원 석사학위논문.
김윤덕(2018). 부모-교사의 협력적 부모교육 경험의 의미: 유아창의성 주제를 중심으로. 한국방송통신대학교. 석사학위논문.

김은경(2010). 만 2~3세 유아의 음악적 개념이해를 위한 피아노 학습 프로그램 개발. 숙명여자대학교 교육대학원 석사학위논문.

김은아(2010). 유아음악교육의 연구 동향 분석. 원광대학교 일반대학원 석사학위논문.

김은정(2002). 발상법을 통한 그림표현활동이 유아의 창의성 및 그림표현에 미치는 영향. 중앙대학교 대학원 석사학위논문.

김은정(2015). 교사의 음악교육에 대한 지식과 음악교육에 대한 태도의 수준 및 유아의 음악적 성향 간의 관계. **어린이문학교육연구**, 16(4), 413-433.

김은정(2017). 스토리텔링 중심의 음악 감상 및 신체표현활동이 유아의 창의성, 신체표현능력, 친사회적 행동에 미치는 영향. 원광대학교 일반대학원 박사학위논문.

김은형(2008). 동화를 통한 노래극 활동이 유아의 언어능력 및 음악능력에 미치는 효과. 전남대학교 교육대학원 석사학위논문.

김은혜(2019). 교내 합창대회가 고등학생의 음악적 태도와 몰입 경험에 미치는 영향에 대한 혼합연구. 이화여자대학교 교육대학원 석사학위논문.

김은희(2014). 국악 장단을 활용한 명상활동이 유아의 사회성 발달에 미치는 효과에 관한 연구: 만 5세를 중심으로. 중앙대학교 국악교육대학원 석사학위논문.

김이영, 김태인, 김현정, 송명숙, 이지민, 한석실(2015). **아동관찰 및 행동연구**. 경기: 정민사.

김인숙(2006). 유아의 가정음악환경 변인에 관한 연구. 경남대학교 교육대학원 석사학위논문.

김인실(1997). 유아의 음악환경과 음악교육과의 관계에 관한 연구. **사회과학연구**, 4(1), 167-176.

김인실, 배지현(2016). 국제교류를 통한 음악 중심의 유아세계시민교육에 관한 사례연구. **다문화교육연구**, 9(1), 71-96.

김인옥(2016). 유아의 기질과 가정의 음악적 환경이 유아의 음악적 성향에 미치는 영향. **인문사회 21**, 7(5), 565-587.

김자희, 최연철(2017). 만 5세 유아와 함께한 음악 만들기 실행연구. **한국유아교육연구**, 19(3), 43-60.

김정숙(2010). Gordon의 음악학습이론에 근거한 오디음악활동이 만 3세 유아의 음악 소질과 친사회적 행동에 미치는 영향. 중앙대학교 교육대학원 석사학위논문.

김정은(2018). 음악활동을 통한 인성교육이 유아의 인성, 음악적 태도, 음악적 흥미에 미치는 영향. 중앙대학교 교육대학원 석사학위논문.

김정혜(2013). 말리듬을 활용한 음악감상 활동이 유아의 음악표현 능력에 미치는 영향. 배제대학교 대학원 석사학위논문.

김정희(2017). 전래동요 활동이 영아의 놀이성과 음악적 성향에 미치는 영향. 총신대학교 교육대학원 석사학위논문.

김정희(2020). 유아 국악교육을 위한 활성화 지도 방안 연구: 서울시 송파구 유치원, 어린이집을 중심으로. 동국대학교 대학원 석사학위논문.

김주선(2008). 통합적음악활동이 유아의 창의성에 미치는 영향. 인제대학교 교육대학원 석사학위논문.

김지수(2012). 뮤직가튼 음악프로그램이 유아의 음악적 창의성에 미치는 영향. 총신대학교 교육대학원 석사학위논문.

김지언(2017). 유아교사의 음악적 경험에 따른 음악적 개념 교육 실제의 차이 연구. **음악교육공학**, 33, 1-19.

김지언(2020). 음악적 요소 관련 유아예술경험프로그램 개발 기초연구. **음악교수법연구**, 21(1), 1-22.

김지연(2004). 음악활동이 유아 스트레스 감소에 미치는 영향. 숙명여자대학교 음악치료대학원 석사학위논문.

김지연(2017a). 동화듣기를 함께한 음악감상 활동이 유아의 음악 인지능력에 미치는 영향. 우석대학교 교육대학원 석사학위논문.

김지연(2017b). 유아 음악성에 관한 연구동향 분석. **음악교육공학**, 32, 41-57.

김지연(2019). 생활그림책을 활용한 말 리듬 놀이가 영아의 기본생활습관 및 정서조절능력에 미치는 효과. 총신대학교 일반대학원 석사학위논문.

김지연(2020). 음악 감상을 통한 신체활동과 유아의 정서지능과의 관계 연구. 가천대학교 교육대학원 석사학위논문.

김지운(2015). 유아음악교육을 위한 액션러닝 기반의 현직교사교육 프로그램 모형 개발. 원광대학교 대학원 박사학위논문.

김지은(2015). 음악기반 감각통합 놀이 프로그램이 유아의 자아개념과 기본생활습관 향상에 미치는 효과. 숭실대학교 교육대학원 석사학위논문.

김지현(2016). 만 5세 자연반 유아들의 음악적 행동에 관한 문화기술적 연구. 이화여자대학교 대학원 석사학위논문.

김지혜(2017). 현대미술감상을 통한 통합적 음악활동이 유아의 음악적 흥미, 정서지능, 미술감상능력에 미치는 영향. 중앙대학교 교육대학원 석사학위논문.

김지희(2002). 유아기의 음악성 향상을 위한 청음지도 방법 연구. 단국대학교 대학원 석사학위논문.

김진희(2018). 통합적 음악활동이 유아의 음악적 표현 능력 및 음악적 태도에 미치는 영향. 서울교육대학교 교육전문대학원 석사학위논문.

김춘희(1994). 포괄적 음악 교육 접근이 5세 유아의 음악 감상 능력에 미치는 영향. 중앙대학교 대학원 석사학위논문.

김태윤(2013). 놀이를 통한 음악활동이 유아의 음악개념에 미치는 영향. 국민대학교 교육대학원 석사학위논문.

김한나(2011). 영아국악놀이 프로그램 개발 연구. 중앙대학교 국악교육대학원 석사학위논문.

김향숙(2007). 유아음악교육에 대한 어머니의 인식과 가정의 음악적 환경실태. 가톨릭대학교 교육대학원 석사학위논문.

김향숙(2016). 유아의 음악적 흥미 검사도구 개발 및 타당화 연구. 덕성여자대학교 대학원 박사학위논문.

김향숙, 이경옥(2012). 부모의 음악적 태도와 가정의 심리적 음악환경 및 유아의 음악적 성향 간의 구조분석. **한국유아교육학회 정기학술발표논문집**, 327.

김현(2016). 음악개념에 기초한 유아음악교육 프로그램 개발 및 효과. 조선대학교 대학원 박사학위논문.
김현, 서현(2017). 음악개념에 기초한 음악활동에서 나타나는 유아의 음악적 반응의 변화 과정 탐색. **어린이미디어연구**, 16(3), 47-92.
김현미(2020). 음악동화를 활용한 신체표현활동이 유아의 자아존중감 및 창의적 신체표현력에 미치는 영향. 광주대학교 대학원 석사학위논문.
김현주(2016). 교사의 음악교수효능감이 유아의 정서조절능력에 미치는 영향. 한국외국어대학교 교육대학원 석사학위논문.
김혜경(2012). 영아의 자발적 노래 부르기 탐색. 한국방송통신대학교 석사학위논문.
김혜경(2015). 예비유아교사의 음악에 대한 신념과 교육실습경험과의 관계. **학습자중심교과교육연구**, 15(12), 645-660.
김혜경, 이영애(2012). 영아의 자발적 노래 부르기 탐색. **열린유아교육연구**, 17(5), 209-244.
김혜성(2018). 인성그림책을 활용한 음악활동이 영아의 음악적 성향과 사회·정서 발달에 미치는 효과. 총신대학교 교육대학원 석사학위논문.
김혜숙(2011). 클래식 음악을 활용한 통합적 음악활동 과정에서 나타난 유아들의 반응탐색. **예술교육연구**, 9(1), 75-104.
김혜숙(2013). 클래식 음악을 활용한 유아동요 노랫말 분석 및 음악활동 프로그램 연구. 공주대학교 대학원 박사학위논문.
김혜연, 한예희(2004). 보육기관 유아의 음악교육현장 실태 연구-제주도 내 어린이집을 대상으로. **제주관광대학논문집**, 10, 65-81.
김혜영(2015). 오르프 교수법에 기초한 통합유아음악교육 프로그램 개발 및 적용 효과. 가천대학교 대학원 박사학위논문.
김혜영(2016). 오르프 교수법에 기초한 통합유아음악교육 프로그램 개발 및 효과 검증. **음악교육연구**, 45(3), 75-103.
김혜영, 허혜경(2015). 오르프 접근법의 다중표상 활동이 유아의 음악표현능력에 미치는 영향. **음악교육연구**, 44(2), 25-48.
김혜진(2006). 유아들을 위한 통합적 국악 교육 활동 프로그램 연구. 용인대학교 대학원 석사학위논문.
김호현(2016). 유치원 교실 상호작용 속의 유아와 자유와 교사의 권위: 솔잎유치원의 질적 사례연구. 서울대학교 대학원 박사학위논문.
김효진(2000), 구성주의적 교수-학습이 음악적 태도 변화에 미치는 효과. 부산교육대학교 교육대학원 석사학위논문.
김효진(2011). 음악극활동이 유아의 마음이론 발달 및 음악능력에 미치는 영향. 대구대학교 대학원 석사학위논문.
김효진(2019). 동화를 활용한 음악극 활동이 만 3세 유아의 음악적 표현능력, 자기조절능력에 미치는 영향. 중앙대학교 교육대학원 석사학위논문.
김희복, 박형신(2014). 악기를 활용한 음악감상활동이 유아의 음악적성과 음악적 표현력에 미치는 영향. **음악교육연구**, 43(2), 1-23.

김희영, 홍지명(2017). 협동적 음악활동이 유아의 음악적 창의성 및 학습 관련 사회적 기술에 미치는 효과. **인문사회**, **8**(2), 971-990.

김희중(2013). 유리드믹스 음악활동이 유아의 일상적 스트레스 해소 및 자기통제력 향상에 미치는 영향. 동국대학교 대학원 석사학위논문.

나은숙(2008). Gordon의 음악학습이론에 근거한 노래 지도가 유아의 음악적성에 미치는 효과. **한국보육학회지**, **8**(2), 1-10.

남보라(2016). 숲체험을 통한 창작음악극활동이 유아의 음악능력 및 리더십에 미치는 영향. 삼육대학교 대학원 석사학위논문.

남선옥, 김호(2013). 통합적 음악 감상 활동이 유아의 음악개념 및 음악창의성에 미치는 효과. **열린유아교육연구**, **18**(5), 241-263.

노소영(2012). 동화를 활용한 음악활동이 유아의 음악적 표현능력 및 창의성 발달에 미치는 효과. 백석대학교 대학원 석사학위논문.

노승희(2019). 만 5세 유아음악교육의 효율적 운영을 위한 협력적 실행연구. 중앙대학교 대학원 박사학위논문.

노영희, 김경철, 김호(2006). 유아교사의 자기 평정용 창의성 검사 도구 개발. **유아교육연구**, **26**(2), 93-121.

노정선(2016). 이야기가 있는 음악활동이 유아의 음악능력과 언어능력에 미치는 영향: Gordon의 음악학습이론에 근거한 오디활동을 중심으로. 침례신학대학교 대학원 석사학위논문.

노정자(2017). 통합적 음악감상 활동이 유아의 음악 인지능력과 정서지능에 미치는 영향. 군산대학교 대학원 석사학위논문.

노주희(2004). 오디에이션 음악활동이 유치원 아동의 음악소질 향상에 미치는 영향. **음악치료교육학회**, **1**(1), 11-32.

단은미(2009). 동화를 활용한 통합적 음악 감상활동이 유아의 음악 능력발달에 미치는 영향. 한양대학교 교육대학원 석사학위논문.

단은미, 조유나(2009). 동화를 활용한 음악 감상 활동이 유아의 음악 능력 및 태도에 미치는 영향. **유아교육 · 보육복지연구**, **13**(4), 333-354.

류승희(2011). 영성지향 음악활동이 유아의 공격성과 자기조절력에 미치는 효과. 울산대학교 대학원 석사학위논문.

류은미(2011). 영아의 사회정서 발달을 위한 음악활동 프로그램 개발 및 효과 연구. 덕성여자대학교 대학원 박사학위논문.

마송희(2011). 통합유아음악교육에 관한 연구동향. **유아교육학논집**, **15**(5), 227-247.

마송희(2015). 유아음악과 언어의 통합교육에 대한 이론 및 교수방법에 관한 문헌연구. **유아교육연구**, **35**(5), 335-359.

모현주(2004). 음악활동 프로그램이 유아의 정서지능 발달에 미치는 영향. 중부대학교 교육대학원 석사학위논문.

목미연(2002). 음악활동을 통한 소집단 토의가 유아의 친사회적 행동에 미치는 영향. 중앙대학교 대학원 석사학위논문.

문금숙(2018). 생활그림책을 활용한 음악활동이 영아의 기본생활습관 및 사회·정서 발달에 미치는 영향. 총신대학교 일반대학원 석사학위논문.

문성숙(2013). 그림책을 활용한 음악 활동이 유아의 음악적 창의성에 미치는 영향. **한국유아교육연구**, 15(1), 55-80.

문영희(2010). 숲에서의 음악활동이 유아의 음악능력 발달에 미치는 영향. 인천대학교 교육대학원 석사학위논문.

민사랑(2019). 동화를 활용한 유아 음악극 활동이 유아의 정서지능에 미치는 영향. 공주대학교 교육대학원 석사학위논문.

민서현(1984). 유아음악교육에 대한 부모의 의식조사연구. 숙명여자대학교 대학원 석사학위논문.

민선희(2015). 노래활동이 유아의 기본생활습관 형성에 미치는 영향. 중부대학교 대학원 석사학위논문.

박경진(2000). Gordon의 음악학습 프로그램이 유아의 음악적 창의성에 미치는 효과. 대구가톨릭대학교 대학원 석사학위논문.

박명숙(1984). 유아의 음색·음개념 발달에 관한 연구. 이화여자대학교 대학원 석사학위논문.

박명숙(2000). 유아의 음악 듣기교육 프로그램 연구. 단국대학교 대학원 박사학위논문.

박명자(1975). 가정의 음악적 환경이 자녀의 성격 및 음악학업 성적과의 관계. 이화여자대학교 교육대학원 석사학위논문.

박미성(2013). 오르프 교수법을 적용한 음악프로그램이 유아의 음악적성과 음악적 창의성에 미치는 영향. 한양대학교 교육대학원 석사학위논문.

박미용(2003). 유아교사의 음악 활동에 대한 인식 및 유아음악 교육 환경. 경성대학교 교육대학원 석사학위논문.

박미정(2002). 음악교육 프로그램이 유아의 청음능력과 음의 구별능력에 미치는 영향. 광주대학교 산업대학원 석사학위논문.

박민정(2010). 창작동요 활용 프로그램이 유아의 음악성과 언어능력에 미치는 영향. 경남대학교 교육대학원 석사학위논문.

박병권(2008). 유아의 신체활동이 뇌 발달에 미치는 영향. **종합예술과 음악학회지**, 2(2), 83-97.

박부숙(2003). 통합적 음악감상 프로그램이 유아의 정서발달에 미치는 영향. 동국대학교 교육대학원 석사학위논문.

박샛별(2020). 노래를 활용한 통합교육활동이 만3세 유아의 기본생활습관 형성과 음악적 흥미에 미치는 영향. 성신여자대학교 교육대학원 석사학위논문.

박선민(2015). 자연물을 활용한 악기 다루기 프로그램이 유아의 음악적 창의성 및 자연친화적 태도에 미치는 영향. 계명대학교 대학원 석사학위논문.

박선민, 백지혜(2016). 자연물을 활용한 악기 프로그램이 유아의 음악적 창의성 및 자연친화적 태도에 미치는 영향. **열린유아교육연구**, 21(2), 469-490.

박선영(2018). 유아 정서능력 증진을 위한 배경음악 활용 동화듣기 프로그램 개발 및 적용. 경성대학교 대학원 박사학위논문.

박소연(2014). 달크로즈 음악활동이 유아의 신체표현능력과 사회·정서 발달에 미치는 효과. **아동**

교육, 23(1), 175-197.

박소연, 이진희(2019). 음악 감상활동 실행연구를 통한 유아교사의 실천지식 쌓아가기. **학습자중심교과교육연구**, 19(10), 635-664.

박소영(2004). 동화를 이용한 비구조적 음악극이 유아의 창의성 향상에 미치는 영향. 숙명여자대학교 음악치료대학원 석사학위논문.

박수미(2012). 유치원 생활을 통한 유아의 음악적 경험에 대한 문화기술적 연구. **유아교육학논집**, 16(6), 291-319.

박수미, 우정희(2008). 유아음악교육 관련 연구동향 분석. **한국영유아보육학**, 55, 19-41.

박수연(2018). 성교육 그림책을 활용한 음악극 프로그램 구성 및 적용 효과. 위덕대학교 대학원 박사학위논문.

박수연, 김수향(2018). 성교육 그림책을 활용한 유아 음악극 프로그램 구성 및 적용 효과. **어린이문학교육연구**, 19(3), 261-290.

박순옥(2002). 음악활동을 통한 효율적인 유아교육 사례연구. 인제대학교 교육대학원 석사학위논문.

박순희(2011). 유아음악교육 관련 학위논문의 연구 경향 분석: 2000~2010년 유아음악교육방법에 관하여. 성결대학교 대학원 석사학위논문.

박옥희(2003). 컴퓨터를 활용한 음악활동이 유아의 음의 기본개념 형성에 미치는 효과. 아주대학교 교육대학원 석사학위논문.

박옥희(2010). 통합적 음악 감상활동이 유아의 음악적 창의성 및 정서능력에 미치는 효과. 전남대학교 교육대학원 석사학위논문.

박용미(2008). 전래동요를 활용한 국악활동이 유아의 창의성과 장단 능력에 미치는 영향. 전남대학교 교육대학원 석사학위논문.

박용미, 김경숙(2008). 전래동요를 활용한 국악 활동이 유아의 창의성과 장단능력에 미치는 영향. **음악교육연구**, 35, 1-26.

박은영(2007). 유아의 음악적능력과 지적능력 및 운동능력 간의 관계. 전남대학교 대학원 석사학위 청구논문.

박은영(2011). 반응적 상호작용에 기초한 유아음악교육 프로그램 개발 및 효과. 전남대학교 대학원 박사학위논문.

박은영(2012a). 교사용 유아 음악적 태도 검사도구 개발. **예술교육연구**, 10(1), 15-29.

박은영(2012b). 수업 관찰과 면담을 통해 살펴본 유아음악활동 실태 및 개선점. **예술교육연구**, 10(2), 1-19.

박은영, 최미숙(2012). 반응적 상호작용에 기초한 유아음악교육 프로그램 개발 및 효과. **유아교육연구**, 32(1), 181-208.

박은정(2019). 유아음악교육 프로그램이 유아의 음악적 능력에 미치는 효과에 관한 메타분석. 한양대학교 교육대학원 석사학위논문.

박은하(2018). 리듬 중심의 음악 활동이 유아수학능력 및 창의성에 미치는 영향. 중앙대학교 교육대학원 석사학위논문.

박은희, 정정희, 최효정(2011). 신체움직임을 통한 음악활동이 유아의 창의적 신체표현과 자기조절능력에 미치는 효과. **미래유아교육학회지, 18**(4), 235-258.

박정자(2018). 전래동요를 활용한 음악적 표상 활동이 유아의 음악 지능에 미치는 영향. 한국교원대학교 대학원 석사학위논문.

박종선(2007). 유아교육기관의 음악교육활동에 관한 실태연구: 유치원과 어린이집의 비교. 가톨릭대학교 교육대학원 석사학위논문.

박주영(2012). 창작음악극 활동이 유아의 창의성과 사회적 기술에 미치는 영향. 경인교육대학교 교육대학원 석사학위논문.

박주영, 최일선(2012). 창작음악극 활동이 유아의 창의성과 사회적 기술에 미치는 영향. **음악교육연구, 41**(2), 369-390.

박지영(2003). 놀이를 통한 유아음악교육에 관한 연구: 놀이 위주의 음악교육 프로그램을 중심으로. 대구가톨릭대학교 대학원 석사학위논문.

박지은(2012). 유아의 정서조절을 위한 음악활동 프로그램 개발 연구. 숙명여자대학교 대학원 박사학위논문.

박지은, 최병철(2012). 유아의 정서조절능력 증진을 위한 음악활동 프로그램 개발 연구. **한국음악치료학회지, 14**(3), 1-30.

박지혜(2018). 신체활동 중심의 음악 프로그램이 유아의 정서지능에 미치는 영향. 한국외국어대학교 교육대학원 석사학위논문.

박향아(2010). 전래동요를 통해 유아가 경험하는 발달적 특성에 관한 연구. **유아교육연구, 30**(1), 395-421.

박현아(2015). 숲에서의 음악활동이 유아의 음악적 창의성에 미치는 영향. 경기대학교 교육대학원 석사학위논문.

박현정(2017). 자연물을 활용한 음악활동이 유아의 음악적 성향 및 자연친화적 태도에 미치는 영향. 인천대학교 교육대학원 석사학위논문.

박형신(2006). 유아국악능력 검사도구 개발연구. 전남대학교 대학원 박사학위논문.

박형신(2014). 국악요소에 기초한 유아국악교육 프로그램 개발 및 효과 검증. **열린유아교육연구, 19**(2), 21-45.

박형신(2020). 전래동요를 활용한 통합예술활동이 유아의 국악능력과 국악흥미도에 미치는 영향. **예술교육연구, 18**(2), 119-136.

박형신, 김정주(2012). 음악요소 중심의 감상을 통한 이야기 꾸미기 활동이 유아의 음악적 능력과 이야기 구성능력에 미치는 영향. **유아교육학논집, 16**(2), 289-310.

박형신, 조은정(2013). 민요 형식을 활용한 창의적 노래 부르기 활동이 유아의 음악창의성과 국악선호도에 미치는 영향. **열린유아교육연구, 18**(5), 109-131.

박혜수(2019). 가정의 음악적 환경이 중학생의 음악흥미도 및 자아존중감에 미치는 영향. 동아대학교 교육대학원 석사학위논문.

박혜원(2019). 일상용품을 활용한 통합적 음악활동이 유아의 음악적 창의성과 음악적 흥미 및 정서지능에 미치는 효과. 중앙대학교 교육대학원 석사학위논문.

박희영(2012). 창작동요 음악활동이 유아의 스트레스 감소에 미치는 영향. 한국외국어대학교 교육대학원 석사학위논문.

방선애(2004). 프로젝트 스펙트럼 음악프로그램이 유아의 음악적성에 미치는 효과. 대구대학교 대학원 석사학위논문.

방선영(2010). 통합적 유아 음악극 활동이 유아의 친사회적 행동과 대인문제해결력에 미치는 영향. 경인교육대학교 교육대학원 석사학위논문.

방은영(2008). 유아 음악성 계발을 위한 프로그램 구성 및 적용 효과. 중앙대학교 대학원 박사학위논문.

방은영(2009a). 유아의 음악성 계발을 위한 프로그램 구성 및 적용. **유아교육학논집, 13**(6), 131-166.

방은영(2009b). 유아 음악 교수매체로서의 자연물 활용에 관한 이론적 고찰. **음악교육공학. 9**, 35-50.

방은영(2009c). 음악교육 전문가의 멘토링을 통한 유아교사의 음악 교수실제의 변화과정 탐색. **열린유아교육연구, 14**(5), 365-395.

방은영(2012). 음악 감상활동을 통한 다문화 교육이 유아의 정서지능 향상에 미치는 효과. **음악교육연구, 41**(3), 181-104.

방은영(2016). 유아음악 강사들의 갈등경험에 대한 탐색. **음악교육공학**, 27, 1-18.

방은영(2017). 스토리텔링을 통한 음악 감상활동이 유아의 언어표현력 및 음악적 태도에 미치는 영향. **열린유아교육연구, 22**(3), 45-70.

방은영(2019). 그림책 연계 음악 감상활동이 유아의 조망수용능력에 미치는 영향. **예술교육연구, 17**(2), 23-41.

배상률(2014). 아동 · 청소년 대상 연구윤리 가이드라인 개발 연구. 한국청소년정책연구원.

배성애(2000). 음악적성 및 음악흥미와 음악성취도 간의 관계: 고등학생을 중심으로. 중앙대학교 교육대학원 석사학위논문.

배정희(2011). 유치원 음악교육의 동향분석: 환경, 교육내용, 교수, 교사를 중심으로. 계명대학교 대학원 석사학위논문.

배희진(2009). 음악적 요소 중심의 감상활동이 유아의 음악능력 및 신체표현능력에 미치는 효과. **종합예술과 음악학회지, 3**(2), 91-114.

백지혜(2002). Gordon의 학습이론에 근거한 오디에이션 활동이 유아의 음악 소질에 미치는 영향. 중앙대학교 대학원 석사학위논문.

백지혜(2009). 그림책을 이용한 음악활동이 유아의 음악창의성에 미치는 효과. **유아교육학논집. 13**(5), 189-212.

백지혜(2010). 고든의 학습이론에 기초한 오디에이션 활동이 유아의 음악소질에 미치는 영향. **아동교육, 199**(1), 179-196.

백지혜(2014). 음악개념중심의 표상활동이 유아의 음악적 능력과 수학개념 형성에 미치는 영향. **유아교육연구, 34**(3), 313-331.

백지혜(2017). 예비유아교사를 위한 강점에 기초한 행복 증진 유아음악교육 프로그램 개발 연구.

유아교육학논집, 21(2), 103-126.
백지혜(2020). 들뢰즈 철학에 기초한 대안적 유아음악교육의 방향 탐색: 발명악보 활동을 중심으로. 학습자중심교과교육연구, 20(6), 1249-1265.
백지혜, 김선영(2010). 구성주의에 기초한 음악활동이 유아의 음악창의성과 음악적 태도에 미치는 영향. 유아교육학논집, 14(6), 507-534.
변순녀(2018). 전래동요에 기초한 음악놀이활동이 유아의 국악능력과 국악흥미도, 놀이성에 미치는 영향. 한국보육학회지, 18(3), 123-140.
변혜정(2012). 음악개념 중심의 통합적 음악활동이 영아의 음악성에 미치는 효과. 대구가톨릭대학교 대학원 박사학위논문.
서동명(2005). 유아 음악극 활동이 유아의 정서지능 발달에 미치는 영향. 배제대학교 대학원 석사학위논문.
서동명, 김숙령(2006). 음악극 활동이 유아의 정서지능에 미치는 영향. 열린유아교육연구, 11(3), 309-325.
서미란(2017). 신체표현을 활용한 음악활동이 유아의 자아존중감과 정서지능에 미치는 영향. 광주교육대학교 교육대학원 석사학위논문.
서미란, 이미나(2019). 신체표현을 활용한 유아음악놀이프로그램 효과 연구. 예술인문사회융합멀티미디어논문지, 9(1), 523-530.
서영민(2008). Gordon의 음악학습이론에 근거한 오디활동이 유아의 음악소질 및 인성발달에 미치는 영향. 중앙대학교 대학원 석사학위논문.
서영민(2017). 패턴중심 음악 만들기 프로그램이 유아의 수학패턴인지 및 음악창의성에 미치는 효과. 서울대학교 대학원 박사학위논문.
서영민, 이순형(2018). 패턴중심 음악 만들기 프로그램이 유아의 수학패턴인지 및 음악창의성에 미치는 효과. 유아교육연구, 38(6), 65-89.
서울대학교 연구윤리 지침 [시행 2010. 7. 16.] [서울대학교학교지침 제-호, 2010. 7. 16., 일부개정.]
서유진(2016). 유아 음악강점 평가도구 개발 기초연구. 부산대학교 대학원 석사학위논문.
서윤정(2014). 스토리텔링을 활용한 동요 프로그램이 영아의 언어능력에 미치는 효과. 배제대학교 대학원 박사학위논문.
서윤정, 이대균(2014). 스토리텔링을 활용한 동요 프로그램이 만 2세반 영아의 언어능력에 미치는 효과. 미래유아교육학회지, 21(3), 137-163.
서은주(2009). 통합적 유아음악프로그램에 관한 연구. 한국보육지원학회지, 5(1), 25-40.
서주희(2012). 영아음악교육에 대한 영아반 교사들의 인시고가 실태. 성균관대학교 교육대학원 석사학위논문.
서태균(2015). 노랫말 바꾸기에 기초한 소집단 중심의 창의적 음악활동이 유아의 또래 유능성과 창의성에 미치는 영향. 원광대학교 석사학위논문.
서태균, 류경희(2016). 노랫말 바꾸기에 기초한 소집단 중심의 창의적 음악활동이 유아의 또래 유능성과 창의성에 미치는 영향. 한국생활과학회 학술대회, 2014(11), 157-158.
서현, 김현(2016). 음악개념에 기초한 유아음악교육 프로그램이 유아의 음악적 인지능력과 음악적 표현능력에 미치는 영향. **어린이문학교육연구, 17**(1), 439-475.

서현, 김현, 박미자(2013). 타악기를 활용한 유아음악교육의 인식과 실태 및 요구에 관한 연구. **한국영유아보육학, 73**, 233-266.

서현아, 김효지(2006). 애니메이션을 통한 음악 듣기활동이 유아의 창의성에 미치는 영향. **열린유아교육연구, 11**(2), 113-131.

서희정, 한상길(2014). 가정의 음악적 분위기와 부모의 양육신념이 유아의 음악적 창의성 발달에 미치는 영향. **유아교육 · 보육복지연구. 18**(4), 395-418.

성수미(2016). 실외음악활동이 유아의 음악적 창의성 및 행복감에 미치는 영향. 계명대학교 유아교육대학원 석사학위논문.

성인지(2007). 유아 음악교수법의 연구 동향 분석. 숙명여자대학교 교육대학원 석사학위논문.

성태제(2016a). **교육연구방법의 이해**. 서울: 학지사.

성태제(2016b). **알기 쉬운 통계분석: 기술통계에서 구조방정식모형까지**. 서울: 학지사.

손경미(2014). 음악감상을 통한 그리기 활동이 유아의 창의성 및 그리기표상능력에 미치는 영향. 전남대학교 교육대학원 석사학위논문.

손경숙(2003). 칼 오르프의 음악교육프로그램이 유아의 친사회적 행동 및 자아개념에 미치는 효과. 진주산업대학교 대학원 석사학위논문.

손경아(2007). 전래동요를 활용한 노랫말 바꾸기 활동이 유아의 언어능력 및 음악능력에 미치는 효과. 전남대학교 대학원 석사학위논문.

손말숙(2005). 시청각매체에 따른 음악감상활동이 유아의 음악청취력 발달과 주의집중에 미치는 영향. 인제대학교 교육대학원 석사학위논문.

손미이(2019). 누리과정의 유아기 음악교육 내용 범위와 계열 분석. **예술교육연구, 17**(4), 163-184.

손선아(2005). 칸타빌레 유아 음악 교수법이 유아의 창의성에 미치는 영향. 총신대학교 교육대학원 석사학위논문.

손승학(2015). 파란반 유아교사의 음악중심 하루일과 운영에 대한 사례연구. 부산대학교 대학원 석사학위논문.

손윤경, 김신덕, 김규수(2005). 음악감상활동을 통한 미술활동이 유아의 미술표현능력에 미치는 영향. **열린유아교육연구, 10**(1), 229-245.

손지혜(2016). 달크로즈 유리드믹스 음악프로그램이 만5세 유아의 행복감과 스트레스에 미치는 영향. 숙명여자대학교 사회교육대학원 석사학위논문.

송세라(2007). Dalcroze 교수법이 유아의 음정과 리듬감에 미치는 영향 -만 5세를 중심으로. **종합예술과 음악학회지, 19**(2), 131-153.

송수현(2004). 통합적 접근을 통한 음악활동이 유아의 음악능력과 정서지능 발달에 미치는 영향. 중앙대학교 교육대학원 석사학위논문.

송순옥(2016). 음악과 신체표현을 통합한 예술경험활동이 유아의 정서능력 및 창의적 신체표현에 미치는 효과. **아동교육. 25**(4), 227-245.

송여진(2009). 오르프 교수법에 의한 음악교육활동이 유아의 음악적 창의성과 신체표현 능력에 미치는 영향. 성신여자대학교 대학원 석사학위논문.

송연아(2002). 리듬악기를 이용한 음악활동이 유아의 음악능력 발달에 미치는 영향. 원광대학교 대학원 석사학위논문.

송영희(2001). 음악감상활동이 유아의 창의적 신체표현에 미치는 영향. 경기대학교 대학원 석사학위논문.

송윤나(2019). 건반악기를 활용한 노래 부르기 활동이 유아의 음악표현능력과 공간능력에 미치는 효과. **학습자중심교과교육연구, 19**(5), 1171-1194.

송주승, 정혜명(2010). 가정과 유아교육기관의 음악교육활동 및 환경에 관한 실태조사. **음악교육공학, 11**, 151-165.

신우종(2015). 체계적 고찰과 메타분석의 개요. **Hanyang Medical Review, 35**, 9-17.

신유진(2018). 우리 음악을 활용한 통합음악활동이 유아의 창의성과 음악 적성에 미치는 영향. 한양대학교 교육대학원 석사학위논문.

신인숙(2001). 음악 프로젝트 활동이 유아의 창의성에 미치는 영향. **유아교육연구, 21**(3), 351-371.

신주현(2003). 가정의 음악환경과 예술교육 경험이 유아의 음악능력에 미치는 영향. 세종대학교 교육대학원 석사학위논문.

신주현, 김희연(2004). 가정의 음악환경과 예술교육 경험이 유아의 음악능력에 미치는 영향. **아동교육, 13**(1), 5-21.

신지선(2005). Gardner의 음악지능이론에 기초한 음악프로그램 개발과 효과 검증. 중앙대학교 대학원 석사학위논문.

심재연(2017). 정서기반 유아 음률프로그램 개발 및 효과. 중앙대학교 대학원 박사학위논문.

안경숙(2011). 유아예술교육 활동과 연계된 창의적 극놀이 프로그램 개발 및 효과. **유아교육학논집, 15**(5), 145-166.

안경숙(2012). 5세 누리과정 교사용 지도서의 음악 관련 활동 분석: 교육과정 요소를 중심으로. **음악교육연구, 41**(2), 171-197.

안경숙, 김소향(2011a). 그림책과 요리 활동을 활용한 창의적 음악 만들기 활동이 유아의 음악성과 창의성에 미치는 효과. **음악교육연구, 40**(3), 85-107.

안경숙, 김소향(2011b). '악기' 프로젝트 과정에서 나타난 유아와 교사의 태도 및 역할이 유아음악교육에 주는 의미. **유아교육 · 보육복지연구, 15**(2), 83-106.

안경숙, 김정주, 임수진(2010). 미디어를 활용한 노래 부르기 활동이 유아의 음악적 청취력에 미치는 영향. **한국콘텐츠학회논문지, 10**(11), 485-495.

안경숙, 박소향, 박진성(2008). 창작이야기 노래를 활용한 유아 주도적 음악극 활동이 유아의 음감 및 리듬감 발달에 미치는 효과. **음악교육연구, 34**, 59-85.

안경숙, 이옥주(2003). 소리에 대한 음악과 과학교육 통합 활동이 유아의 음악적 개념에 미치는 영향. **음악교육연구, 24**, 49-65.

안명옥(2019). 만 5세반 유아의 그림책을 활용한 음악만들기 프로그램 개발 및 효과. 명지대학교 대학원 박사학위논문.

안세정, 김은주(2015a). 공자의 예악사상으로 살펴본 유아음악교육의 방향 탐색 -『논어』와『예기』의「악기」편을 중심으로-. **교육사상연구, 29**(2), 101-127.

안세정, 김은주(2015b). 혜강(嵇康)의『성무애락론(聲無哀樂論)』에서 찾은 생태적 유아음악교육 의미 탐색. **생태유아교육연구**, 14(3), 262-285.

안예은(2017). 만 5세에서 7세의 음악적 환경이 유아 음악적성에 미치는 영향. 성신여자대학교 교육대학원 석사학위논문.

안옥수(2010). 통합적 음악감상활동이 유아의 창의성과 정서지능에 미치는 효과. 경북대학교 교육대학원 석사학위논문.

안이화(2003). 음악환경과 청음능력과의 관계 연구: 초등학교 3, 4학년을 중심으로. 서울교육대학교 교육대학원 석사학위논문.

안재신(2003). 다중지능이론에 기초한 유아음악교육 프로그램 모형 개발 연구. **음악교육연구**, 24, 67-83.

안재신(2008). 통합적 접근에 기초한 창의적 음악극 활동이 유아의 음악적 개념 발달에 미치는 영향. **음악교육연구**, 27-45.

안재신, 한애향(1999). 전래동요를 활용한 통합적 음악수업이 유아의 음악적 태도 변화에 미치는 영향. **음악교육연구**, 18(0), 1-49.

안혜정(2019). 클래식음악을 활용한 유아음악극 프로그램 개발 및 효과. 경성대학교 박사학위논문.

양명희(2003). 개념적 놀이활동과 음악 만들기 프로그램 적용을 통한 창의력 신장 방안. 목포대학교 교육대학원 석사학위논문.

양미자(2008). 동시 짓기를 통한 노랫말 바꾸기 활동이 유아의 언어능력 및 음악능력에 미치는 효과. 전남대학교 교육대학원 석사학위논문.

양성연(2004). 듣기교육 활동이 유아의 청음능력에 미치는 영향에 관한 연구. 경기대학교 교육대학원 석사학위논문.

양승희, 임명희(2011). 그림책 이야기를 활용한 창작 음악활동이 유아의 음악적 창의성에 미치는 효과 탐색. **한국보육학회지**, 11(1), 19-39.

양예슬(2015). 즉흥연주 중심 창작음악극 활동이 교육복지특별지원 유아의 일상적 스트레스에 미치는 영향. 명지대학교 사회교육대학원 석사학위논문.

양예슬, 문소영(2015). 즉흥연주 중심 창작음악극 활동이 교육복지특별지원 유아의 일상적 스트레스에 미치는 영향. **통합치료연구**, 7(1), 103-120.

양지애, 이영애(2011). 유치원 교육활동 지도서의 음악 관련 활동 분석: 음악적 개념, 행동, 태도를 중심으로. **유아교육연구**, 31(1), 203-226.

양희윤(2009). 전래동화와 국악에 기초한 음악극이 유아의 국악 능력 및 흥미에 미치는 효과. 신라대학교 교육대학원 석사학위논문.

엄경림, 김영연(2018). 유아음악감상교육 연구동향 분석. **음악교육공학**, 37, 79-97.

엄창섭(2019). 건전한 연구문화 확립을 위한 가이드북 제작을 위한 콘텐츠 개발 연구. 한국연구재단.

오성삼(1995). 메타분석에 대한 고찰. **교육논총**, 25, 33-62.

오성삼(2009). **선행연구결과의 통합과 재분석을 위한 메타분석의 이론과 실제**. 서울: 건국대학교.

오숙현, 박순자, 이규림(2011). ICT 활용 음악활동이 유아의 음악적 흥미와 음악적 능력에 미치는 효과. **미래유아교육학회지**, 18(3), 377-398.

오한나, 권오선(2020). 글 없는 그림책을 활용한 창의적 음악극 활동이 유아의 음악표현능력과 시각적 문해에 미치는 영향. **열린유아교육연구**, 25(2), 105-128.

왕유정(2013). 영아를 위한 음악활동이 사회정서발달에 미치는 영향. 건국대학교 교육대학원 석사학위논문.

우은주(2016). 유아의 자기조절능력 증진을 위한 음악극 프로그램 개발 및 적용 효과. 건국대학교 대학원 박사학위논문.

우은주, 박수경(2017). 그림책을 활용한 음악극 활동 적용과정에 나타난 유아의 몰입행동. **생태유아교육연구**, 16(2), 1-23.

위은하(2017). 동요를 활용한 지역문화체험활동이 유아의 지역공동체의식과 애향심, 음악흥미도에 미치는 영향: 제천지역을 중심으로. 강릉원주대학교 교육대학원 석사학위논문.

위은하, 박형신(2017). 동요를 활용한 지역문화체험활동이 유아의 지역공동체의식과 애향심, 음악흥미도에 미치는 영향. **열린유아교육연구**, 22(5), 49-70.

유성옥(2001). 유아의 음악경험과 음악성 발달과의 관계 연구: Amadeus 프로그램을 중심으로. **교과교육연구**, 2(1), 321-357.

유영미(2007). 다중지능이론에 기초한 유아의 음악영역활동이 음악적 지능발달에 미치는 영향. 남부대학교 교육대학원 석사학위논문.

유영의, 권혜진, 송선화(2012). 유아음악교육 운영 실태 분석 및 음악환경에 대한 보육교사의 인식 연구. **한국영유아보육학**, 73, 309-332.

유은숙(2016). 누리과정과 연계한 리듬 중심 음악교육 프로그램 개발 및 적용가능성 탐색-만 5세 유아를 중심으로. 동덕여자대학교 대학원 박사학위논문.

유혜자(2013). 풍물놀이 중심의 유아 국악교육 프로그램 구성 및 적용 효과. 중앙대학교 대학원 박사학위논문.

육길나, 최경(2012). 멀티미디어를 활용한 통합적 음악 감상 활동이 유아의 음악 지능과 정서지능에 미치는 영향. **어린이미디어연구**, 11(2), 19-44.

윤나영(2019). 피아노 즉흥연주에 의한 신체표현활동이 만 3세 유아의 주의집중력과 음악적 성향에 미치는 효과. 총신대학교 교육대학원 석사학위논문.

윤수진(2005). 음악 감상활동의 통합적 접근이 유아의 감성지능과 창의성에 미치는 영향. 성균관대학교 대학원 석사학위논문.

윤수진, 한석실(2009). 음악극 프로그램 개발 및 적용 효과. **한국보육학회지**, 9(3), 119-132.

윤영배(2008). 오르프 접근법에 의한 유아 음악활동 프로그램이 음악적성에 미치는 효과. **유아교육 · 보육복지연구**, 12(4), 139-165.

윤영배(2009). 오르프 접근법에 의한 유아 음악교육 프로그램이 감성지능에 미치는 효과. **음악교육공학**, 9, 95-114.

윤영배, 강보라(2016). 유아교사의 유아음악 관련 직전교육과 교사 재교육에 대한 인식과 요구. **음악교육공학**, 26, 75-95

윤영배, 유준호(2012). 오르프 접근법에 의한 유아 음악교육 프로그램이 창의성 증진에 미치는 효과. **아동교육**, 21(1), 149-166.

윤은미(2007). Gordon의 음악학습이론에 기초한 유아 음악과 동작의 통합 활동 프로그램 구성 및 적용 효과. **유아교육학논집, 11**(3), 123-153.

윤은미(2008). 생활놀이 '오디' 음악활동이 만 3세 유아의 음악 표현력과 정서지능에 미치는 영향. **유아교육학논집, 12**(5), 229-248.

윤은미(2012). 리듬노래와 리듬패턴을 활용한 악기활동이 유아의 리듬감과 음악표현력에 미치는 영향. **유아교육학논집, 16**(1), 49-68.

윤은미(2015). 두 곡의 음악감상을 통한 음악적 요소 탐색과 표현활동이 유아의 음악적 능력과 음악적 태도에 미치는 영향. **음악교육연구, 44**(4), 195-219.

윤은미, 노주희(2007). '오디' 음악활동에서 나타난 유아의 반응에 관한 사례연구. **인간행동과 음악연구, 4**(2), 41-65.

윤은미, 윤경옥(2020). 리듬 노래와 선율 노래를 활용한 '오디' 음악 활동이 유아의 놀이성과 음악표현력에 미치는 영향. **학습자중심교과교육연구, 20**(9), 127-150.

윤인숙(2004). 유아의 음악 청취력 향상을 위한 듣기 수업 방법에 관한 연구. 순천대학교 교육대학원 석사학위논문.

윤지영(2017). 음악동화 만들기 프로그램이 예비유아교사의 음악교수내용지식과 유아음악교육에 관한 개념도 특성에 미치는 영향. **음악교육연구, 46**(4), 105-128.

윤지영(2018). 리듬요소기반 노래 부르기 활동이 유아의 음악적 흥미와 자기조절능력에 미치는 영향. **음악교육연구, 47**(3), 97-119.

윤지영, 권오선(2012). 유아교사의 음악전문성 향상을 위한 방안 모색: 대학 유아음악 교육과정 분석 및 현직 교사 인식 조사. **영유아교육 · 보육연구, 5**, 53-77.

윤지혜(2016). 유아음악통합활동이 유아의 주의집중력에 미치는 영향. 한국외국어대학교 교육대학원 석사학위논문.

윤현정(2019). 유아 음악성 평가척도 개발 및 타당화 연구. 충북대학교 대학원 박사학위논문.

윤현진(2011). 오르프 음악 교수 방법을 활용한 음악 놀이 활동이 유아의 사회성 발달에 미치는 효과. 백석대학교 대학원 석사학위논문.

윤혜림(2015). 민요를 활용한 Orff 접근법이 유아의 음악적 인지능력에 미치는 영향. 계명대학교 대학원 석사학위논문.

윤혜자(2013). 국악장단을 리듬패턴으로 활용한 유아음악 프로그램의 적용 효과. **한국육아지원학회 학술대회지, 2013**(4), 73-80.

윤혜자, 정가윤(2013). 국악장단을 리듬패턴으로 활용한 유아음악교육 프로그램 개발. **문화예술교육연구, 8**(3), 145-167.

윤효진(2008). 음악과 결합된 동작활동이 유아의 또래 유능성에 미치는 영향. 숙명여자대학교 음악치료대학원 석사학위논문.

윤희정(2008). 통합적 국악활동이 유아의 국악능력에 미치는 영향. 경남대학교 교육대학원 석사학위논문.

윤희훤(2008). 뮤직가튼 음악교육 프로그램이 유아의 음악적 능력에 미치는 영향. 침례신학대학교 대학원 석사학위논문.

이경미(2005). 영어 노래를 통한 음악활동 프로그램의 개발과 유아의 영어 획득 효과 분석. 목포대학교 교육대학원 석사학위논문.

이경연, 김진희(2019). 스토리텔링을 통한 장단놀이 활동이 만 3세 유아의 음악표현력, 언어표현력 및 놀이성에 미치는 효과. **유아교육학논집**, 23(4), 183-207.

이경진(2008). 전래동요를 활용한 놀이 경험이 유아의 놀이성 및 음악적 선호에 미치는 영향. 중앙대학교 대학원 석사학위논문.

이경혜(2019). 유아예술통합교육 프로그램 개발 및 효과 연구. 한국교원대학교 대학원 박사학위논문.

이경혜, 김미애(2019). 유아예술통합교육 프로그램 개발 및 효과 연구. **어린이미디어연구**, 18(3), 361-392.

이경화, 태진미, 조민아(2015). 음악기반 감각통합 놀이 프로그램이 유아의 창의성에 미치는 효과. **영재와 영재교육**. 14(2), 111-126.

이다윤(2013). 춤곡을 활용한 유아 음악 감상 지도방안: 만 5세 유아를 중심으로. 백석대학교 음악대학원 석사학위논문.

이다은(2010). 가정의 음악환경이 유아의 음악능력 및 음악적 지능에 미치는 영향. 동국대학교 대학원 석사학위논문.

이동숙(2008). 오디의 가사 없는 음악활동이 유아의 음감적성 및 조성의 이해에 미치는 영향. 이화여자대학교 교육대학원 석사학위논문.

이동희(2017). 가정의 음악환경, 모의 양육태도, 유아의 음악 성향 및 사회성이 유치원 적응에 미치는 영향. 경상대학교 대학원 박사학위논문.

이명자(2005). 유아 음악극 활동이 유아의 정서지능에 미치는 영향. 전북대학교 교육대학원 석사학위논문.

이미경(2000). 유치원 음악교육에 관한 실태 분석. 순천향대학교 대학원 석사학위논문.

이미혜(2011). 유아의 창의력 증진을 위한 사차원적 '음악하기' 교수전략 및 통합음악프로그램 개발. **음악교육공학**, 12, 183-203.

이민경(2002). 통합적 유아 국악교육활동이 유아의 음감과 리듬감에 미치는 영향. 중앙대학교 대학원 석사학위논문.

이민정 (2004). 다감적 음악감상활동이 유아의 음악감상능력에 미치는 효과에 관한 연구. **미래유아교육학회지**, 11(4), 23-49.

이민정(2002). 유아 음악활동의 의미에 대한 현상학적 이해. **교육인류학연구**, 5(2), 55-82.

이민정(2009). 노래부르기 통합 음악활동이 유아의 음악개념 능력에 미치는 효과. **유아교육연구**, 29(5), 245-260.

이민정(2010). 노래극 활동이 유아의 사회성에 미치는 영향. **유아교육연구**, 30(2), 44-462.

이민정(2011). 노래부르기 활동에 적용한 개별화 교수법의 효과. **열린유아교육연구**, 16(1), 71-89.

이보람(2016). 리듬중심 음악활동이 유아의 음악적성과 수학능력에 미치는 영향. 계명대학교 대학원 석사학위논문.

이보람, 백지혜(2016). 리듬강화 음악표현활동이 유아의 음악적성과 수학능력에 미치는 영향. **열**

린유아교육연구, 21(5), 79-102.

이보현(2018). 음악 감상을 통한 협력적 신체표현활동이 영아의 음악적 성향과 사회 · 정서발달에 미치는 영향. 총신대학교 일반대학원 석사학위논문.

이상미(2011a). 음악감상을 통한 음악적 표현활동에서 나타나는 유아의 음악개념 학습과정 분석. **한국영유아보육학**, 69, 283-314.

이상미(2011b). 유치원 음악영역에서의 유아의 경험과 교육적 의미. **유아교육학논집**, 15(5) 521-544.

이상미(2012). 미술감상을 통한 포괄적 유아음악교육 프로그램 구성 및 적용 효과. 중앙대학교 대학원 박사학위논문.

이상미, 이정희, 이은희(2013). 자연체험을 통한 음악활동이 유아의 음악 능력과 자연친화적 태도에 미치는 영향. **유아교육학논집**, 17(1), 273-296.

이상애(2019). 음악과 동작이 연계된 도덕교육이 만 4세반 유아들의 음악적 성향, 도덕적 판단력, 도덕적 행동에 미치는 효과. 총신대학교 교육대학원 석사학위논문.

이상은, 류진순(2019). 음악적 요소를 기반으로 한 노래 부르기 활동이 유아의 음악적 표현능력에 미치는 영향. **학습자중심교과교육연구**, 19(18), 1099-1119.

이성미(2014). 사물악기를 활용한 전통음악활동이 유아의 음악성과 국악능력에 미치는 효과. 성신여자대학교 교육대학원 석사학위논문.

이성아(2007). 몸 계명과 그림악보가 음감에 미치는 영향 연구. 성신여자대학교 대학원 석사학위논문.

이성혜(2010). 유아 음악극 활동이 유아의 사회 · 정서적 발달에 미치는 효과: 입력. 숭실대학교 교육대학원 석사학위논문.

이소희(1998). 아동의 리듬과 피치 발달 및 가정의 음악적 환경과의 관계. 연세대학교 교육대학원 석사학위논문.

이수경, 최진숙(2011). 포괄적 음악감상 활동이 유아의 창의적 미술표현력에 미치는 영향. **조형교육**, 39, 125-149.

이수민(2010). 수학개념에 기초한 유아 음악프로그램의 구성 및 적용. 성신여자대학교 대학원 박사학위논문.

이수지(2010). 유아의 창의성 개발에 관한 연구: 코다이, 오르프, 달크로즈 교육법을 중심으로. 계명대학교 교육대학원 석사학위논문.

이숙희(2005). 통합적 유아 음악교육이 유아의 음악적 흥미와 음악적 태도에 미치는 영향. **미래유아교육학회지**, 12(1), 407-430.

이순기(2004). 다양한 음악활동이 아동의 정서지능에 미치는 효과: 알프레드 피아노 교본을 중심으로. 울산대학교 교육대학원 석사학위논문.

이순오(2014). 난타활동이 유아의 리듬감 및 음악적 창의성에 미치는 효과. 전남대학교 교육대학원 석사학위논문.

이순형, 이혜승, 권혜진, 이영미, 정윤주, 한유진, 성미영, 권기남, 김정남(2014). **아동 관찰 및 행동연구**. 서울: 학지사.

이승미, 김민진(2012). 음악동화 그림책을 활용한 유아 음악 감상활동이 유아의 음악성 및 음악적 태도에 미치는 영향. **어린이문학교육연구, 13**(1), 341-363.

이승자(2015). 유아교육기관에서의 국악 활동이 유아의 자기효능감에 미치는 영향. 인천대학교 교육대학원 석사학위논문.

이승현(2003). 유치원 음악교육 환경에 관한 실태조사 연구 –대구 지역의 공·사립 유치원을 중심으로. 대구가톨릭대학교 대학원 석사학위논문.

이아련(2009). 그룹리듬연주활동에 따른 발달지체유아의 모방능력에 관한 사례연구. **음악치료교육연구, 6**(2), 25-41.

이연승, 안혜정(2020). 클래식음악을 활용한 유아음악극 프로그램이 유아의 음악적 창의성에 미치는 영향. **유아교육연구, 40**(1), 39-62.

이영례(2001). 코다이 교수법을 적용한 전래동요가 유아의 국악음악성에 미치는 영향. 대구대학교 교육대학원 석사학위논문.

이영림(2005). 사물악기를 이용한 노래 부르기 활동이 유아의 리듬감에 미치는 영향. **한국유아교육연구, 7**, 213-228.

이영선(2018). 통합적 음악감상활동이 유아의 음악적 표현과 신체적 표현에 미치는 영향. 침례신학대학교 대학원 석사학위논문.

이영숙(1986). 가정의 아동음악 환경에 대한 부모 태도 및 실태조사 연구. 숙명여자대학교 교육대학원 석사학위논문.

이영애(2009). 유아음악교육의 연구동향 분석. **음악교육연구, 37**(4), 193-213.

이영애(2010). 4~5세 유아의 음악 장르별 선호도. **유아교육학논집, 14**(5), 79-98.

이영애(2012). 노래 부르기 방법에 따른 유아들의 음높이 정확도–가사와 함께 따라 부르기와 한 음절로 따라 부르기. **음악교육연구, 41**(3), 251-266.

이영애(2015). **세계 유아음악교육과정**. 서울: 에피스테메.

이영애(2017). 영국의 유아음악교육에 대한 담론. **유아교육학논집, 21**(2), 563-590.

이영애, 유준호(2018). **아동관찰 및 행동연구**. 한국방송통신대학원출판문화원.

이영애, 윤지영(2015).유아교사의 음악적 경험에 관한 기억과 의미. **유아교육학논집, 19**(3), 169-193.

이영애, 이경연(2018). 유아음악교육 프로그램이 유아발달에 미치는 효과에 대한 메타분석. **음악교육연구, 47**(3), 121-145.

이옥순(2004). 음악 감상 통합 활동이 유아의 감성지능에 미치는 영향. 성균관대학교 교육대학원 석사학위논문.

이옥순(2007). 가드너의 음악적 지능에 기초한 음악교육활동이 유아의 창의성 발달에 미치는 효과. 조선대학교 교육대학원 석사학위논문.

이옥주(2017). 다문화 주제의 통합적 음악 프로그램이 유아의 음악적 성향에 미치는 효과. **유아교육·보육복지연구, 21**(3), 27-52.

이용숙(2005). **실행연구방법**. 서울: 학지사.

이은경(2019). 유아의 협동음악활동이 공감능력과 정서표현성 및 사회지능에 미치는 효과. **어린이문학교육연구, 20**(1), 399-425.

이은숙(2020). 전래동요에 기초한 유아인성교육 프로그램 개발 및 효과 분석. 강릉원주대학교 대학원 박사학위논문.

이은영(2020). 그림책을 활용한 음악활동이 유아의 음악적 흥미와 자기조절능력에 미치는 영향. 창원대학교 대학원 석사학위논문.

이은주(2005). 한국전래 노래의 다문화적 음악교육을 위한 교사교육프로그램의 개발과 적용. 고려대학교 대학원 박사학위논문.

이은지(2006). 생태유아음악교육 프로그램 개발을 위한 기초연구: 영가무도(詠歌舞蹈)를 중심으로. 부산대학교 대학원 석사학위논문.

이은지, 임재택(2006). 유아음악교육에 대한 생태유아교육적 접근: 영가무도(詠歌舞蹈)를 중심으로. **생태유아교육연구, 5**(2), 167-185.

이재경, 김미애(2016). 유아음악교육에 대한 유치원과 어린이집 어머니의 인식. **미래유아교육학회지, 23**(4), 351-383.

이정민(2015). 창작동요를 활용한 포괄적 음악교육활동이 유아의 음악성에 미치는 효과. 원광대학교 대학원 박사학위논문.

이정민, 김규수(2015). 창작동요를 활용한 포괄적 음악교육활동이 유아의 음악성에 미치는 효과. **열린유아교육연구, 20**(1), 697-721.

이정선(2008). 창의성 발달을 위한 유아 음악교육 프로그램에 관한 연구. 원광대학교 대학원 석사학위논문.

이정아(2011). 함께하는 리듬악기 활동이 유아의 친사회적 행동에 미치는 영향. 광주교육대학교 교육대학원 석사학위논문.

이지나지선(2005). 영어로 진행하는 상호적인 음악활동이 유아의 음악적성과 영어 흥미도에 미치는 영향. 이화여자대학교 교육대학원 석사학위논문.

이지연(2020). 라일락유치원 만 3세 유아들의 음악활동에 대한 문화기술적 연구. 이화여자대학교 대학원 박사학위논문.

이지영(2006). 뇌 연구방법론을 통해 살펴본 음악 처리과정 연구: 음악과 언어, 음악과 정서를 중심으로. 서울대학교 대학원 석사학위논문.

이지예(2016). 국악교육 분야의 최근 연구동향 분석 —국내 학술지를 중심으로—. **음악교육연구, 45**(1), 45-65.

이지은(2014). 난타활동이 어린이집 유아의 사회 · 정서 발달에 미치는 효과. 명지대학교 사회복지대학원 석사학위논문.

이지은, 최인화(2017). 난타활동이 어린이집 유아의 음악능력 발달에 미치는 효과. **한국유아교육 · 보육행정학회 학술발표대회 논문집. 2017**(1), 207-208.

이진실, 정가윤(2017). 창작국악을 도입한 유아국악교육프로그램 적용 효과. **학습자중심 교과교육연구, 17**(19), 751-768.

이진영(2015). 동화를 활용한 노랫말 바꾸기 활동이 유아의 이야기 이해력과 음악창의성에 미치는 영향. 원광대학교 대학원 석사학위논문.

이진영, 박형신(2015). 동화를 활용한 노랫말 바꾸기 활동이 유아의 이야기 이해력과 음악창의성에 미치는 영향. 열린유아교육연구, 20(5), 41-63.
이태분(2006). 상호작용에 의한 음악활동이 유아의 음악능력과 언어능력에 미치는 영향. 계명대학교 유아교육대학원 석사학위논문.
이한내(2015). 이야기를 활용한 통합적 음악감상 프로그램 구성 및 적용 효과: 만 5세 유아의 음악표현능력을 중심으로. 예원예술대학교 문화예술대학원 석사학위논문.
이헬렌(2004). 음악 오디에이션의 초급측정과 중급측정. 서울: IEC Music English 출판부.
이현주(2006). 유아의 음악듣기 발달을 위한 음악지도방법 연구. 단국대학교 대학원 석사학위논문.
이혜원(2015). 유아음악극 활동의 효과에 대한 메타분석. 유아교육 · 보육복지연구, 19(3), 117-137.
이효빈, 조진호, 엄창섭, 이인재(2019). 신진연구자를 위한 가이드북. 한국연구재단.
이효숙(2001). 유아음악극 활동이 유아의 문식성 , 음악적 능력 및 신체표현 능력에 미치는 영향. 아동학회지. 22(4), 243-255.
이효숙, 심성경(2001). 유아음악극에 대한 교사의 인식과 지도실태. 유아교육연구, 21(3), 267-292.
임경진(2018). 동화를 기초로 한 음악활동이 유아의 기질에 따라 사회적 유능감과 행복감에 미치는 영향. 우석대학교 대학원 박사학위논문.
임부연, 김소영, 최남정(2009). 유아교육기관에서 유아들이 부르는 노래의 현상학적 연구. 음악교육연구, 37, 303-333.
임성미, 황해익(2004). 유아음악 능력 평가도구 개발을 위한 기초연구. 유아교육논총, 13, 129-150.
임영옥, 조광순(2006). 발달장애유아를 위한 오르프 음악활동중심 교육프로그램의 개발 및 적용효과. 유아교육연구, 25(6), 225-251.
임예지, 김진영(2019). 이화유치원의 역사적 음악교재 분석을 통한 유아교육사적 의미 조명: 『유희창가집』『노래동산』을 중심으로. 육아지원연구, 14(4), 157-175.
임은애(2001). 유아의 음악적 이해 형성을 돕기 위한 통합 프로그램 개발. 유아교육연구, 21(1), 51-70.
임은애(2008a). 동작 · 그림 · 언어를 통합한 음악교육 프로그램이 유아의 음악적 이해력과 흥미에 미치는 영향. 유아교육연구, 28(5), 197-222.
임은애(2008b). 통합 음악교육 프로그램이 유아의 음악적 능력 향상에 미치는 효과. 영남대학교 대학원 박사학위논문.
임혜정, 김영연(2004). 유아교육기관에서 선호하는 동요의 적합성에 관한 연구: 악곡분석을 중심으로. 유아교육연구, 24(6), 193-212.
장덕호, 신인수(2011). 교육학 연구방법으로서 메타분석(Meta-analysis)의 발전과정 고찰. 교육과정평가연구, 14(3), 309-332.
장민희(2015). 통합적 음악활동 경험이 유아의 자아개념에 미치는 영향. Global Creative Leader, 5(1), 23-41.
장빛나, 김수지(2009). 타악기를 이용한 음악 활동이 유아 스트레스에 미치는 영향. 아동교육, 18(3), 213-226.
장소라(2019). 자연물을 활용한 음악활동이 영아의 정서조절능력 및 자연친화적 태도에 미치는 효과. 총신대학교 일반대학원 석사학위논문.

장승희, 김영연(2017). 음악교육연구 학술지에 보고된 유아음악교육 연구동향분석: 1988년-2016년 논문을 중심으로. **음악교육연구**, 46(2), 103-130.

장연순(2018). 스토리텔링을 통한 음악 감상활동이 유아의 주의집중력 및 음악적 표현능력에 미치는 영향. 총신대학교 일반대학원 석사학위논문.

장영미(2019). 그림책을 활용한 음악활동이 유아의 음악적 태도와 음악지능에 미치는 영향. 한국교원대학교 대학원 석사학위논문.

장영희, 오연주(2011). 유아의 음악 감상을 통한 통합적인 음악활동이 음악능력 및 음악적 창의력에 미치는 영향. **한국유아체육학회지**, 12(1), 71-88.

장은주, 이기숙(2008). 현직교사를 위한 유아음악교육 프로그램 모형 개발. **유아교육연구**, 28(4), 147-168.

장은희(2007). 동화에 기초한 유아 음악극 프로그램 구성 및 효과 연구. 덕성여자대학교 대학원 박사학위논문.

장자영(2005). 통합적 음악감상 활동이 유아의 창의성에 미치는 영향. 충남대학교 교육대학원 석사학위논문.

장정애(2004). 음악 감상에 기초한 다중 표상 활동이 유아의 음악 지능에 미치는 영향. 한국교원대학교 대학원 석사학위논문.

장정애(2009). 음악 감상에 기초한 다중표상활동이 유아의 음악 능력에 미치는 영향. **유아교육학논집**, 13(3), 189-212.

장정애(2011). 자연의 소리를 활용한 통합적 유아음악교육 프로그램 구성 및 효과. 중앙대학교 대학원 박사학위논문.

장정애, 조형숙(2011). 자연의 소리를 활용한 통합적 유아음악교육 프로그램이 유아의 음악 능력과 환경친화적 소양에 미치는 영향. **유아교육학논집**, 15(4), 303-328.

장해숙, 박형신(2019). 숲 체험 음악활동이 유아의 자연친화적 태도와 인성, 음악창의성에 미치는 영향 -집단의 연령구성에 따른 차이를 중심으로. **음악교육연구**, 48(2), 85-113.

장훈(2015). 세계 전래동요를 활용한 음악극 활동이 유아의 놀이성과 친사회적 행동에 미치는 효과. 한국방송통신대학교 대학원 석사학위논문.

장훈, 전인옥(2016). 세계 전래동요를 활용한 음악극 활동이 유아의 놀이성과 친사회적 행동에 미치는 효과. **음악교육연구**, 45(1), 67-92.

전귀례(2009). 생태유아교육과정에 의한 전래동요 프로그램 개발 연구. 중앙대학교 국악교육대학원 석사학위논문.

전미정(2019). 안전동요를 활용한 창의적 음악활동이 유아의 안전지식, 안전문제해결 사고능력, 음악적 창의성에 미치는 영향. 원광대학교 일반대학원 박사학위논문.

전수정(2006). 상호작용에 의한 음악활동이 유아의 음악능력과 언어능력에 미치는 영향. 계명대학교 유아교육대학원 석사학위논문.

전연욱(2008). 국악을 활용한 동작활동이 유아의 창의적 신체표현력에 미치는 효과. 한국교원대학교 교육대학원 석사학위논문.

전은숙(2006). 영어 노래를 통한 음악활동 프로그램의 개발과 유아의 영어 획득 효과 분석. 남부대학교 교육대학원 석사학위논문.
전인옥(2016). 다문화 그림책을 활용한 음악극 활동이 유아의 음악표현능력과 창의성에 미치는 영향. **열린유아교육연구, 21**(1), 69-97.
전인옥(2018). 전래동요를 활용한 노래놀이 활동이 유아의 음악표현능력과 놀이성에 미치는 효과. **미래유아교육학회지, 25**(4), 307-328.
전정희(2010). 과정중심 음악극 구성 활동이 유아의 창의성에 미치는 영향. **미래유아교육학회지. 17**(2), 1-22.
전혜미(2012). 통합유아음악교육 프로그램에 대한 비교 · 분석 연구. 건국대학교 교육대학원 석사학위논문.
전희정(2018). 음악감상을 통한 신체표현활동이 만 5세 유아의 정서지능 및 신체적 자아개념에 미치는 영향. 총신대학교 일반대학원 석사학위논문.
정가희(2015). 누리과정에 기초한 유아 주도적 음악극 놀이 프로그램 모형 개발. 총신대학교 교육대학원 석사학위논문.
정경미(2008). 통합적 음악 교육 프로그램 활동이 유아의 창의성에 미치는 영향. 건국대학교 교육대학원 석사학위논문.
정나영(2010). 유아의 창의성과 음악 능력이 유아의 음악적 창의성에 미치는 영향. 대구가톨릭대학교 대학원 석사학위논문.
정나영(2016). 교육사상가들의 유아음악교육의 중요성에 대한 고찰 및 현대 유아음악교육에의 함의(含意). **아동교육, 25**(1), 245-260.
정미라(2006). 음악교육에서의 반주매체가 유아의 음악적 흥미와 능력에 미치는 효과. **열린유아교육연구, 11**(6), 413-433.
정미라, 최영경(2007). 유치원 음악교육에 있어서 반주의 형태가 유아의 음악적 태도 변화에 미치는 효과. **육아지원연구, 29**(2), 5-25.
정민아(2000). 음악청취력 향상 프로그램이 유아의 음감, 리듬감에 미치는 영향. 경희대학교 교육대학원 석사학위논문.
정서현(2016). 만 3세 유아의 요리활동 연계 노랫말 바꾸기 경험이 유아의 음악적 태도 및 음악적 창의성에 미치는 효과. 중앙대학교 교육대학원 석사학위논문.
정선영(2015). 음악활동을 통한 인성교육프로그램 개발 및 적용. 경성대학교 대학원 박사학위논문.
정선영, 김영연(2008). 유아교육기관에서 활용하는 창작동요제 입상곡 악곡분석. **열린유아교육연구, 13**(6), 195-218.
정소영(2009). 만 4세 무지개반 음악활동에 대한 문화기술적 연구. 성신여자대학교 대학원 석사학위논문.
정수덕(2014). 결혼이민자 가정의 음악적 환경과 이중문화 수용태도 및 이중문화 적응 스트레스 간의 상관관계. 명지대학교 사회교육대학원 석사학위논문.
정애경(2003). 유아 전통음악교육이 유아의 음악적 태도 변화와 리듬감 발달에 미치는 영향. 서원대학교 교육대학원 석사학위논문.
정영선, 김영연, 홍순옥(2016). 음악활동을 통한 유아인성 교육프로그램 적용 효과. **학습자중심교**

과교육연구, 16(8), 795-829.

정옥희(2018). 동요를 활용한 협동놀이가 유아의 또래 유능성과 음악적 성향에 미치는 영향. 총신대학교 대학원 석사학위논문.

정원경(2003). 취학 전 아동의 국악 프로그램 개발 연구. 중앙대학교 교육대학원 석사학위논문.

정유진(2010). 다문화 음악교육의 국내 연구동향. 서울교육대학교 교육대학원 석사학위논문.

정윤미, 백지혜(2018). 동작을 활용한 음악표상활동이 유아의 음악적성 및 창의적 신체표현력에 미치는 영향. 열린부모교육연구. 10(2), 95-118.

정윤선(2014). 오르프 교수법에 기반한 음악교육 프로그램이 유아의 음악적 창의성에 미치는 효과. 창원대학교 대학원 박사학위논문.

정윤선(2015). 오르프 교수법에 기반한 음악교육 프로그램이 유아의 음악적 창의성에 미치는 효과. 음악교육연구. 44(1), 185-217.

정윤희(2016). 프로젝트 스펙트럼에 기초한 유아음악교육 프로그램 개발 및 효과. 조선대학교 대학원 박사학위논문.

정은화(2017). 동요를 활용한 협력적 신체활동이 유아의 또래유능성과 공격성에 미치는 영향. 예술교육연구, 15(4), 151-169.

정이레(2018). 유아교육 학술지에 수록된 유아음악교육 연구동향 분석. 성신여대 교육대학원 석사학위논문.

정인선(2013). 저소득층 영아와 어머니를 위한 그림책 활용 음악프로그램 개발 및 적용 효과. 배제대학교 대학원 석사학위논문.

정재은(2020). 유아의 언어능력, 인지실행기능, 자기조절력이 음악능력에 미치는 영향. Global Creative Leader, 10(1), 41-65.

정재은, 신그린, 정진화(2020). 유아의 언어능력, 인지실행기능, 자기조절력이 음악능력에 미치는 영향. Global Creative Leader, 10(1), 41-65.

정재희(2016). 음악기반 감각통합놀이 프로그램이 유아의 언어능력과 자기조절력 향상에 미치는 영향. 숭실대학교 교육대학원 석사학위논문.

정진화(2017). 노래를 활용한 유아 극놀이 프로그램 개발 및 효과. 중앙대학교 대학원 박사학위논문.

정진화(2018). 음악요소와 표현 중심 노래부르기 활동이 유아의 음악능력, 지각운동능력 및 언어능력에 미치는 효과 비교. 한국유아교육연구, 20(3), 195-219.

정현순(2011). 노래 부르기 통합 활동이 유아의 음악 지각 능력과 흥미에 미치는 영향. 광주교육대학교 대학원 석사학위논문.

정현영(2012). 표현활동중심의 유아음악교육프로그램 구성 및 적용 효과. 동국대학교 대학원 박사학위논문.

정현희, 김수영(2010). 달크로즈의 움직임 창작교육이 유아의 음악적 창의성과 신체표현능력에 미치는 효과. 아동교육, 19(4), 229-244.

정혜영(2006). Carl Orff 교수법에 의한 전통음악교육이 유아의 음악적 태도와 리듬감 발달에 미치는 영향. 경성대학교 교육대학원 석사학위논문.

정희경(2009). 가정의 음악적 환경과 어머니의 양육태도에 따른 아동의 음악성 관계. 계명대학교 교육대학원 석사학위논문.

조경숙(2011). 아마데우스 클래스에 기초한 음악교육이 유아의 음악적 능력에 미치는 영향. 울산대학교 대학원 석사학위논문.

조남숙(2011). 배경음악 유형이 유아의 그림 표현과 정서능력에 미치는 영향. **미래유아교육학회지, 18**(1), 35-51.

조민아(2014). 음악기반 감각통합 놀이 프로그램이 유아의 창의성에 미치는 효과. **Global Creative Leader. 4**(2), 21-35.

조민아(2015). 음악기반 감각통합 놀이 프로그램이 유아의 창의성에 미치는 효과. 숭실대학교 교육대학원 석사학위논문.

조복희(2009). **아동연구의 방법**. 경기: 교문사.

조숙진(2010). 영아-교사의 애착 증진을 위한 음률활동 프로그램 개발 및 효과. 배재대학교 대학원 박사학위논문.

조용환(1999). **질적연구: 방법과 사례**. 서울: 교육과학사.

조윤희(2006). 유아를 위한 리듬교육 프로그램 연구: Orff-Schulwerk 접근법을 중심으로. 중앙대학교 교육대학원 석사학위논문.

조은별, 여선옥, 박수경(2017). 유아음악교육 프로그램 효과 관련 연구에 관한 메타분석. **미래유아교육학회지, 24**(3), 207-225.

조효진(2008). 고든의 이론에 의한 유아음악 교육방법이 음악적성에 미치는 영향 연구: music play를 중심으로. 성신여자대학교 대학원 석사학위논문.

조희진(2013). 오디의 "이야기가 있는 음악 놀이"가 유아의 음악 감수성 및 음악적 태도에 미치는 영향. **정기학술대회논문집, 2013**, 588-589.

주대창, 현경실, 민경훈, 양종모, 김용희, 조성기, 김지현, 권수미, 조대현, 박지현, 최진호, 임은정(2018). **음악교육 연구방법의 이해**. 서울: 학지사.

주수미(2015). 음악요소에 기초한 음악 감상활동이 유아의 음악개념 및 음악적 표현력에 미치는 영향. 대구대학교 대학원 석사학위논문.

주수미(2016). 음악요소에 기초한 음악 감상활동이 유아의 음악개념 및 음악적 표현력에 미치는 영향. **정기학술대회논문집, 2016**, 666.

주수미(2019). 음악 만들기 중심 유아음악교육 프로그램 개발 및 효과. 대구대학교 대학원 박사학위논문.

진순희(2019). 음악 감상곡의 주제선율에 맞춘 노래 부르기 활동이 영아의 음악적 성향 및 정서지능에 미치는 효과. 총신대학교 교육대학원 석사학위논문.

진정엽(2013). 그림책을 활용한 통합적 음악활동이 유아의 음악적 창의성과 음악적 태도에 미치는 영향. 중앙대학교 교육대학원 석사학위논문.

차서연, 장영숙(2019). 그림책을 활용한 창작음악극 활동이 유아의 창의성 및 정서지능에 미치는 영향. **열린부모교육연구, 11**(4), 251-272.

차소영(2004). 발상적 음악 감상을 통한 콜라주 표현활동이 유아의 창의성에 미치는 영향. 성균관대학교 대학원 석사학위논문.

차영아(2020). 선곡활동 및 가사 만들어 부르기를 통한 유아 행복감 증진 프로그램의 효과. 순천향대학교 대학원 박사학위논문.

차은진(2013). 동화를 중심으로 한 노래극 활동이 유아의 음악능력과 언어능력에 미치는 효과. 중앙대학교 교육대학원 석사학위논문.

최경숙, 김인숙, 박미숙(2019). 유치원 교사의 새노래 부르기 교육활동 경험에 대한 현상학적 연구. **구성주의유아교육연구**, 6(2), 111-132.

최경화(2020). 발달장애아동 어머니의 정서 인식 명확성과 양육 스트레스가 심리적 안녕감에 미치는 영향: 혼합연구방법 적용. 영남대학교 대학원 박사학위논문.

최미숙, 안지영(2014). 스토리텔링을 적용한 노래부르기 활동이 유아의 언어표현력 및 음악적 태도에 미치는 영향. **어린이문학교육연구**, 15(2), 121-139.

최민자(2018). 가정의 음악적 환경과 어머니의 양육신념이 유아의 음악적 창의성에 미치는 영향. 인천대학교 교육대학원 석사학위논문.

최병인 (2013). 사회행동과학 연구와 IRB. https://www.cre.or.kr/bbs/board.php?bo_table=1500&wr_id=1383323&page=2 (2020.08.24. 인출)

최상민(2015). 우쿨렐레를 활용한 음악교육이 만 5세 유아의 음감과 리듬감 및 태도에 미치는 영향. 배제대학교 대학원 석사학위논문.

최선미(2010). 음악적 요소에 기초한 통합적 감상활동이 유아의 음악개념 및 태도에 미치는 영향. 삼육대학교 대학원 석사학위논문.

최선화(2018). 음악적 개념에 기초한 음악활동이 유아의 음악적 능력에 미치는 영향. 광주교육대학교 교육대학원 석사학위논문.

최숙경(2011). 동요활용을 통한 인성교육에 관한 연구: 미취학 아동을 중심으로. 경상대학교 교육대학원 석사학위논문.

최영미(2006). 통합적인 음악학습 프로그램에 관한 연구: 유아음악 교육을 중심으로. 조선대학교 교육대학원 석사학위논문.

최영애(2006). 다중지능이론에 기초한 유아음악교육 프로그램이 유아의 전인 발달에 미치는 효과. 한국외국어대학교 교육대학원 석사학위논문.

최예린, 이은형, 이하영(2015). 글 없는 그림책을 활용한 음악 만들기 활동이 유아의 음악 창의성과 음악적 태도에 미치는 영향. **유아교육학논집**, 19(5), 117-142.

최우수(2020). 유아 음악적 개념 검사도구 개발. 한국교원대학교 대학원 박사학위논문.

최유정(2005). 유리드믹스 음악교육프로그램이 유아의 일상적 스트레스와 유치원 적응에 미치는 영향. 성균관대학교 대학원 석사학위논문.

최유정(2008). 유리드믹스와 음악교육 프로그램이 유아의 일상적 스트레스와 유치원 적응에 미치는 영향. **종합예술과 음악학회지**, 2(1), 145-163.

최은선(2004). 심미적 질문에 따른 노랫말 짓기 활동이 유아의 언어능력에 미치는 영향. 성신여자대학교 교육대학원 석사학위논문.

최은식, 권덕원, 문경숙, 석문주, 승윤희, 정재은, 정진원, 오지향, 최미영, 함희주(2014). **음악교육연구방법**. 경기: 교육과학사.

최은실(2015). 음악감상에 기초한 문학-음악 연계활동이 유아의 음악적 성향과 창의성 및 언어표현력에 미치는 효과. 원광대학교 대학원 박사학위논문.

최은정(2018). 음악감상에 기초한 악기연주 및 신체표현 활동이 유아의 음악적 성향과 음악적 태도 및 신체표현능력에 미치는 영향. 원광대학교 대학원 박사학위논문.

최은정, 김영연(2014). 북한 동요 분석을 통한 통일 대비 유아음악교육 방안 고찰. **음악교육공학, 18**, 195-208.

최인영, 김수영(2020). STEAM 기반 음악교육이 유아의 음악적 흥미와 음악적 창의성에 미치는 영향. **상담심리교육복지, 7**(1), 167-186.

최정진(2004). 노래 가사의 유무가 유아의 리듬 적성과 음악적성 증진에 미치는 효과. 계명대학교 대학원 석사학위논문.

최지원(2007). 달크로즈 유리드믹스를 활용한 음악활동이 유아기 음악성 향상에 미치는 효과. 공주대학교 대학원 석사학위논문.

최진경(2015). 전래동요 음악 활동이 만2세 영아의 어휘력 및 신체표현력에 미치는 영향. 동국대학교 대학원 석사학위논문.

최현성(2010). 전래동요를 활용한 국악교육이 유아의 음악표현 능력에 미치는 영향. 숭실대학교 교육대학원 석사학위논문.

하수정(2008). Arts Propel을 적용한 유아음악프로그램의 효과: 내러티브 탐구 방법을 중심으로. 한양대학교 대학원 석사학위논문.

하연희(2013). 노래 따라 부르기 검사 도구에 나타난 유아의 음정 및 리듬감 분석 연구. 고신대학교 대학원 박사학위논문.

하정희(2015). 누리과정에 기초한 통합 유아음악교육 프로그램의 효과. **유아교육 · 보육복지연구, 19**(4), 247-275.

하정희, 김유정(2015). 누리과정에 기초한 통합 유아음악교육 프로그램의 효과. **유아교육 · 보육복지연구, 19**(4), 247-275

하홍표, 정혜영(2006). Carl Orff 교수법에 의한 전통음악교육이 유아의 음악적 태도와 리듬감 발달에 미치는 영향. **어린이미디어연구, 5**, 85-109.

한국연구재단(2014). 연구 부정행위 검증 및 처리 관련 연구윤리 실무 매뉴얼.

한국연구재단(2019). 윤리적인 연구 출판을 위한 국제 규범 [Guidelines for Publication Ethics] (번역서).

한송이(2012). 통합적 음악수업을 통한 유아의 음악적 관심 및 표현력 향상에 관한 연구. **열린교육연구, 20**(4), 315-335.

한송이(2015). 스토리텔링 기반 음악교육 프로그램의 적용 및 효과. **학습자중심교과교육연구, 15**(4), 709-724.

한송이(2016a). 고전음악을 활용한 유아 음악극 프로그램 개발 및 효과. 성신여자대학교 대학원 박사학위논문.

한송이(2016b). 음악가의 작품과 삶에 기초한 유아 음악극 프로그램 개발. **학습자중심교과교육연구, 16**(5), 73-96.

한아람(2017). 음악적 개념에 기초한 음악활동이 만 3세 유아의 음악 적성과 음악적 성향에 미치는 영향. **영유아교육: 이론과 실천, 2**(3), 47-74.

한유미, 안선희, 정민아(2000). 음악청취력 향상 프로그램을 통한 음악활동이 유아의 음악청취력에 미치는 영향. **미래유아교육학회지, 7**(2), 181-197.

한정운(2015). 악기를 활용한 음악적 감성교육이 유아의 정서지능과 행복감에 미치는 효과. 경희대학교 교육대학원 석사학위논문.

허수정(2008). Arts Propel을 적용한 유아음악 프로그램의 효과. 한양대학교 대학원 석사학위논문.

허순희(1996). 유아의 창의성 증진을 위한 놀이중심 음악교육 프로그램의 개발과 효과. 계명대학교 대학원 박사학위논문.

현경실(2005). 유아와 초등학교 저학년을 위한 음악적성 검사 개발 연구. **음악과 문화, 12**, 111-137.

현경실(2010). 유아와 초등학교 저학년을 위한 음악적성검사의 타당도 연구Ⅱ. **음악교육공학, 11**, 101-119.

현경실(2016). **Kids' MAT 유아 음악적성검사**. 서울: 인싸이트.

홍명옥(2007). 탐색, 표현, 감상을 통한 음악활동이 유아의 음악적 능력과 그림 표상능력 및 정서능력에 미치는 효과. 전남대학교 대학원 석사학위논문.

홍정효(2008). 기타(Guitar)를 활용한 유아음악교육 프로그램 개발 기초연구. 부산대학교 대학원 석사학위논문.

홍정효, 황해익(2008). 기타(Guitar)를 활용한 유아음악교육 프로그램 개발 기초연구. **교사교육연구, 47**(2), 133-154.

홍진영, 윤은미(2010). 음악 감상을 통한 표현활동이 유아의 정서지능과 음악능력에 미치는 영향. **유아교육 · 보육복지연구, 14**(4), 347-374.

황경미(2009). 오르프 음악 교수법을 통한 음악 활동이 유아의 정서 지능에 미치는 효과. 백석대학교 대학원 석사학위논문.

황선옥, 황해익(2006). Gordon의 교육방법에 기초한 음악학습 프로그램이 유아의 음악 적성과 태도에 미치는 영향. **유아교육논총, 15**(1), 121-141.

황성동(2015). **R을 이용한 메타분석**. 서울: 학지사.

황성숙(2004). 유아의 언어발달을 촉진하는 음악교육 프로그램 개발. 계명대학교 대학원 박사학위논문.

황세윤, 김언진(2017). 노래부르기 통합 활동이 음악흥미도 · 태도 및 음악성에 미치는 영향: 백워드 설계 모형의 적용. **내러티브와 교육연구, 5**(3), 173-193.

황옥경(2003). 시청각 매체를 활용한 유아 음악 교육의 효과. 숙명여자대학교 교육대학원 석사학위논문.

황옥경(2016). 창작 동요를 활용한 유아음악교육 프로그램 개발 및 적용. 공주대학교 대학원 박사학위논문.

황원하(2016). 포괄적 음악교육에 기초한 기악활동이 유아의 음악성에 미치는 영향. 중앙대학교 대학원 석사학위논문.

황은영(2002). 신체표현을 사용한 음악감상이 만 5세 유아의 정서지능에 미치는 효과. **한국음악치**

료학회지. 4(1), 1-13.

황은영, 김신영(2009). 놀이적 음악감상이 유아들의 고전음악 선호, 주제 선율 인식 및 음악적 창의성에 미치는 영향. **한국음악치료학회지, 11**(2), 100-113.

황은영, 장혜성, 장혜원(2008). 통합보육기관에서 시행되는 음악활동의 실태와 교사 지원 요구조사. **정서 · 행동장애연구, 24**(2), 275-301.

황인주(2000). 유아국악교육이 국악음악성과 국악선호도에 미치는 영향. 이화여자대학교 대학원 석사학위논문.

황인주(2008). 만2세 영아반에 적절한 음악경험이 음악적성 및 태도에 미치는 영향. 이화여자대학교 대학원 박사학위논문.

황인주, 김은정(2010). 유아의 놀이성이 음악적 성향과 음악적성에 미치는 영향. **유아교육학논집, 14**(5), 55-78.

황지선(2018). 음악중심 유아 STEAM 프로그램 개발 및 효과. 가천대학교 대학원 박사학위논문.

황지선, 박창현(2018). 음악중심 유아 STEAM 프로그램이 유아의 음악적 창의성에 미치는 영향. **학습자 중심 교과교육연구, 18**(10), 497-517.

황찬양(2017). 유아음악교육 관련 오르프 교수법 연구동향 분석: 2000년부터 2015년까지 국내 논문을 중심으로. 가천대학교 일반대학원 석사학위논문.

황해익, 최혜진, 정혜영, 권유선(2014). **아동관찰 및 행동연구**. 경기: 공동체.

Abel-Struth, S. (1981). Frankfurt studies on musical audiation of five to seven year old children. *Bulletin of the Council for Research in Music Education*, 66-67, 1-7.

Abrams, R. M., Griffiths, S. K., Huang, X., Sain, J., Langford, G., & Gerhardt, K. J. (1998). Fetal music perception: The role of sound transmission. *Music Perception, 15*(3), 307-317.

Al-Qahtani, N. H. (2005). Foetal response to music and voice. *Australian and New Zealand Journal of Obstetrics and Gynaecology, 45*(5), 414-417.

Anderson, S. A., & Fuller, G. B. (2010). Effect of music on reading comprehension of junior high school students. *School Psychology Quarterly, 25*(3), 178.

Andress, B. (1998). *Music for young children.* Harcourt Brace College Publishers.

Ávila-Funes, J. A., Pina-Escudero, S. D., Aguilar-Navarro, S., Gutierrez-Robledo, L. M., Ruiz-Arregui, L., & Amieva, H. (2011). Cognitive impairment and low physical activity are the components of frailty more strongly associated with disability. *The journal of nutrition, health & aging, 15*(8), 683-689.

Ayer, A. J. (1952). Negation. *The Journal of philosophy, 49*(26), 797-815.

Blestein, B. R. (1983). Musical abilities of three-year-old children: A prescriptive analysis of pitch discrimination, concept formation and music preference. Unpublished doctoral dissertation. Michigan State University.

Boone, R. T., & Cunningham, J. G. (2001). Children's expression of emotional meaning in music through expressive body movement. *Journal of nonverbal behavior, 25*(1), 21-41.

Boyle, R., & Coltheart, V. (1996). Effects of irrelevant sounds on phonological coding in reading comprehension and short term memory. *The Quarterly Journal of Experimental Psychology Section A, 49*(2), 398-416.

Brown, S. (2000). The "musilanguage" model of music evolution. In N. L. Wallin, B. Merker, & S. Brown. (Eds.), *The Origins of Music* (pp. 271-300). Cambridge, MA: MIT Press.

Campbell, L., Campbell, B., & Dickinson, D. (2004). *Teaching and Learning Through Multiple Intelligences* (3rd Edition). Allyn and Bacon, Simon and Schuster Education Group, 160 Gould Street, Needham Heights, MA.

Chang, H. W., & Trehub, S. E. (1977a). Auditory processing of relational information by young infants. *Journal of Experimental Child Psychology, 24*, 324-331.

Chang, H. W., & Trehub, S. E. (1977b). Infants' perception of temporal grouping in auditory patterns. *Child Development, 48*, 1666-1670.

Clandinin, D. J., & Connelly, F. M. (2000). Narrative inquiry: Experience and story in qualitative research.

Cooper, R. P., & Aslin, R. N. (1990). Preference for infant-directed speech in the first month after birth. *Child Development, 61*, 1584-1595.

Creswell, J. W. (2013). 연구방법: 질적, 양적 및 혼합적 연구의 설계 [*Research Design*]. (김영숙 외 역). 서울: 시그마프레스.

Creswell, J. W. (2017). 연구방법: 질적, 양적 및 혼합적 연구의 설계 [*Research Design: qualitative, quantitative, and mixed method approaches* (4th ed.)]. (정종진 외 역). 서울: 시그마프레스.

Darrow, A. A. (1989). Music and the hearing impaired: A review of the research with implications for music educators. *Update, 7*, 10-12.

Dartt, K. M. (2009). *Effects of background music on preschooler's attention*. University of North Texas.

DeCasper, A. J., & Fifer, W. P. (1980). Of human bonding: Newborns prefer their mother's voices. *Science, 208*, 1174-1176.

Denac, O. (2008). A case study of preschool children's musical interests at home and at school. *Early childhood education journal, 35*(5), 439-444.

DeVries, P. (2004). The extra musical effects of music lessons on preschoolers. *Australasian Journal of Early Childhood, 29*(2), 6-10.

Downing, J. A., Carlson, J. K., Hoffman, J., Gray, D., & Thompson, A. (2004). A musical interlude: Using music and relaxation to improve reading performance. *Intervention in school and clinic, 39*(4), 246-250.

Doxey, C., & Wright, C. (1990). An exploratory study of children's music ability. *Early Childhood Research Quarterly, 5*(3), 425-440.

Dunne-Sousa, D. (1988). *The effect of speech rhythm, melody, and movement on song identification and performance of preschool children*. Unpublished doctoral dissertation,

Ohio State University, Columbus.

Egermann, H., Fernando, N., Chuen, L., & McAdams, S. (2015). Music induces universal emotion-related psychophysiological responses: comparing Canadian listeners to Congolese Pygmies. *Frontiers in psychology, 5*, 1341.

Eich, E., & Forgas, J. P. (2003). Mood, cognition, and memory. *Handbook of psychology*, 61-83.

Elliott, D. (1995). *Music matters: A philosophy of music education*. Oxford university press.

Feierabend, J. M., Saunders, T. C., Holahan, J. M., & Getnick, P. E. (1998). Song recognition among preschool-age children: An investigation of words and music. *Journal of Research in Music Education, 46*(3), 351-359.

Fein, G., Raz, F. F., & Merrin, E. L. (1988). Common reference coherence data are confounded by power and phase effects. *Electroencephalography and Clinical Neurophysiology, 69*, 581-584.

Fernald, A. (1991). Prosody in speech to children: Prelinguistic and linguistic functions. *Annals of child development, 8*, 43-80.

Flohr, J. W. (2005). *The musical lives of young children*. Upper Saddle River, NJ: Pearson Education.

Flohr, J. W., Atkins, D., Bower, T. G. R., & Aldridge, M. (2000). Infant Music Preferences: Implications for Child Development and Music. *Music Education Research Reports*: Texas Music Educators Association.

Flohr, J. W., Miller, D. C., & deBeus, R. (2000). EEG studies with young children. *Music Educators Journal, 87*(2), 28-32.

Fox, D. B. (1994). Jam it up! Creating music in preschool. *Teaching Music, 23*, 34.

Gall, M. D., Borg, W. R., & Gall, J. P. (2003). *Educational research* (7th ed.). New York: Longman.

Gerhardt, K. J., & Abrams, R. M. (2000). Fetal exposures to sound and vibroacoustic stimulation. *Journal of Perinatology, 20*, 21-30.

Gharavi, G. J. (1993). Music skills for preschool teachers: Needs and solutions. *Arts Education Policy Review, 94*(3), 27-30.

Gibson, C. (1998). "We sing our home, We dance our land": Indigenous Self-determination and Contemporary Geopolitics in Australian Popular Music. *Environment and Planning D: Society and Space, 16*(2), 163-184.

Gibson, S. M. (1988). A comparison of music and multiple arts experiences in the development of creativity in middle school students. Unpublished doctoral dissertation, Washington University.

Gibson, S. M. (1988). A comparison of music and multiple arts experiences in the development of creativity in middle school students. Unpublished doctoral dissertation, Washington

University, Seattle.

Glaser, B., & Strauss, A. (1967). *The discovery of grounded theory.* Weidenfield & Nicolson, London, 1-19.

Godeli, M. R. C. S., Santana, P. R., Souza, V. H. P., & Marquetti, G. P. (1996). Influence of background music on preschoolers' behavior: A naturalistic approach. *Perceptual and Motor Skills, 82*, 1123-1129.

Gordon, E. (1990). *Predictive validity study of AMMA: A one-year longitudinal predictive validity study of the Advanced Measures of Music Audiation.* GIA Publications.

Gordon, E. E. (1986). *Manual for the primary measures of music audiation and the intermediate measures of music audiation: Music aptitude tests for kindergarten and first, second, third, and fourth grade children.* Chicago, IL: GIA Publications.

Gordon, E. E. (1989). *Audie Manual.* Chicago: GIA.

Greenberg, M. (2004). 유아음악교육 [*Your children need music*]. (이기숙, 김영주 역). 경기: 교문사.

Greene, J. C. (2011). 사회과학 혼합연구방법의 이론과 실제. [Mixed Methods in Social Inquiry]. (이진희, 이병호, 윤은주 역). 서울: 시그마프레스.

Gromko, J. E., & Poorman, A. S. (1998). Does perceptual-motor performance enhance perception of patterned art music?. *Musicae Scientiae, 2*(2), 157-170.

Groves, W. C. (1969). Rhythmic training and its relationship to the synchronization of motor-rhythmic responses. *Journal of Research in Music Education, 17*(4), 408-415.

Gruhn, W. (2002). Phases and stages in early music learning. A longitudinal study on the development of young children's musical potential. *Music Education Research, 4*(1), 51-71.

Gruhn, W. (2011). Music learning in early childhood. In. R. Colwell & PR Webster (Eds.), *MENC Handbook of Research on Music Learning* (Vol.2) (pp. 254-289).

Hallam, S., Price, J., & Katsarou, G. (2002). The effects of background music on primary school pupils' task performance. *Educational studies, 28*(2), 111-122.

Hannon, E. E., & Trehub, S. E. (2005). Tuning in to musical rhythms: Infants learn more readily than adults. *Proceedings of the National Academy of Sciences of the United States of America, 102*(35), 12639-12643.

Hargreaves, A. (1989). *Curriculum and assessment reform.* OISE Press, 252 Bloor Street West, Toronto, Ontario, Canada.

Heller, G. N., & Wilson, B. D. (1992). Historical research. In R. Colwell (Ed.), *Handbook of research in music teaching and learning* (pp. 102-114). New York: Shirmer Books.

Hetland, L. (2000). Listening to music enhances spatial-temporal reasoning: Evidence for the "Mozart Effect." *Journal of Aesthetic Education, 34*(3-4), 105-148.

Janowsky, J. S., & Carper, R. (1996). Is there a neural basis for cognitive transitions in school-age children? In M. M. Haith (Ed.), *The five to seven year shift: The age of reason and responsibility* (pp. 33-60). Chicago: University of Chicago Press.

Johansson, R., Holmqvist, K., Mossberg, F., & Lindgren, M. (2012). Eye movements and reading comprehension while listening to preferred and non-preferred study music. *Psychology of music, 40*(3), 339-356.

Jordan, F. L. (1995). A validation of the Weikart sequence of levels of beat coordination for children aged 3-7. Unpublished doctoral dissertation, Indiana University, Bloomington.

Killian, J. N., & Basinger, L. (2004). Classroom instrument preferences among 4-to 9-year-olds in a free-play setting. *Update: Applications of Research in Music Education, 23*(1), 34-40.

Klinger, R., Campbell, P. S., & Goolsby, T. (1998). Approaches to children's song acquisition: Immersion and phrase-by-phrase. *Journal of Research in Music Education, 46*(1), 24-34.

Lecanuet, J. P. (1996). Prenatal auditory experience. In I. Deliège & J. A. Sloboda (Eds.), *Musical beginnings: Origins and development of musical competence* (pp.3-34). Oxford: Oxford University Press.

Lee, Y. (2008). Current music practices and teachers' needs for teaching music in public preschools of South Korea (Doctoral dissertation, University of Missouri, Columbia).

Lee, Y. (2009). Music practices and teachers' needs for teaching music in public preschools of South Korea. *International journal of music education, 27*(4), 356-371.

Lee, Y., & Lee, S. (2020). Infants' Spontaneous Musical Behavior on the Basis of SoI-EY Framework. *Asia-Pacific Journal of Research in Early Childhood Education, 14*(1).

Lee, Y., & Welch, G. F. (2017). Teachers' Perceptions about the Use of Background Music in Preschool Free Play Time. *Asia-Pacific journal of research in early childhood education, 11*(2), 85-106.

Leimbrink, K. (2010). Kommunikation von Anfang an. Die Entwicklung von Sprache in den ersten Lebensmonaten. *Tübingen: Stauffenburg Verlag, 2*(3), 307-308.

Leimbrink, K., Gruhn, W., & Hoffmann, L. (2007, September). Preverbal interaction and the role of musical elements. Paper presented at the Conference on the Evolution of Emotional Communication: From Sounds in Nonhuman Mammals to Speech and Music in Man, Hannover, Germany.

Lenz, S. M. (1978). *A case study of the musical abilities of three-and four-year-old children* (Doctoral dissertation, University of Illinois at Urbana-Champaign).

Levitin, D. J. (2007). MY FAVORITE THING. *The Jossey-Bass Reader on the Brain and Learning*, 370.

Liao, M. Y. (2008). The effects of gesture use on young children's pitch accuracy for singing tonal patterns. *International Journal of Music Education, 26*(3), 197-211.

Liao, M. Y., & Davidson, J. W. (2007). The use of gesture techniques in children's singing. *International Journal of Music Education, 25*(1), 82-94.

Lorton, J. W., & Walley, B. L. (1979). *Recording Skill Development in Music*.

Lorton, John W. and Wally, Bertha L. (1979). *Introduction to early childhood education*. New York: D. Van Nostrand Company.

Love, A., & Burns, M. S. (2007). "It's a hurricane! It's hurricane!" Can music facilitate social constructive and sociodramatic play in a preschool classroom?. *The Journal of Genetic Psychology, 167*(4), 383-391.

Malloch, S. N. (1999/2000). Mothers and infants and communicative musicality. *Musicae scientiae, Special Issue*, 29-57.

Malyarenko, T. N., Kuraev, G. A., Malyarenko, Y. E., Khvatova, M. V., Romanova, N. G., & Gurina, V. I. (1996). The development of brain electric activity in 4-year-old children by long-term sensory stimulation with music. *Human Physiology, 22*(1), 76-81.

Mark, M. L. (1996). Contemporary music education (3rd ed.). New York: Schirmer Books.

Marler, P. (2000). Origins of music and speech: Insights from animals. In N. L. Wallin, B. Merker, & S. Brown (Eds.), *The origins of music* (pp. 31-48). Cambridge, MA: MIT Press.

Marley, L. S. (1984). The use of music with hospitalized infants and toddlers: A descriptive study. *Journal of Music Therapy, 21*(3), 126-132.

Masataka, N. (1999). Preference for infant-directed singing in 2-day-old hearing infants of deaf parents. *Developmental Psychology, 35*, 1001-1005.

McFarland, A. L. (2006). *Effects of overt speech upon accuracy and expression of rhythmic movement*. Temple University.

Moher, D., Liberati, A., Tetzlaff, J., Altman, D. G., & Prisma Group. (2009). Preferred reporting items for systematic reviews and meta-analyses: the PRISMA statement. *PLoS med, 6*(7), e1000097.

Molino, J. (2000). Toward an evolutionary theory of music and language. In N. L. Wallin, B. Merker, & S. Brown (Eds.), *The origins of music* (pp. 165-176). Cambridge, MA: MIT Press.

Nakata, T., & Trehub, S. E. (2000). *Maternal speech and singing to infants. Society for Music Perception and Cognition*. Toronto, ON. November.

National Academies of Sciences, Engineering, and Medicine(2017). *Fostering integrity in research*. National Academies Press, pp. 23-30.

Ockelford, A. (2006). Implication and expectation in music: A zygonic model. *Psychology of Music, 34*(1), 81-142.

O'Neill, C., Trainor, L. J., & Trehub, S. E. (2001). Infants' responsiveness to fathers' singing. *Music Perception, 18*, 409-425.

Panneton, R. K. (1985). Prenatal auditory experience in human newborns. Unpublished doctoral dissertation, University of North Carolina, Greensboro.

Parncutt, R. (2006). Prenatal development. In G. McPherson (Ed.), *The child as musician* (pp. 1-31). Oxford: Oxford University Press.

Patel, A. D. (2008). Music, language, and the brain. Oxford: Oxford University Press.

Peery, J. C., & Peery, I. W. (1986). Effects of exposure to classical music on the musical preferences of preschool children. *Journal of Research in Music Education, 34*(1), 24-33.

Peretz, I., Kolinsky, R., Tramo, M., Labrecque, R., Hublet, C., Demeurisse, G., & Belleville, S. (1994). Functional dissociations following bilateral lesions of auditory cortex. *Brain, 117*(6), 1283-1301.

Phillips, K. H. (2008). *Exploring research in music education and music therapy*. New York: Oxford University Press.

Platel, H., Price, C., Baron, J. C., Wise, R., Lambert, J., Frackowiak, R. S., ... & Eustache, F. (1997). The structural components of music perception. A functional anatomical study. *Brain: a journal of neurology, 120*(2), 229-243.

Radocy, R. E., & Boyle, J. D. (1979). *Psychological foundations of musical behavior*. Springfield, IL: Thomas.

Rainbow, E. & Froehlich, H. (1987). *Research in music education*. New York: Shirmer Books.

Rainbow, E. (1981). A final report on a three-year investigation of the rhythmic abilities of preschool aged children. *Bulletin of the Council for Research in Music Education, 66/67*, 69-73.

Rainbow, E. L., & Owen, D. (1979). A progress report on a three year investigation of the rhythmic ability of pre-school aged children. *Bulletin of the Council for research in music Education, 59*, 84-86.

Rauscher, F. H., Shaw, G. L., & Ky, K. N. (1993). Music and spatial task performance. *Nature, 365*, 611.

Regelski, T. A. (1981). *Teaching general music: Action learning for middle and secondary schools*. NY: Schirmer Books.

Rutkowski, J. (1984). *Development of a rating scale to assess individual children's use of the vocal instrument*. Unpublished manuscript, State University of New York at Buffalo, Buffalo, NY.

Rutkowski, J., & Kooistra, L. (2016). Spheres of musical understanding: A fluid, situational, and context specific model. Paper presented at the Early Childhood Music Education Commission ECME 17th International Seminar Proceeding, Ede, Netherlands.

Saarikallio, S. H. (2008). Music in mood regulation: Initial scale development. *Musicae Scientiae, 12*(2), 291-309.

Saffran, J. R., Loman, M. M., & Robertson, R. R. (2000). Infant memory for musical experiences. *Cognition, 77*(1), 15-23.

Samson, S., & Zatorre, R. J. (1988). Melodic and harmonic discrimination following unilateral cerebral excision. *Brain and cognition, 7*(3), 348-360.

Schellenberg, E. G., Nakata, T., Hunter, P. G., & Tamoto, S. (2007). Exposure to music and cognitive performance: *Tests of children and adults. Psychology of Music, 35*(1), 5-19.

Seashore, C. E. (1938). *Seashore measures of musical talents*. New York: Columbia Phonograph Company.

Shelton, R. (1965). Argentine Music at Philharmonic-Cancer Society Benefit is Part of Cultural Panorama. *New York Times*, 27.

Shuter-Dyson, R., & Gabriel, C. (1981). *The psychology of musical ability* (2nd ed.). London, New York: Methuen.

Sims, W. L. (1985). Young children's creative movement to music: Categories of movement, rhythmic characteristics, and reactions to changes. *Contributions to Music Education*, (12), 42-50.

Sims, W. L. (1988). Movement responses of preschool children, primary grade children, and pre-service classroom teachers to characteristics of musical phrases. *Psychology of Music, 16*, 110-127.

Sims, W. L. (Ed.). (1995). *Strategies for teaching prekindergarten music*. Reston, VA: MENC.

Sims, W. L. (2001). Characteristics of preschool children's individual music listening during free choice time. *Bulletin of the Council for Research in Music Education, 149*, 53-63.

Sims, W. L. (2004). Effects of free versus directed listening on duration of individual music listening by preschool children. Paper presented at MENC: Minneapolis, MN.

Sims, W. L., & Cecconi-Roberts, L. (2005). Availability and use of recorded music in selected prekindergarten classrooms. *Missouri Journal of Research in Music Education, 52*, 58-76.

Sims, W. L., & Nolker, B. (2002). Individual differences in music listening responses of kindergarten children. *Journal of Research in Music Education, 50* (4), 292-300.

Singh, L., Morgan, J. L., & Best, C. T. (2002). Infants' listening preferences: Baby talk or happy talk? *Infancy, 3*, 365-394.

Standley, J. (2002). A meta-analysis of the efficacy of music therapy for premature infants. *Journal of Pediatric Nursing, 17*(2), 107-113.

Standley, J., & Moore, R. S. (1995). Therapeutic effects of music and mother's voice on premature infants. *Pediatric Nursing, 21*, 509-512.

Sutter, J. L. (1999). Kinesthetic analogues: Perception of patterned art music among public school general music students. Unpublished master's thesis, Bowling Green State University, Bowling Green, Ohio.

Temmerman, N. (2000). An investigation of the music activity preferences of pre-school children. *British Journal of Music Education, 17*(1), 51.

Torrance, E. P. (1999). *Torrance tests of creative thinking: Norms and technical manual*. Bensenville, IL: Scholastic Testing Service. (Original work published in 1966).

Trainor, L. J. (1996). Infant preferences for infant directed versus noninfant directed playsongs and lullabies. *Infant Behavior and Development, 19*(1), 83-92.

Trainor, L. J., & Heinmiller, B. M. (1998). The development of evaluative responses to music: Infants prefer to listen to consonance over dissonance. *Infant Behavior and Development, 21*, 77-88.

Trainor, L. J., & Trehub, S. E. (1992). A comparison of infants' and adults' sensitivity to Western musical structure. *Journal of Experimental Psychology: Human Perception and Performance, 18*, 394-402.

Trainor, L. J., & Trehub, S. E. (1994). Key membership and implied harmony in Western tonal music: Developmental perspectives. *Perception and Psychophysics, 56*, 125-132.

Trainor, L. J., Clark, E. D., Huntley, A., & Adams, B. (1997). The acoustic basis of preferences for infant-directed singing. *Infant Behavior and Development, 20*, 383-396.

Trehub, S. E. (2006). Infants as musical connoisseurs. In G. McPherson (Ed.), *The child as mucisian* (pp. 33-49). Oxford: Oxford University Press.

Trehub, S. E., Bull, D., & Thorpe, L. A. (1984). Infants' perception of melodies: The role of melodic contour. *Child Development, 55*, 821-830.

Trehub, S. E., Hill, D. S., & Kamenetsky, S. B. (1997). Parents' sung performances for infants. *Canadian Journal of Experimental Psychology, 51*, 385-396.

Trehub, S. E., Schellenberg, E. G., & Kamenetsky, S. B. (1999). Infants' and adults' perception of scale structure. *Journal of Experimental Psychology: Human perception and performance, 25*(4), 965-975.

Trehub, S. E., Thorpe, L. A., & Morrongiello, B. A. (1987). Organizational processes in infants' perception of auditory patterns. *Child Development, 58*, 741-749.

Trehub, S. E., Unyk, A. M., & Henderson, J. L. (1994). Children's songs to infant siblings: Parallels with speech. *Journal of Child Language, 21*, 735-744.

Trehub, S. E., Unyk, A. M., & Trainor, L. J. (1993b). Maternal singing in cross-cultural perspective. *Infant Behavior and Development, 16*, 285-295.

Trehub, S. E., Unyk, A. M., Kamenetsky, S. B., Hill, D. S., Trainor, L. J., Henderson, J. L., & Saraza, M. (1997). Mothers' and fathers' singing to infants. *Developmental psychology, 33*(3), 500.

Trehub, S. E., & Nakata, T. (2001/2002). Emotion and music in infancy. *Musicae Scientiae (Special Issue)*, 37-62.

Trehub, S. E., & Thorpe, L. A. (1989). Infants' perception of rhythm. Categorization of auditory sequences by temporal structure. *Canadian Journal of Experimental Psychology, 43*, 217-229.

Trehub, S. E., & Trainor, L. J. (1998). Singing to infants: Lullabies and play songs. *Advances in Infancy Research, 12*, 43-77.

Tucker, N. (1984). Lullabies. *History Today, 34*, 40-46.

Turner, M. E. (1999). Child-centered learning and music programs: Child-centered learning in music programs for young children can foster their emotional, social, cognitive, and musical development. *Music Educators Journal, 86*(1), 30-51.

UNICEF(2013). *Ethical Research Involving Children*. UNICEF.

Unyk, A. M., Trehub, S. E., Trainor, L. J., & Schellenberg, E. G. (1992). Lullabies and simplicity: A cross-cultural perspective. *Psychology of Music, 20*, 15-28.

Van den Bergh, B. R. H. (1992). Maternal emotions during pregnancy and fetal and neonatal behavior. In J. G. Nijhuis (Ed.), *Fetal behaviour* (pp. 157-208). Oxford: Oxford University Press.

Voyajolu, A., & Ockelford, A. (2016). Sounds of intent in the early years: A proposed framework of young children's musical development. *Research Studies in Music Education, 38*(1), 93-113.

Wallas, G. (1926). *The art of thought*. New York, NY: Harcourt, Brace and Company.

Wang, C. (1985). *Measures of creativity in sound and music*. Unpublished manuscript.

Webster, P. (1991). Creativity as Creative Thinking Creativity in the Music Classroom. *The Best of MEJ*, 25-34.

Webster, P. (1994). *Measure of creative thinking in music-II (MCTM-II): Administrative guidelines*. Evanston, IL: Northwestern University.

Welch, G., Ockelford, A., Carter, F. C., Zimmermann, S. A., & Himonides, E. (2009). 'Sounds of Intent': mapping musical behaviour and development in children and young people with complex needs. *Psychology of Music, 37*(3), 348-370.

Wilkin, P. E. (1991). Prenatal and postnatal responses to music and sound stimuli: A clinical report. *Canadian Music Educator, 33*, 223-232.

Wilkin, P. E. (1995/1996). A comparison of fetal and newborn responses to music and sound stimuli with and without daily exposure to a specific piece of music. *Bulletin of the Council for research in music education, 127*, 163-169.

Wu, Y. T. (2018). Musical development of young children of the Chinese diaspora in London [Doctoral dissertation, UCL(University College London)].

Zatorre, R. J. (1985). Discrimination and recognition of tonal melodies after unilateral cerebral excisions. *Neuropsychologia, 23*(1), 31-41.

Zatorre, R. J., & Samson, S. (1991). Role of the right temporal neocortex in retention of pitch in auditory short-term memory. *Brain, 114*(6), 2403-2417.

Zatorre, R. J., Evans, A. C., & Meyer, E. (1994). Neural mechanisms underlying melodic perception and memory for pitch. *Journal of neuroscience, 14*(4), 1908-1919.

Ziv, N., & Goshen, M. (2006). The effect of background music on the interpretation of a story in 5 year olds. *In Proceedings of the 9th International Conference on Music Perception and Cognition, August* (pp. 22-26).

찾아보기

저자 소개

이영애(Lee, Youngae)

한국방송통신대학교 유아교육과 교수로 재직 중이며, 런던대학교 교육대학원 객원연구교수로 Graham Welch 교수와 연구를 진행하였다.

덕성여자대학교에서 유아교육 전공으로 학사학위를, 미국 미주리대학교에서 교육학석사, 유아음악교육전공으로 철학박사 학위를 취득하였다. 전 JRME 편집장이었으며, 미국 NAfME(구MENC)에서 최고의 석학으로 수상된 Wendy L. Sims 교수의 제자이다. 미국의 여러 지역에서 달크로즈 교수법, 오르프 교수법, 코다이 교수법을 수학하였다.

한국문화예술교육진흥원, 유아교육진흥원 등의 유아음악프로그램 평가위원과 EBS 유아음악프로그램 자문교수를 역임하였고, 유아음악교육 관련 프로그램 개발과 평가 등에 참여한 바 있다.

저서로는 『세계 유아음악교육과정』(2015, 에피스테메), 『교직실무』(2015, 한국방송통신대학교출판문화원), 『유아교육기관 운영관리』(2015, 한국방송통신대학교출판문화원), 『아동관찰 및 행동연구』(2018, 한국방송통신대학교출판문화원), 『영유아교수방법론』(2018, 한국방송통신대학교출판문화원) 등이 있다.

유아음악교육 연구방법론

Handbook of Research in Early Childhood Music Education

2021년 1월 25일 1판 1쇄 인쇄
2021년 1월 30일 1판 1쇄 발행

지은이 • 이영애
펴낸이 • 김진환
펴낸곳 • (주)학지사
04031 서울특별시 마포구 양화로 15길 20 마인드월드빌딩
대표전화 • 02-330-5114 팩스 • 02-324-2345
등록번호 • 제313-2006-000265호

홈페이지 • http://www.hakjisa.co.kr
페이스북 • https://www.facebook.com/hakjisa

ISBN 978-89-997-2310-0 93370

정가 18,000원